本书由中央高校建设世界一流大学（学科）和特色发展引导专项资金资助。

应望江◎主编

JOURNAL OF HIGHER EDUCATION
OF FINANCE AND ECONOMICS

财经高教研究

（第六卷）

中国社会科学出版社

图书在版编目（CIP）数据

财经高教研究．第六卷/应望江主编．—北京：中国社会科学出版社，2021.11

ISBN 978－7－5203－9292－1

Ⅰ.①财…　Ⅱ.①应…　Ⅲ.①财政经济—高等教育—教学研究—中国　Ⅳ.①F8－4

中国版本图书馆 CIP 数据核字(2021)第 222012 号

出 版 人　赵剑英
责任编辑　刘晓红
责任校对　周晓东
责任印制　戴　宽

出　　版　中国社会科学出版社
社　　址　北京鼓楼西大街甲 158 号
邮　　编　100720
网　　址　http：//www. csspw. cn
发 行 部　010－84083685
门 市 部　010－84029450
经　　销　新华书店及其他书店

印　　刷　北京君升印刷有限公司
装　　订　廊坊市广阳区广增装订厂
版　　次　2021 年 11 月第 1 版
印　　次　2021 年 11 月第 1 次印刷

开　　本　710×1000　1/16
印　　张　15
插　　页　2
字　　数　254 千字
定　　价　86.00 元

《财经高教研究》（第六卷）

主办单位　上海财经大学

目录

教育理论

教学改革

商学教育

教育评价

管理方略

课程建设

思政教育

教育理论

“两个大局”下高质量教育体系的基本特征与改革着力点*

张万朋　宋海生**

摘　要：新时代高质量教育体系应具有鲜明的政治立场，以服务国家和社会发展为根本目标，更加公平、民主和正义，更加生态、系统、协同和智能，并扎根中国大地，更加开放、多元、创新和充满活力。因此，建设高质量教育体系的改革着力点应侧重于以下几个方面：第一，要重点关注学生、教师和校长这“三大主体”，构建德智体美劳“五育并举”的育人体系，培养师德师风良好、专业素质过硬的师资力量，打造一支兼具专业与管理素养、又能领导学校转型与变革的校长队伍；第二，要把牢教育教学、招生考试和教育评价这“三大抓手”，坚持立德树人，协同开展育人模式、课程、教材和教法改革，构建科学合理的各级各类招生选拔考试评价制度与体系，综合采用分层分类多元化的评价标准和方法，营造健康良好的教育生态；第三，切实做好资源、技术与治理这“三大保障”，要保证教育资源投入，优化教育经费结构，提高使用效率，大力推进“新基建”，积极将新兴技术引入教育领域，同时，更新并转换治理思想与治理方式，构建和设计系统化、现代化的教育治理制度，切实为教育高质量发展提供保障。

关键词：两个大局；高质量教育体系；基本特征；改革着力点

---

*　基金项目：教育部哲学社会科学研究重大课题攻关项目“当前主要国家和地区财政教育经费和全社会教育经费投入比较研究”（项目编号：17JZD060）。

**　作者简介：张万朋（1970—　），男，华东师范大学教育学部教育经济研究所教授，博士生导师；宋海生（1994—　），男，华东师范大学教育学部教育经济研究所博士研究生。

教育兴则国家兴，教育强则国家强。教育在经济发展、产业结构调整、人才培养、技术创新等方面的作用和意义重大，因此需要优先发展教育。“十四五”规划提出要构建高质量教育体系，并确立了一系列教育发展目标与任务，指明了未来五到十年我国教育改革发展的宏观趋势与方向，从而指引我们去系统规划、整体统筹教育改革①，稳步构建与打造高质量、高水平与良好生态的教育体系。中华民族伟大复兴战略全局和世界百年未有之大变局这“两个大局”是我们开展各项工作的基本出发点。②

在此背景下，各个国家间政治、经济、军事、文化和科技等方面的较量竞争逐渐增强，特别是围绕高素质、高水平人力资源为核心的竞争，开发和引进人力资源成为各国关注的重点，因此“世界之变”必将深刻影响“教育之变”。与此同时，我国经济社会发展开启新阶段，更加注重内涵式、高质量发展，各群体的教育期望与需求出现了新变化，更加多样化，这样就使建设高质量教育体系变得重要，因而如何完善教育理念、创新教育内容、改进教育方法、完善育人体系、系统深化教育改革，推进教育高质量发展值得关注和思考。

一 “两个大局”下我国教育改革面临的形势与挑战

“两个大局”背景下，经济体制发生重大调整与改革、人们的思维观念与方式新旧融合、全球形势正经历剧烈变动，表现在政治、经济、科技、文化、社会等领域，这些都是我国教育事业改革与发展在新的历史性起点上，必须面临的一系列新形势与新挑战。

（一）复杂多变的国内外政治形势

全球政治形势的剧烈变动给我国教育改革与发展带来一系列新的问题与新的挑战。新冠肺炎疫情在世界各国的暴发推动了国际多方势力与格局进行重大调整，中美博弈全方位加深，中国与西方国家的政治体制、意识

---

① 顾明远:《建设高质量教育体系，实现教育现代化》，《教育与教学研究》2021 年第 26 期。

② 彭国华:《胸怀两个大局，迈上新的征程》，《人民日报》2020 年 1 月 8 日第 9 版。

形态领域的矛盾、冲突和碰撞趋于频繁与激烈。不稳定、不确定的因素明显增多，如民粹主义泛起，霸凌主义抬头，排外主义、单边主义增多等传统和非传统的安全威胁相互影响与交迭。因此，如何守牢意识形态底线，加强党对教育的全面领导，将思想政治教育全面融入各级教育，凸显“为党育人”，将是教育改革与发展面临的大是大非问题。

（二）重要经济战略机遇期

当前，我国经济发展面对新的机遇与挑战。新冠肺炎疫情加剧全球经济衰退进程，系统性风险倍增，中美贸易摩擦引发产业结构升级受阻，后疫情时代下经济社会发生颠覆性变革等新挑战显现。我国经济历经新冠肺炎疫情冲击稳中向好，GDP 突破百万亿元人民币大关，“东升西渐”引发西方敌对势力变本加厉全方位打压中国，对光刻机、芯片等关键性“卡脖子”技术的封锁日益加强。同时，我国作为世界第二大经济体，也面临信息化、数字化经济发展迅速，制造业水平全球领先，现代服务业、现代农业强势发展，现代化基础设施建设更加完善等新机遇。因此，教育的“为国育才”功能、教育对科技创新的支撑功能、教育培育高水平人力资本的功能将更加凸显。

（三）“第七次”信息革命

随着信息技术的快速更新与演进，一大批具有前沿性、高精尖和颠覆性的高科技不断涌现，如智能互联网、物联网、AR 技术、VR 技术、智能大数据分析与挖掘、云储存、云计算、区块链技术等。智能互联网技术的出现与快速发展将对人们的工作方式、交通出行方式以及学习方式、思维方式均会带来巨大的改变，并进一步促进和加速了新一轮科学技术的变革和产业的升级换代，上述一系列变革即为“第七次信息革命”。因此，我国需要培养积聚大批高层次领军人才、创新型科技人才和具有工匠精神的高技能人才，构建国家及区域创新体系和创新平台，融入国家及区域的创新驱动战略，从产教融合向产科教融合转换，切实推进科技兴国。培养一大批创新型人才是教育肩负的重要使命与任务，这些无疑是对传统教育的巨大挑战。

（四）“有机团结”社会的到来

随着社会的快速进步，社会结构、类型与模式发生剧烈变化，且逐渐趋于复杂化、丰富化和碎片化等。社会分层加剧，多元文化广泛传播，各阶层价值观、行为准则的复杂和异化，主流价值观的认同，民族文化与特色的融合，以及消极、功利、焦虑、偏激等社会不良情绪喧嚣尘上等问题涌现。因此，教育能否充分发挥主阵地作用，更好传承、弘扬并壮大主流思想文化，凝聚社会共识，大力培育并践行社会主义核心价值观，提升人民思想道德素质、科学文化素质和身心健康素质，从而不断满足人民日益增长的美好生活需要，这些都将是教育改革必须面对的挑战。

（五）社会转型加速

区域一体化空间布局重构，中心城市与特大城市虹吸效应不断加强，城乡一体化发展，城乡基本公共服务均等化，经济社会发展中的区域差距、城乡差距、贫富差距加大、社会治理层级下移化、少子化、老龄化、人口流动加速与流动儿童、随迁子女、留守儿童等社会问题不断凸显。如何让教育在促进社会和谐、社会团结、社会稳定与社会进步，建设“全民学习”的学习型社会和构建“活到老、学到老”的终身教育体系等方面发挥作用，将是教育改革面临的又一挑战。

二　建设高质量教育体系的基本特征

中华人民共和国成立以来，特别是国家“十二五”“十三五”规划以来，我国教育事业各方面取得了很大的发展，如各级普通教育阶段的普及率得到很大提升，同时职业教育规模不断扩大，现代职业教育体系正在加快构建，可以说，我国的教育事业已经到了一个由“规模发展”到“质量发展”的转折点上，因此要求进一步深化教育理念和追求更高的教育发展目标。公平与质量是教育事业发展的永恒主题，教育需求与教育供给永远相辅相成，国家战略需求和人民的需要始终是制定教育政策的基点。在新时代，教育需要以内涵发展、质量优先的理念为引领，系统推进各项事业改革，不断提高教育质量，促进教育公平，从而培养有想法、敢创造的时代新人。新时代发展高质量的教育，要求立足当前教育发展的现状与水平，也要求把握新的时代背景与新形势，还要求超越以前的发展观念和模式，更要求支撑发展的条件、资源和基础有进一步的改进和提升，从而有效促进教育的高质量发展。

高质量教育体系体现了内涵发展的理念，更加强调质量水平，而不是数量规模，更加强调内涵发展，而不是外延扩张，强调更加公平、更高质量、服务国家社会能力进一步提升。高质量教育体系指向的是具有鲜明的政治立场，以服务国家和社会发展为根本目标，更高质量、更有效率、更加公平、更加民主、更加正义、更加多样、更加生态可持续、更加系统协同、更加智能、更具活力的教育体系。准确把握高质量教育体系的基本特征，至关重要。本文将其概括为以下五点特征：

（一）具有鲜明的政治立场

我国高质量教育体系具有鲜明的政治立场，根本方向是坚持党对教育事业的领导，坚守为党育人、为国育才的总体要求，全面贯彻党的教育方针，坚持以马克思主义为指导、坚持社会主义办学方向、坚持把立德树人作为教育的根本任务。具体来说，要坚定"四个自信"、增强"四个意识"、做到"两个维护"和"四个服务"。同时，努力构建德智体美劳"五育并举"和全员全程全方位"三全育人"的教育教学体系和人才培养体系，把广大青年学生培养成为德智体美劳全面发展的社会主义建设者和接班人，培养成为担当民族复兴大任的时代新人。

（二）以服务国家和社会发展为根本目标

高质量教育体系应该积极为改革开放和社会主义现代化建设培养一大批专门人才。高质量教育体系要适应生产方式、生产关系的变革与发展，关注国家的重大战略需求，重视重要领域和核心技术，加强基础学科建设，大力培养创新意识与创新精神，培育创新型人才，激发科技创新潜力，切实增强我国的科技创新实力。同时，高质量教育体系还需要适应市场、企业与社会发展的新变化与新需要，适时加强院校布局、学科与专业调整以及育人模式的更新，真正培养一批能创新、懂技术的人才，促进产业升级与结构调整，以此支持经济内涵式发展。此外，也要大力满足与支持区域协调发展战略和推进城镇化进程的需求，协同整合区域内、城乡的教育资源，优化配置结构，促进教育更好为区域发展服务。

（三）更加公平、民主和正义

高质量教育体系应该坚守教育的公益性，办好人民满意的教育，坚持质量与公平相统一，大力缩小区域、城乡与校际差距，让更多人分享教育发展成果。要发展公平普惠的学前教育、优质均衡的义务教育、多元发展的高中教育、产教融合和职普融通的职业教育、全纳包容的特殊教育、稳步强大的高等教育、融会贯通的终身教育、规范适度的民办教育。高质量教育体系中的教育公平应该是差异化的、更高层次的公平，即在教育起点公平、过程公平的基础之上，如何满足各类受教育者的差异化需求，帮助每一位受教育者接受最适合自己的个性化教育。

（四）更加生态、系统、协同与智能

高质量教育体系应该尊重教育规律①，重视推进人才培养模式的创新，从育分到育人，树立以学生为中心的教育理念，探究各级各类教育的生态标准，打造教育的绿水青山。同时，注重系统治理，将教育体系视为一个整体、一个开放系统，教育改革需顶层设计，总体规划、一体化推进，分阶段实施，上下游相互支持，强调教育系统各阶段、分学段、各方面、各环节需要统筹协调、系统集成。此外，还关注区域经济一体化发展背景下的教育协同发展，以及学校家庭社会“协同育人”，教育的种种乱象需社会各方面、各有关部门共同努力研究解决。高质量教育体系还需要适应人工智能时代教与学的变革，发挥在线教育优势，构建全新教育形态与模式。

（五）扎根中国大地，更加开放、多元、创新和充满活力

高质量教育体系应当凸显中国特色、世界水平和时代特征。要坚持扎根中国大地，坚持中国道路，总结中国经验，发展具有中国特色的、本土的高水平、高质量教育体系。系统推进教育供给侧改革，加强需求侧管理，充分激发教育事业发展的活力，扩大教育开放，提升我国教育的国际影响力，促进资源的国际性流动，加强国际交流合作，在构建更加开放、更有活力的教育发展局面上实现更大突破。推进改革和重视创新相结合，

---

① 高宝立：《服务新发展格局，建设高质量教育体系》，《中国人民大学教育学刊》2021 年第 2 期。

引导高校调整学科专业结构，重点发展优势学科和特色专业，关注重大战略需求学科，拓展新兴交叉融合学科，不断增强教育服务创新型社会发展的能力。要重视逐渐壮大的各类教育服务新现象、新业态和新主体，积极发挥其补充性、灵活性作用，增进教育自主权和办学活力。

三　构建高质量教育体系的改革着力点

"两个大局"下，政治、经济、科技和文化环境形势复杂及其带来的新挑战，是我们谋划以构建高质量教育体系为目标的一切教育改革与发展工作的基本出发点。进入新时代，我国教育改革与发展形势将更加严峻复杂，既有新机遇，更有新挑战。教育承担着落实立德树人根本任务的政治需求，也承担着满足面向 14 亿人口、世界最大规模量级的需求，又承担着服务支撑双循环格局的质的需求。

因此，构建高质量教育体系既要依据当前复杂现状，巩固已取得的教育成果，又要系统推进改革和增强创新驱动，围绕教育重点领域、关键环节和热点问题来谋划未来。具体来讲，要从关注三大主体、把牢三大抓手、做好三大保障三个方面着力。

（一）构建高质量教育体系的改革着力点一：关注三大主体

1. 学生

教育的本质是人才培养。发展高质量教育要完善德育、智育、体育、美育和劳动教育"五育并举"的育人体系。"德智体美劳"即五育之间相辅相成、互相作用，必须从有机整体的视角和复杂系统的思维来共同推进。第一，坚持立德树人根本宗旨。德育在五育中起引领作用。要突出德育，确立以人为本，促进人的全面发展的教育理念，切实确定学生在教学中的核心地位，满足并关注学生的全方位成长需求与成长过程。① 第二，智育是前提和不可或缺的部分，能够为其他各育提供智力支持，具有重要地位。要提升和优化智育模式，严格学业标准，重点培养学生的阅读、思考和提问能力。第三，强化体育，必须关注学生的身心健康，改进学校体

① 陈放、王志强：《建设高质量教育体系的六个维度》，《中国社会科学报》2021 年 2 月 22 日第 5 版。

育工作。以往教育过度重视智育，忽视体育。身心健康是学生全面发展的基本要求，是学校一切工作的出发点和落脚点。[①] 建设高质量教育体系不仅要关注分数，更要关注人的身体、心理、精神和灵魂。因此，要不断提升体育和心理健康教育的重要地位，保障学生体育锻炼的时间，加强学生心理健康教育与辅导，从而增强学生身体与心理素质。第四，要增强美育，美育与其他四育相辅相成。要重视审美意识、审美趣味的培养，将艺术和审美教育从娃娃抓起，以提高整个国民的现代审美素养。第五，劳动教育涉及教育的各个方面，具有独特的价值，能培养学生的动手能力、生活能力和实践能力等，也能锻炼和磨炼学生的耐力与毅力等性格品质，还能促进脑智发展、健康和安全发展以及审美和艺术发展，它具有促进学生发展的综合性价值，为此需要完善劳动教育体系。[②]

2. 教师

教师是教育教学的关键要素和重要主体，他们将“教书”与“育人”相结合、“育人”和“育才”相结合，是具体开展教育教学活动的主力军。发展高质量教育需要建立高质量、高水平的教师教育体系，加强教师管理和制定教师职业发展政策，培育教师工匠精神，激发教师创造性，培养一批素质专业过硬的师资队伍。[③] 因此，既要加强重点师范院校教师教育建设，也要鼓励高水平综合性院校办教师教育，以补充和优化教师教育的培育力量。其中，各类师范院校还要强化教师教育学科与专业建设、课程与教学建设、专业理论与专业实践实习等建设，凸显师范院校教师教育的定位、特色与优势，发挥其在培育教师队伍中的主体地位和作用，构建教师职前职中职后培训体系，从而培养一大批高质量师资队伍。

在培养师资队伍的过程中，还要强化教师道德品质建设和教师行业风气风尚建设。教师是引领学生形成正确价值观的重要力量，教师的行为举止对学生的影响深远，要坚持让信仰坚定的人去教育学生。[④] 教师要自觉接受先进思想文化的熏陶、坚定支持和维护党的领导，这样才能担当和承

---

① 朱永新、郝晓东：《建设高质量教育体系的条件、特征、关键与底线》，《人民教育》2021 年第 1 期。

② 管培俊：《发展更加公平更高质量的教育（笔谈）》，《教育研究》2021 年第 3 期。

③ 赵旻：《夯实建设高质量教育体系的基础》，《中国高等教育》2020 年第 23 期。

④ 王定华：《为“十四五”高等教育高质量发展提供根本保证》，《中国高教研究》2021 年第 4 期。

担起学生成人成才的指导者和引路人的角色和责任。进一步完善教师编制、职称、工资等保障机制来激励和稳定现有教师队伍，同时，还要进一步提高教师薪资与福利标准，减轻教师负担，提升教师职业地位与社会声誉，营造良好的教育教学环境，从而吸引和激励更多优秀人才加入教师队伍，提升教师团队的专业化水平。

3. 校长

新时代高质量教育体系需要校长强化专业素养和战略管理及规划能力。校长作为学校的引领者和协调者，其领导行为可以塑造学校氛围，校长只有具备与现在和未来平行的能力与素养，才能领导学校进行战略能力建设，推动学校的整体改革，以完成现代化、智能化、高质量教育体系的转型。新的时代节点赋予校长职业能力新的发展思路，对其原有的专业素养与管理素养进行全方位创新性的变革显得尤为紧迫。校长肩负着教育发展的重要使命，是教育强国、教育现代化的重要推动力量。

在专业素养方面，校长应该是"思想者"，应具备扎实的理论功底和学术修养，并主动学习理论知识和丰富教育思想，能够实时从理论思想中提炼出教育理念，不断促进自身思想信念的领先和思维方式的换代更新，还能在办学实践中积累和总结办学经验与办学智慧。校长要能够规划学校的教学愿景、直接服务于教师的教和学生的学，以及开展多元教学评价、促进师生共同成长。① 校长要组织科研活动，开展课题研究，采取职前职后一体化的教师教育培训和多样化的激励措施，增强和提升教师的职业获得感和满意度。同时，校长要增强对教师的人文关怀，潜移默化地影响教师在课堂中向学生开展有关爱、有温度的教学，树立促进师生共同发展的教学目标，凝聚师生力量，开发校本课程，并努力形成独具特色的校园文化。

在管理素养方面，面对学校运营中的行政管理要求，校长高效率、有实效的回应管理责任尤为重要。校长的管理领导是学校的"骨骼"，支撑着学校的各项改革工作，为学校搭建发展框架。② 在实际管理工作中，校

---

① 徐莉、杨丽乐：《新时代基于"双螺旋式"结构的中小学校长领导力的核心要义与发展方略》，《现代教育管理》2021 年第 7 期。

② 徐莉、杨丽乐：《新时代基于"双螺旋式"结构的中小学校长领导力的核心要义与发展方略》，《现代教育管理》2021 年第 7 期。

长肩负把握学校的方向战略，筹措经费以提升办学基础设施，形成良好的学习氛围，争取更多学习资源，开展教师队伍建设，加强教职工团队合作，协调教职工、学生、家长之间的关系，有效应对外部环境对学校的干扰和风险等责任。

（二）构建高质量教育体系的改革着力点二：把牢三大抓手

建设高质量教育体系，必须把牢教育教学改革、招生考试改革和教育评价改革这三大抓手，且这三者之间关系密切，互相影响。其中教育评价改革可以协同引导人才培养模式、教育教学方式、招生考试的改革，同时，招生考试改革又可倒逼教育教学改革，促进教育生态的各相关主体深入理解教育本质，形成育人合力。

1. 教育教学改革

人才培养质量需要完善的教育教学体系来保障。人才资源是经济社会发展的第一资源，教育作为人才培养和人才资源开发的主要途径，而课堂教学又是发展高质量教育的主要场所，因此，教育教学改革对教育高质量发展具有至关重要的作用。在教育教学改革中，要整体筹划与设计学科专业知识、课程、教材、教学方式、德育等方面间的联系，增强它们之间的适应性与匹配性，深入把握教育规律、各个体系的内在规律和人才成长规律，充分利用新的机遇，把握人才培养的时代要求，把思想政治教育贯穿到各体系中，注重教育教学原理与思路的建构、优化课堂授课形式、更新课程内容、增加亲身实践体验与感知，才能有效增进教学育人的效果。具体来说，在课程上，要以课程改革带动人才培养模式的变革，比如将思政课教育的全面融入、五育融合进课程体系之中，并针对各层次人才培养设计相应的课程体系，促进人才培养质量的提升。在教学上，要采取探究式、互动式、混合式、翻转式教学方法，从“学生为中心，教师为主导”的角度来设计、安排和实施课堂教学，变“知识传授型课堂”为“知识研究型课堂”，引导和激发学生思考，并鼓励学生勤于观察、去发现问题、进一步提出问题等，让学生真正参与到课堂教学的过程中。进一步更新教学技术与手段，加快建设教育专网，将课程教材、教育教学与信息技术进一步有效整合，线上线下教育融合发展，创造良好的育人环境。同时，还应重视以教育教学研究为引领，增强区域及学校教育教学改革的系统性和连贯性，加强区域内教育教学成果的联动、协同、推广和转化工作，发挥优质教育教学、课程资源的共享、示范与辐射作用。

2. 招生考试改革

高质量教育体系需要充分发挥招生考试的“指挥棒”“风向标”“连接器”和“撬动板”作用。招生考试改革与教育教学改革、教育评价改革联系密切，互相影响。招生考试改革会引发教育教学改革，如课程教学大纲要适应考试大纲来进行调整与优化；考试结果作为教育评价重要的指标，一旦考试招生的内容、形式发生变化，对应的教育评价标准也会随之调整。教育高质量发展要求构建坚持立德树人导向，采取多元化评价标准、增加学生学业与考试的自主选择性，关注学生综合素质与能力提升的考试评价体系。要加强学生的思想品德教育，重点锻炼和培养学生学业生涯规划的意识与能力，去自主安排学习与考试，还要进一步考查学生综合实践活动等方面素养，在招考目标、标准、要求、方式和技术等方面落实综合评价理念，实现科学选拔，真正丰富和完善招生考试的内涵，彰显招生考试制度的选拔功能和育才效能。同时，新时代高质量教育发展需要完善现有的招生体系，推行多元录取模式，如根据不同学校的办学定位和培养目标，实行分类评价录取，营造教育健康生态，为个性化、多样化人才成长提供机会，从而让学生选择更适合自己的学校和专业，学校也可招收合适和满意的人才，实现考生与学校的良性匹配。另外，还要大力建设并完善专业化、科学化的招生考试管理服务系统与平台，切实提升招生考试工作的专业化水平，还可将智能数据挖掘与分析、5G、云储存等高新技术手段引进到考试招生工作之中，实现招生考试流程的标准化、透明化、技术化管理，从而提升工作效率，增进教育公平，为招生考试评价作用的提升提供有力的技术支撑与数据支撑，推进国家招生考试服务能力与水平的科学化。①

3. 教育评价改革

高质量教育体系必然需要与时俱进的教育评价体系。教育评价改革要立足于教育事业，把握教育发展规律，应对教育评价中的各种挑战，构建教育评价新生态，发挥教育评价改革的功能，从而进一步盘活人力资源，释放人才创新活力，提升创新能力。教育评价改革要增强其系统牵引功

---

① 林蕙青：《全面推进高考内容改革　助力建设高质量教育体系》，《中国考试》2021 年第 1 期。

能。要加强教育评价体系的系统性、完备性、针对性和衔接性，分层分类地推进改革，且要重视分类而不是先前的分层，根据不同主体、学段、类型教育等分类去实施改革，只有这样才能更好发挥评价的激励与选拔作用。分主体来看，政府及相关部门要坚持教育优先发展的理念和认识，不能只关注短期的教育升学率，而应该关注教育的长远发展和可持续发展[①]；学校及相关教育组织、机构要坚持立德树人为先，关注受教育者的综合素质发展，对教师，要把师德师风评价作为首要标准，并强调教书育人的实际成果，对学生，要完善“五育”系统评价体系并设计科学的评价指标，重视过程评价和增值评价，并严格学业标准；用人单位要敢于去打破“名校情结、学历情结和海归情结”的选人用人标准，构建重点关注求职者能力与品质、促进人岗匹配的人才选用制度，营造良好用人氛围。[②]

教育评价标准应该多元化、综合化。高质量教育体系下教育需求更加多元，教育评价标准也应从注重知识的一维评价向注重学生全面发展的多元综合评价转变。教育评价改革要以辩证思维看待破除“五唯”难题，坚持有破有立、统筹兼顾，及时更新评价理念，倡导评价手段的综合运用，从而更好地发挥教育评价的人才选拔与激励的积极作用[③]，进一步营造良好的教育生态，更好地服务于高质量教育体系建设。

（三）构建高质量教育体系的改革着力点三：做好三大保障

1. 资源保障

建设高质量教育体系要求我国教育资源投入从“基本保障”向“充足保障”转变。教育发展与经济发展水平关系密切，高质量教育体系建设需要经济发展形势的长期稳定向好，从而为教育发展提供稳定的资源投入来源。同时，也需要政府、市场、社会等各方利益相关主体通力合作，努力构建符合新时代要求的资源供给健全、合理、充足的教育资源保障机

① 李伟涛：《以教育评价改革为牵引建设高质量教育体系》，《中国教育报》2021 年 3 月 10 日第 2 版。

② 李伟涛：《以教育评价改革为牵引建设高质量教育体系》，《中国教育报》2021 年 3 月 10 日第 2 版。

③ 管培俊：《发展更加公平更高质量的教育（笔谈）》，《教育研究》2021 年第 3 期。

制，从而为教育发展提供稳定充足的资源尤其是经费支持。[①]

加强资源保障，要求政府部门正确看待教育的地位和作用，特别是教育在培养和开发人力资源，适应和促进经济发展需求等方面起的积极作用，并吸收和借鉴国外主要国家的教育经费投入的标准、水平、结构、经验与模式，来继续加大教育财政经费投入，并确保教育投入力度和水平不降低，即确保落实“一个不低于、两个只增不减”，从而保证教育事业稳步发展。加强资源保障，需要确保资源使用的公平性，强化教育的公益性原则和基本公共服务属性，努力实现教育的公平、均衡、优质、多样，加强资源分配的公平性和针对性，要重点关注并努力缩小教育事业发展过程中存在的地区差距、城乡差距及其内部差异，国家要出台相关政策措施，加大教育资源转移支付力度，使教育资源配置重点向经济落后地区、偏远山区、农村地区等倾斜，如重点关注基础教育“大班额”“农村学校信息化”等。加强资源保障，需要盘活用好现有资源，调整优化教育资源使用结构，加强绩效管理与评价，不断提升教育资源的结构效率与运行效率。[②] 加强资源保障，需要寻找教育资源投入新的增长点，并全方位改革和调整新增投入的结构、方向和重点，大力鼓励社会教育投入，积极激发和调动地方政府、企业、公益机构或组织、家庭等主体的教育资源投入积极性，促进教育资源投资主体的多元化。

2. 技术保障

教育信息化是建设高质量教育体系的有力支撑。[③] 技术改变现状，创造未来，以互联网、大数据、人工智能为代表的技术整体改变着 21 世纪的教育模式和学习方式。“十四五”时期，要更加充分地发挥技术对于教育的革命性作用。在信息化基础建设方面，要加快开展各学段学校的基本信息化设备等方面的建设，保障学校教育教学的基本需要，并积极主动地将信息化手段融入区域及学校管理中，提升教育管理和政策决策水平；在课程与教学方面，大力促进课程、教材、教育教学与信息技术有效整合，促进在线教育与线下教育融会贯通，以新技术完善育人体系；在教师培训

① 陈放、王志强：《建设高质量教育体系的六个维度》，《中国社会科学报》2021 年 2 月 22 日第 5 版。

② 陈放、王志强：《建设高质量教育体系的六个维度》，《中国社会科学报》2021 年 2 月 22 日第 5 版。

③ 管培俊：《发展更加公平更高质量的教育（笔谈）》，《教育研究》2021 年第 3 期。

方面，要重点聚焦教师信息化方面素养与能力的提升，从而更好地适应和应对信息技术革命对学校教育教学带来的新挑战；在招生考试与教育评价方面，要运用智能大数据推进招生考试与教育评价改革，促进教育的科学发展，从而提升整体教育的质量。①

此外，还要积极探索未来学校可能存在各类新的组织形式，并开展系列实验，如设立“智慧教育示范区”，引入新技术来助推教育模式变革和教育生态重构，加快建设智能课程、智能实验室，重视具有中国特色的未来学校文化建设。新冠肺炎疫情中在线教育发挥了重要作用，让我们重新审视信息技术在教育中的角色和定位，这也是一次倒逼教育改革的契机。后疫情时代，需要再接再厉，使线上教学从“应急状态”走向“常态化”。应充分挖掘和利用先进的信息技术，发挥我国5G网络技术的优势，聚焦信息网络、平台体系、数字资源、智慧校园、创新应用、可信安全等方面的新型基础设施体系，推进教育信息化，为人工智能时代的教育助力增益、赋能增效，为发展更加公平、更高质量的教育提供坚实的技术保障。

3. 治理保障

完善教育治理制度、提升教育治理水平，是教育高质量发展的制度与治理保障。高质量教育体系坚持质量优先，需要有与之相适应、相匹配的教育治理思想、教育治理模式和教育治理能力。在“规模发展”向“质量发展”的转折点上，基于教育高质量发展的教育治理的制度、目标与模式也应向高水平方向发展。② 与管理不同，治理注重多方主体的参与，重视多元观点与诉求的表达。因此，在推进教育治理制度和体系建设的过程中，要提供并不断完善多元主体参与教育治理的渠道和途径，并让各方主体清晰了解相关规则与制度，从而更好参与和表达各自的教育诉求以及提出建设高质量教育体系的建议与对策。③ 提高教育治理制度与体系的现代化水平有利于增强办学自主权与活力，保证教育办学的方向和治理效能，是教育实现内涵式发展的内在动力和制度保障。

---

① 管培俊：《在大变局中开启高教强国新征程》，《在线学习》2020 年第 11 期。

② 高书国：《中国教育现代化六大趋势》，《人民教育》2020 年第 8 期。

③ 秦玉友：《从高速增长迈向高质量发展——新时代教育内涵发展战略转型》，《南京师大学报》（社会科学版）2019 年第 6 期。

中国教育正在从自上而下的单向治理模式，向多方主体共同参与教育治理模式转变，社会各方主体参与教育治理、建言献策等机会及其能力水平都有所增加和提升。构建和完善以政府主导、企业、市场、家长及学生、第三方公益组织机构共同参与教育决策制度与体系，推动社会参与教育治理常态化成为"十四五"规划的重要议题。这就需要直面教育问题与难题、刀口向内，通过结构性改革和优化来破除体制机制障碍；需要进一步完善宏观、中观和微观治理体系，完善国家、地方与学校教育治理制度与体系建设，同时全面提升区域教育治理水平，并加快建设现代学校制度，提升学校内部治理的能力与水平，努力建设与高质量教育体系相适应的学校组织文化；需要持续改变治理理念、治理方式和治理技术，不断提高公共教育服务能力的标准与要求；需要推进教育管理体制的"管、办、评"分离改革和深化教育领域"放、管、服"改革，形成社会多方主体参加教育治理的体制机制和保障体系，从而整体推进、全面保障教育高质量发展。

The Basic Characteristics and Locus of Reform in the High – Quality Education System from the Perspective of "Two Overall Situations"

Zhang Wanpeng　Song Haisheng

Abstract: The high – quality education system in the new era should be characterized by the following points: having a strong political stance, serving national and social development, pursuing a higher level of fairness and democracy, being more ecological, synergistic and intelligent, rooted in the land of China, becoming more open and diversified, more innovative and dynamic. Therefore, the reform locus of establishing a high – quality education system should focus on the following aspects. First, it is necessary to concentrate on the "three main bodies" which are students, teachers, and principals. Improving the education system of "five educations simultaneously", which are morality, intelligence, physical, aesthetic and labor education. Enhancing the construction of teacher ethics and cultivating a team of high - quality teachers; promoting the principal's professional and managerial qualities, and leading school transformation and reform. Second, we must firmly grasp the "three grasping hands" of education and teaching, enrollment examination and education evaluation. Insisting on establishing moral integrity in cultivation, and promoting the reform of talent training model, teaching content and teaching methods systematically. Building a scientific and reasonable evaluation system for admissions examinations, and adopting a comprehensive tiered and diversified evaluation method. Only in these methods will we create a healthy and good education ecology. Third, it is important to ensure the "three guarantees" including resources, technology, and governance. We must ensure the investment of educational resources, optimize the structure of educational funding, and improve the efficiency of use. We must also vigorously promote the "new infrastructure" and actively introduce new technologies into the field of education. Meanwhile, it is necessary to update and transform the governance concept and model, design a systematic and modernized education governance system, so as to effectively provide governance guarantees for high - quality development of education.

Key words: Two Overall Situations; The High - quality Education System; Basic Characteristics; Locus of Reform

教学改革

本土管理案例开发研究

——以工商管理类专业为例

谢佩洪*

摘　要：案例教学作为连接实践活动与理论知识的桥梁，是工商管理类课程最为常用的教学方法之一。案例教学的最终目标是帮助学习者完成从抽象理论到具体现实的转换、将书面知识应用到实践中的能力、从倾听他人的看法到自我洞察力的提升。本文首先分析了案例教学法的要点及教学型案例的特征和目的，其次深入探讨了当前工商管理类案例教学和撰写中存在的五大问题。在哈佛商学院和毅伟商学院国际主流案例教学模式的影响下，中国管理教育的教学模式积极进行转型的同时，也在无形之中相对弱化了对组织中人性面、政治面及意识形态面的关注。基于中国管理教育发展的最新阶段，本文提出国内商学院应重视本土管理教学案例的开发。在“全国百篇优秀管理案例奖”和“中国工商管理国际最佳案例奖”评选规范的基础上，本文论述了教学案例写作的策略和技巧。

关键词：案例教学法；教学型案例；哈佛型病毒；中国本土管理案例开发

一　引言

这是一个“近未来”的液态社会，在这个快速变革的时代，无论是

---

* 作者简介：谢佩洪（1980—　），男，上海对外经贸大学工商管理学院副院长，南泰品牌发展研究院执行院长，教授，博士生导师。

组织还是个人，如果不主动学习，拥抱变化，积极变革，最终将会被时代所淘汰。企业领导者也越来越难以区分谁是真正的竞争对手，谁又是未来的潜在或跨界进入者，传统的理论分析框架和学习方法在应对这些变化时变得越来越力不从心。① 后疫情时代，企业不约而同地加快了向数字化转型的步伐，这也使它们对组织内部培训项目以及商学院的教学模式提出了更高的要求，而情境化程度不高是这些项目和模式饱受争议和令人诟病的原因之一。相较于被动的"填鸭式"传统教育模式，案例教学更强调主动学习、课堂参与、独立思考以及积极互动，这可以弥补传统讲授模式的缺陷。此外，案例教学模式能够让学员最大限度地参与到课堂中来，进而有效提高教学的效果和质量，案例教学之于管理教育的重要性不言而喻。

经过 40 多年的发展，我国管理学研究发生了诸多变化，其一便是科学性得到了极大的增强，但我国管理学研究对管理关键现实问题的重视程度仍然不足。截至 2019 年 8 月，共有以 110 家中国（不含港澳台）企业为样本的 147 个案例入选哈佛大学商学院案例库。回顾中国（不含港澳台地区）商学院 20 多年的发展进程，中欧国际商学院的丁远感慨："我国商学院从最初奉行的是'拿来主义'，而后一批又一批兼具教学和管理实践经验的教师，在学习国外先进经验的同时，积极探索、自行开发本土典型案例，如今我国商学院已然能够自主开发案例，并能够基于国内企业的实践经验向全球输出优秀的本土案例，但与世界先进的案例教学模式相较而言，我国商学院还有很长的一段路要走。"②

截至 2021 年 4 月底，通过 AACSB、EQUIS、AMBA 这三大国际认证的商学院全国共有 9 所，充分展示了中国（不含港澳台）商学院近年来的进步和实力。随着中国（不含港澳台）商学院国际化程度的不断提高，国内教师开发本土原创案例的水平也在逐步提升。基于此，本文以我国高等院校工商管理类专业为例，首先回顾案例教学法的来源和不同于传统授课方式的特点，阐述教学型案例的特征、目的和类型；其次剖析当下国内案例教学和撰写中存在的问题，重点论述工商管理类本土管理教学案例的开发策略和建议。

---

① 汪金爱、吴柏钧：《MBA 情境化教育的新思路——行动学习的发展及国内外典型应用案例分析》，《管理案例研究与评论》2014 年第 6 期。

② 武亚军、孙轶：《中国情境下的哈佛案例教学法：多案例比较研究》，《管理案例研究与评论》2010 年第 3 期。

二 案例教学法和教学案例

（一）案例教学法

案例教学作为连接实践活动与理论知识的桥梁，为国内外的主流商学院所采用。哈佛大学法学院院长兰德尔教授于 1870 年首创案例教学法（Case Method of Teaching），他的初衷是为了进行更为全面和系统的法学教育，培养学生的辩证思维能力。哈佛商学院最先从法学院借鉴了案例教学用于商科教育，哈佛商学院和毅伟商学院经历了近百年的案例教学实践，教学质量和效果都显著提升，无疑验证了案例教学法的可行性和优越性，由此案例教学也逐渐被世界范围内的商学院所借鉴和引用。哈佛商学院采用的教学案例一般附有 2—25 页不等页码的文件和例证材料，提前一周发给学生学习，由教授提出问题引导学生进行 90 分钟左右的案例讨论。

值得注意的是，整个案例教学以“无正确答案”为原则，也被称为“问题教学法”，目的是通过在课堂最大限度地激发学生的创造力，进而培养学生主动寻求和探索解决问题的能力。在案例教学法中，学生们会直面现实世界中各种各样的商业困境，作为案例教学的主体之一，学生必须以企业领导者的角色来思考对策，分析问题并提供解决之道。案例教学法与传统的课堂授课截然不同，其最终目的并非给学习者一个标准答案或解决某种问题的具体办法，它强调连接理论和实践，让学员“反客为主”，积极进行案例的讨论和分析。总之，作为一种以学习者为中心的学习方法，案例教学具有传统授课模式不可比拟的优越性，能够为学员提供海量丰富的现实信息（较高的拟真性）、以无标准答案为原则（很强的挑战性）、多重角度的对话、讨论及案例总结（鲜明的针对性和启发性）等，能够启发学生在案例讨论中做出不同的决定，让决策变成熟能生巧，成为一种惯性。总而言之，案例教学法会调动学员学习的积极性和自主性，提升学员识别问题、分析问题和解决问题的能力，从而制定有效合理的决策。①

① 武亚军、孙轶：《中国情境下的哈佛案例比较教学法：多案例比较研究》，《管理案例研究与评论》2010 年第 3 期。

具体而言，案例教学可以从以下五个方面改变学员的学习方式：第一，案例教学能够突破传统授课的樊篱。案例教学是一种与众不同的教学方式，能够融合不同背景、专业知识和经验的学员，激发和整合学员的创造力、洞察力和想象力，振奋学员提出解决问题的对策。在案例讨论的过程中，学员们会出现从争论到逐渐达成某种“共识”，最后由教员对所有学员的观点进行总结和引申，这种人人参与的学习模式对每位学员都大有裨益。第二，案例教学要求审慎缜密的课前准备。案例教学对授课老师的要求很高，挑战也很大，从案例的选取、课堂安排乃至板书等方面，教员都需要细心准备、经起考验。第三，案例教学能够帮助学员应用看似高深的理论。传统的授课模式和教科书让学员了解基本知识却浮于表面，不知变通和应用，案例教学能真正帮助学员学会将看似高深的理论应用到实践中去。第四，案例教学助力学员形成全新的思维方式。案例教学的课堂上，不同观点、想法和立场难免发生碰撞冲突，而这正是案例教学必不可少的一环，“矛盾”能激发思维的火花，帮助学员从全新的角度思考问题。第五，案例教学能够让现实中的企业领导者进入课堂。在一些案例教学中，教员会邀请案例中公司的领导者亲临课堂，提出其在商业环境中面临的困境和挑战，对学员讨论后的解决方案做出回应和提出意见，由企业领导者分享的观点将会更加启迪学员，鼓舞学员。

（二）教学案例

教学案例是通过深入挖掘和精心重组信息，再现真实的管理情境，以供教学讨论使用。一般来说，优秀的教学案例应该具备三个特征：首先，有清晰的教学目标，并与单个或多个理论点对应；其次，案例中涉及企业的数据真实无差，行业背景齐备，且与案例中的角色和情境关联；最后，学员通过深入的讨论才能得到解决方案。① 案例教学中所运用的企业案例，并不是简单总结企业的成功经验或失败教训，而是通过模拟现实的商业情景，让学员感同身受地进行交流分析，制定决策方案。②

为最大限度激发学员的乐趣和参与，教学案例要适时增加一些故事性

① 何志毅：《中国管理案例教学现状》，《经济管理研究》2002 年第 6 期。

② 成思危：《认真开展案例研究，促进管理科学及管理教育发展》，《管理科学学报》2001 年第 5 期。

的情节。但教学案例远非讲述故事那么简单，它是要借助故事的叙述形式，使用新颖的题材将需要掌握的理论和知识点一并输送给学生。随着管理实践和理论的变化和发展，教员可以与时俱进，在案例中插入新观点，以适应时代变化。因此，为了最大限度发挥案例教学的作用，教学所用案例需要言语生动形象、有一定的原型和进行适当的虚构。①

与科研活动不同，教学案例并不是要进行纯粹的学术研究，而是培养学员的思维方式。可以说，教学案例不是唯一的真理，不是一个行业报告或咨询报告，不是一则新闻，也不一定是一段“最佳实践”，而是一个普遍的、有问题的实践；不一定是正面的，不一定有唯一的解决方案。因此，案例教学的最终目标是帮助学习者完成从抽象理论到具体现实的转换、将书面知识应用到实践中的能力、从倾听他人的看法到自我洞察力的提升。

三　当前工商管理类案例撰写中存在的问题

（一）对教学案例认识模糊不到位

当前工商管理类案例教学中部分老师存在的一个误区是认为案例就是举例，而不是真正案例教学中的教学型案例。② 事实上，没有问题，没有决策要素的安乐椅型案例，学员就无法展开交流。那些为企业家歌功颂德、探讨企业为何成功或失败的案例，都不是真正的教学案例。按照哈佛或毅伟商学院的案例，教学案例是基于 90 分钟时长的案例研讨，授课者会提前准备好一份“思考讨论题清单”，这份清单是根据以前学员的课堂参与度以及可能引入讨论的所有具体专业知识而制作的。老师会让学生进行交流，激发观点碰撞，或者别出心裁，让学生扮演案例中的不同角色。

（二）案例缺乏时效性和研讨深度

国内部分企业家存在“家丑不可外扬”的保守心态，只愿意谈自身

---

① 苏敬勤、孙源远：《商业案例、教学案例和案例研究的关系》，《管理案例研究与评论》2010 年第 3 期。

② 李彬：《教学型案例撰写与开发研究：以酒店管理专业为例》，《北京第二外国语学院学报》2014 年第 9 期。

的成功经验，而对其失败的经历或过往困境讳莫如深。在当今日趋激烈的竞争环境中，往往会出现“成功是失败之母”的状况，企业的路径依赖无异于刻舟求剑。更有甚者，某些企业家希望访谈的老师把企业伪造成优秀卓越的企业形象，或是讲述自己的丰功伟绩，这样撰写的案例既有广告的嫌疑，也缺乏讨论的空间和必要，更缺乏研讨的深度和广度。事实上，企业曲折离奇的发展过程以及如何克服困境和障碍而制定的战略决策才具有研究的意义和价值。

（三）国外企业案例大多缺乏本土情境，对实践指导不足

国内高校给 MBA、EMBA 和 EDP 学员授课案例的主要来源是毅伟商学院和哈佛商学院的案例库。由于制度和文化的差异，国外企业案例使用很难把握其深度，讨论的深度也有限，这给案例教学的效果带来了一定阻力。这些案例所涉及的企业大多来自异国，而国内教师的案例开发由于企业来源有限、高层访谈困难等原因先天不足，依托中欧国际工商学院、清华大学、大连理工大学等建立的案例库起步较晚、更新速度慢、案例数量较少。因此，目前我国国内教师开发的企业案例并不能有效反映我国的本土实践，我国急缺关于本土企业成长和发展的经典案例。随着海尔、华为、腾讯、大疆、阿里巴巴、比亚迪、中集集团等一批世界级企业的崛起，这些企业家的管理智慧值得我们深入研究，探讨它们成长为全球品牌的奥秘。

（四）学生对案例教学的感知质量和满意度偏低

邓新明等基于案例教学实践的调研发现，影响学生案例教学满意度的五大主要因素是案例选取、案例课堂建设、案例教学师资、案例教学的能力培养导向和案例教学考核。[①] 他们进一步发现，近 94% 的学生认为相对于国外案例而言，本土案例在案例课堂教学中更受欢迎。此外，受访学生提及的提升案例教学满意度的主要方面在于案例的预测性（88%）、实践性（87%）、时效性（74%）与关注度（64%）。

---

① 邓新明等：《工商管理专业案例教学质量学生满意度探讨——基于一项案例教学实践调查》，《中国大学教学》2015 年第 1 期。

（五）国内案例开发日渐感染了“哈佛型病毒”

中国本土原创案例的开发在某种程度上已经感染了“哈佛型病毒”，梁能提出要警惕案例开发和教学中的“哈佛型病毒”。[①] 哈佛型案例隐含的思维模式至少包含了以下五个方面的偏向：①片面强调对问题的理性分析，忽略管理问题的人性面；②片面强调战略制定，忽略组织建设；③机械地看待企业，忽视非正式组织的存在；④假设“总裁”的视角为唯一正确视角，忽视了“干中学”的实践出真知；⑤以“价值中立”的假象将管理决策表现为不含价值判断的“纯科学”，回避管理者自身的道德规范问题。

四 工商管理类本土教学案例的开发策略与建议

（一）中国本土管理案例开发的偏向

整体而言，后西方案例（1994 年之前出版的中国本土案例称为“前西方”案例，之后的称为“后西方”案例）有明显的模仿西方案例的倾向，其形式、内容均接近哈佛型案例。具体而言，在引进西方 MBA 教育之后，中国本土教学案例在内容上发生了如下五个方面的变化：①案例主角从各层级的管理者转变为以 CEO 等高管为中心；②核心议题从企业实际管理工作中的各类难题转变为以战略制定为中心；③领导者角色从凝聚团队、协调沟通、达成共识转变为拍板决策；④决策的背景材料从全视角刻画案例焦点问题的历史渊源和社会情境转变为“去历史化”的就事论事描述；⑤价值取向从公开讨论各种冲突转变为规避矛盾的表面中立。[②]

此外，后西方案例还有着明显的去文化倾向。大多数前西方案例带有鲜明的中国文化烙印，其提出的问题、背景、叙事者的思维/行动方式极具中国特色。但在后西方案例中，这些中国特有的文化元素（如集体认同、长期导向、对历史和权威的尊重、处理问题时的关系/面子考虑）和

---

① 梁能：《警惕管理教育中的哈佛型病毒》，《北大商业评论》2006 年第 1 期。

② 梁能、林淑：《西学之误？——中国本土案例内容变化的分析》，《中欧商业评论》2009 年第 4 期。

政治因素（党和政府在经济发展中扮演的角色）消失殆尽。因此，我们应重新斟酌在本土 MBA 教育中照搬照抄西方教学案例模式的做法，开发出更全面更真实反映中国实际的管理案例，总结提炼出更能反映中国优秀企业家管理者智慧和经验的思维框架和管理模式，从而培养出更多知识技能全面、领导能力杰出、行为诚信道德的商界精英。

中国（不含港澳台）MBA 教育经历了 20 多年的发展，已经从原来奉行“拿来主义”逐渐转变为中西结合甚至开始本土化的倾向。框架是西方的，内容有些会强调中国案例，注意到一些中国本土的特色，然后尝试进行一些中国管理模式的提炼。中国商学院未来将面临“路线斗争”：从美，还是从欧？同时面临“实力问题”：本土能有多少东西可以拿出来“上课”？随着中国企业日益国际化走向全球，接下来商学院如何发展，有一种可能就是逐渐会出现一些从案例到理论都是主打中国式的东西。① 民族的就是世界的，长江商学院就在中国模块进行积极探索，比如来自新兴市场（中国）的国际化、逆向并购、人单合一、复合基础观和中国公司治理模式等。因此，为了能够体现中国元素（管理特点/文化差异/制度环境/决策模式/政府角色），教学案例的编写必须突出本土特色。

（二）中国本土管理案例开发的策略

一个完整的教学案例包括案例正文和教学笔记（案例使用说明）两个部分，对于初学者来说，教学案例开发的难点主要在于如何撰写教学笔记。关于如何撰写教学案例有以下三个关键点：第一，写什么？尽量写有知名度的公司，这样会有更多的关注。如今中国企业的案例会越来越多，既要写具有普遍性的问题，也要写中国经济中的独特问题。对于无法继续的案例需要果断放弃，对于有价值的案例则要长期观察和深入跟踪研究。第二，谁来写？最好找有经验的人士一起合作，“多个脑袋总比一个脑袋强”，要找合作者。第三，怎么写？下面谈谈具体的写作策略和技巧。

1. 如何才算优质的案例

优秀的教学案例一般是通过讲述一个好的故事来复盘案例企业在当时复杂商业环境下所面临的决策问题或困境。优秀的案例正文需要有一个明确但具有争议性的讨论聚焦点，并能充分体现焦点问题的复杂性。在案例

---

① 腾斌圣：《中国商学院的新 20 年更独立？更本土?》，《中外管理》2011 年第 2 期。

撰写时，案例开发者应对企业、主人公和事件保持客观公正，围绕教学目标来展开，并保证提供数据准确、逻辑严密、要点得当。在结构方面，案例应当长短适度，无冗余信息，结构合理，数据图表一目了然。

案例首先是一种教学工具。一个好的案例，最好有配套的教学笔记（案例使用说明）。教学笔记中应设定明确而恰当的教学目标，提出有针对性的讨论问题，并提供合适的分析框架和参考答案要点；同时，教学笔记应结合相关的管理理论，有合理的构架、清晰的逻辑；此外，有效的教学笔记中还应包括具体、详细和切实可行的教学计划，以及有价值的图表、图形、实证研究发现和相关分析；有必要的话，教学笔记还应提供案例后续发展以及近期动态。

因此，案例开发者需要在撰写的初期记住以下四点：第一，明晰案例本身的焦点和决策主线；第二，解决问题所需的分析；第三，能基本让学生完整地分析问题所需的数据；第四，获得数据的渠道。

2. 教学案例写作策略技巧

（1）案例灵感与线索来源。开发某个特定案例主要有两个源头：一是问题驱使；二是企业或行业或高管层驱使。不管与企业什么层次的管理者深度访谈，首先应该明确表明正在调查或关注的主要问题。因此，当你找到案例主体时，案例的中心焦点也就相应明确了，在访谈过程中尽快将问题清晰化，这样就可以识别出企业的故事是否可以开发成教学案例。

（2）案例题目和案例要点。一般来说，教学型案例的题目应吸引读者的眼球，具体的策略包括：可以突出管理决策者面临的“矛盾”或“困境”，或运用“文学化语言”描写企业的独特做法或最佳实践。这些策略有助于更好地引起读者的兴趣。同时每个案例都需要有一个明确的决策主线，可以是解决行业痛点或社会需求，既要把各种困难、阻碍、矛盾等交代清楚，又要突出企业的资源或能力。

（3）实地企业访谈。在每次采访前加上这类声明会很有帮助：“我相信联系人已经告诉过您为什么我来访谈，但我希望用一分钟来介绍我自己以及亲口告诉您我希望完成的事。”我们要采访的人非常忙，所以必须最有效地利用他们的时间。因此，对那些可从其他地方容易而可靠地得到的资料，就不应该再问他们。因此，学会倾听和记录是非常重要的，最好能够征得当事人的同意进行录音，访谈结束后进行详细的整理。

（4）伪装或掩饰技巧。可以在不触动到案例的要点上虚拟改变企业身份的所有信息，因此伪装的技巧比较有用。假设企业有着非常高的利润并不希望竞争者知道利润如此高。你可以简单地将案例里的成本数字提高，利润数字减低。当案例的要点涉及某特定部门或产品的成本或利润时，数据很可能非常敏感。你能不能有效地对数据伪装取决于伪装会不会连累到案例教学目的。在任何情况下，伪装应被认为是对案例对象合理担忧所提供的便利。可以对企业身份（就是简单地将企业的身份更换掉）、行业或产品身份（更换行业和产品的信息）、财务数据进行掩饰处理（财务数据的伪装可以很简单，也可以很复杂，取决于需要学生做出的分析）。

（5）案例正文策略。首先，需要列出案例写作的大纲，也包括正文附录。准备大纲会帮助你组织思路和预计加入案例的材料，比如找出案例设定的时间，对比案例时间前后发生的事件。其次，需要以客观中立的立场撰写案例。丰富引用创业者或访谈者的原话，一方面这样使得案例永远都是在陈述事实，另一方面也可以通过企业家的原话来达到保持权威的目的。最后，需要设计案例写作结构。当你决定好要讲的故事和其将引出的要点，你需要决定如何在纸面上讲述这个故事。大部分案例中，最自然的结构是按照故事的时间顺序写，当然也可以通过设置争议或矛盾冲突点等采取倒序的方式。

五　总结与展望

毋庸置疑，案例教学是工商管理类学科不可或缺、最为重要的教学方法之一，对提高学习者的思维和决策能力有着至关重要的意义。“高层管理的最大挑战并非如何制定行之有效的决策方案，而在于如何精准地识别并定义问题。常言道，难的不是处方，而是如何诊断。同样的，管理教育最关键的也不是讲授各种分析工具和技巧，而是培育科学理性的思维模式。”案例教学强调在教学过程鼓励学习者积极参与、主动创造和思辨想象，以提升教学的质量和效果。我国案例教学正处于从量变到质变的积累突破阶段。随着一大批中国企业日益成长为世界级企业，由衷地希望未来学术界和企业界能够联手合作，在开发本土管理案例的过程中不断总结经验教训，持续提升案例教学的质量和效果，更有效地培养更多具有综合素质的高级管理人才，推动组织整体能力的提升和社会经济的转型发展。

Local Management Case Development Research —Take Business Administration Major as an Example

Xie Peihong

Abstract: As a bridge between practical activities and theoretical knowledge, case teaching is one of the most frequently used teaching methods for business administration courses. The ultimate goal of case teaching is to help learners complete the transition from abstract theory to concrete reality, the ability to apply knowledge to practice, and the improvement of self – insight from listening to others' opinions. This paper first analyzes the main points of the case teaching method and the characteristics and purposes of teaching – based cases, and then discusses the five problems existing in the current business administration case teaching and writing. Under the influence of the international mainstream case teaching mode of Harvard Business School and Ivey Business School, the teaching mode of Chinese management education is actively transforming, but it also relatively weakens the attention to the human, political and ideological aspects of the organization. Based on the latest development stage of management education in China, this paper proposes that domestic business schools should attach importance to the development of indigenous management teaching cases. On the basis of the selection criteria of "National 100 Excellent Management Cases award" and "China Business Administration International Best Case Award", this paper discusses the strategies and skills of teaching case writing.

Key words: Case Teaching Method; Teaching Case; Harvard Type Virus; Chinese Indigenous Management Case Development

金融科技专业建设探索与实践*

陈晓静　李瑞琦　章　楠　乔继凡**

摘　要： 高校教学作为金融科技发展的重要推动力，应加快教学方式的改革。本文通过分析金融科技人才的需求现状及培养新要求，探讨金融科技专业建设面临的挑战，提出金融科技专业建设的路径选择，包括注重跨学科的融合培养，丰富专业课程的内容设计，培养"双师型"教学队伍，创新教学方法及手段，开展前沿动态专题活动，加强校企合作共谋发展等。从而得出研究结论：高等学校应以提高人才专业素养和道德准则为目标，增强市场、企业与学校平台的有效融合，不断探索合适的培育方法，满足新时代发展的需求，弥补金融科技人才缺口，提高我国金融科技产业竞争力。

关键词： 金融科技；"双师型"教学队伍；校企合作

"金融科技"（Fintech）一词最早由花旗银行于 1993 年提出，是 Finance（金融）与 Technology（科技）的结合。金融科技指运用各类科技手段创新传统金融业带来的产品和服务，产生新商业模式及对应的产品及应用，提升效率并有效降低成本，从而对金融服务的提供方式产生重要影响［金融稳定理事会（FSB）2017 年《金融科技对金融稳定的影响》］。

---

* 基金项目：上海对外经贸大学《大数据与金融》课程项目和上海市欧美同学会 2021 年重点项目。

** 作者简介：陈晓静（1972—　），女，上海对外经贸大学美国研究中心主任，金融管理学院教授，博士；李瑞琦（1997—　），女，上海对外经贸大学金融管理学院硕士研究生；章楠（1998—　），女，上海对外经贸大学金融管理学院硕士研究生；乔继凡（1998—　），女，上海对外经贸大学金融管理学院研究生。

依据字面含义，金融科技可简单拆分为“金融”+“科技”。然而，金融科技并非是传统金融业与新兴技术的简单相加，它是在计算机科学和网络技术的基础上创造性地发展起来的一种新业态、新模式，通过大数据、区块链、云计算、人工智能等新兴前沿技术，革新传统金融业，解放传统运营模式，提升效率水准。

金融科技的快速发展，不断深化了金融服务于实体经济的本质。在产业数字化进程中，金融机构通过大数据、区块链等金融科技前沿技术挖掘企业数据，这些数据为金融机构智能算法和风控模型提供了巨大的价值，对企业进行全方位的风险把控，有效解决信息不对称在服务实体经济过程中带来的恶劣影响，金融机构服务成本降低的同时提升了服务效率。金融科技的快速发展对人才产生了新的需求，也对高校金融科技专业建设提出了新的要求。

一　金融科技人才的需求现状及培养新要求

（一）金融科技人才的需求现状

近年来，金融业的数字化转型进程提速，金融科技复合人才自然成为各大金融机构的抢手货。国家也在不断出台相关政策，鼓励金融科技人才的培养。

无论是传统金融机构，还是金融科技公司都求贤若渴，开始加大科技人才的招聘，金融行业已逐渐成为金融科技人才的聚集地，而金融行业的数字化、智能化程度越来越深，既懂金融又懂科技的复合型人才需求也随之骤增。截至 2020 年 12 月，五大国有银行和七家股份制银行已大体构建了银行系金融科技企业，成立了独立的金融科技子公司，科技产出是未来银行业创新的重要推动力。据不完全统计，国有银行中，仅中国工商银行、中国银行、中国建设银行 2021 年度的校园春季计划招聘总人数就超过 1.5 万人。金融科技人才的短缺显而易见地影响金融科技行业快速发展。

培养金融科技复合型高级人才是我国经济金融高质量发展、培育创新项目的必要条件。在金融机构及企业自身的人才培养工作的基础之上，为弥补人才在金融科技专业的短板，另一有效的途径就是通过在高校宣传新思想、培育适应时代发展新趋势的高质量人才，通过“因材施教”“专业化培养”等方法为市场输送有思想、有能力的金融科技复合型人才。

（二）金融科技复合型人才培养的新要求

金融科技在实际运用中会利用互联网和区块链、大数据等创新技术为传统金融服务如投资融资、中介服务甚至支付技术等提供新的运行方法。因此，掌握互联网相关技能是金融科技人才必备的技能，例如数据的量化分析，结合丰富的金融理论知识来研究创新理财产品的定价方法或运用工具进行风险防范等。需要互联网思维和针对金融发展敏锐性相结合。随着区域化、全球化的推进，更多地需要跨学科进行知识整合。金融科技人才需要更深层次地了解金融和互联网技术等多学科的结合所带来的新的运营模式和规则。

金融科技复合型人才，是具有创新思维和实践能力的创新型人才。国家创新战略的实施需要大量创新型、复合型人才。具备专业的理论基础知识以及自我思考、创新思维的优秀习惯。互联网、金融及互联网与金融相结合领域的最新发展成果和方向是培养人才需要密切关注的重点，结合最新的理论技术，创新业务发展模式，才能设计出满足个性化需求又满足客户体验的金融产品，进而有效适应瞬息万变的金融创新，奠定未来金融科技的发展，以适应金融科技日新月异的需求。①

金融科技复合型人才是风险意识和法治思维兼备的管理人才。金融科技领域的风险具有隐蔽性、传染性、广泛性和突发性等特点。金融科技风险管理者必须具备各种风险意识，加强对网络金融常见风险，如技术风险、市场风险、业务操作风险、流动性风险的应急防控能力。②

二　金融科技专业建设面临的挑战

金融科技的引领性发展带来的人才短缺困扰对高校高等教育机制的建

① 李凤羽：《金融科技本科专业跨学科教育理念与教学方法创新》，《教育现代化》2020 年第 7 期。

② 侯小丽、王翠娥：《新商科理念下互联网金融专业人才培养改革路径思考》，《黑龙江教育》2021 年第 2 期。

设提出了艰巨任务，近年来，国内高校陆续申请开设金融科技专业。但普遍存在的问题是培养模式落后，难以跟上金融科技的创新步伐，主要原因在于金融科技教学工作方面的基础理论框架不够扎实，研究不够透彻，对应实践能力的培养方法单一而无效，阻碍了其学科发展建设。金融科技专业建设所面临的挑战，主要表现在以下几个方面。

第一，金融科技学科体系发展受阻。近年来，大数据、人工智能等新兴技术发展势头良好，但是相关技术体系尚不完善，基础理论的研究仍然处于初步阶段。以大数据研究为例，相关应用理论大多以描述性、预测性呈现，缺乏深层次分析，如决策指导性。另外，因大数据的快速应用及监管治理体系落后，隐私保护、数据共享与安全矛盾已严重阻碍了大数据的广泛应用及蓬勃发展，这些尚未解决的问题也制约着金融科技整个学科发展的基本理论框架的完善及建设。尽管已有部分文献对学科体系进行了较为全面的综合讨论，但未有定论，因此许多关于金融科技学科体系的重要理论和核心概念还存在众多争议。

第二，金融科技专业课程设置与学生知识和能力需求不匹配。金融科技本身学科跨度较大，课程内容难以定制。金融科技人才培养对于互联网思维、金融学理论基础、计算机编程能力都具有一定的要求，但在有限的课时内，如何更加合理有效地安排课程成了一大难点。交叉学科课程本身难度大，课程设置较多且复杂，学生的学习积极性不高，学习的知识也不够专业精细。课程体系需要尽快优化，使高校课程的设置与学生的培养目标相匹配，与学生自身的能力相适应。数据处理是金融科技人才的必备技能，因此数据处理分析课程是必不可少的，部分学生自身计算机语言基础的薄弱导致了运用软件的不熟练性，从而自身产生畏难情绪，长久以往恶性循环，无法达到理想的学习效果。

第三，金融科技教学仍侧重于理论课程，缺乏实践教学。实践教学对于提升学生的综合实践能力提供了重要支撑。从校内环境来看，很多高校还未建立金融科技实验室，即使建立了，学生也很难充分利用。虽然目前实践课程学时有所增加，但是依托理论课程的实验学时占比较大，实验内容大多由理论授课教师凭借其自身的主观性和随意性安排，缺乏经验丰富的专业教师设计实验课程，使其缺乏系统性，实验内容也缺乏前瞻性。而校外金融科技实践基地建设相对薄弱，在短期实习过程中，学生也很难参与核心业务工作。因此，对于金融科技与金融市场及金融机构的联系，学生很难得到充分的认识和理解，这直接导致学生眼高手低，理论知识与实践脱节严重。

三　金融科技专业建设的路径探索

综上所述，对于金融科技专业建设，高校应设置有效方案改革专业课程的教学实践，创新授课方式，紧随金融科技快速发展而变化的学生培养目标，为市场输送符合新时代要求的金融科技复合型人才，积极响应国家人才强国战略，为国家经济高质量发展添砖加瓦。

（一）注重跨学科的融合培养

金融科技领域所需的复合型人才在互联网、金融、统计方面都要具备专业能力，包括金融基本理论的掌握和对金融创新的独立思考、互联网信息技术的精通、大数据处理分析及决策建议的理解等。因此，在高校培养人才的计划方案中，应注重跨学科融合培养，打破壁垒、创新培养模式。根据金融行业的特点和教学实践，遵循基本的金融从业人员的素质要求，在注重专业理论知识学习的前提下大力培养实践应用能力及创新创造动力，注重实际操作，培养对数据的敏感性和技能训练。紧跟行业发展新风向，动态调整教学模式，并始终以培养具备多方面专业基础知识和过硬的上机操作能力的应用型人才为目标。

如今，借助金融技术工具与互联网的结合，如金融大数据分析、区块链、风险管理预警模型等工具的出现及运用为发展提供了便利。应用型高校金融科技人才培养应注重金融技术工具的运用，例如增设选修课如 Python 软件学习、金融数据库运用技术、数据分析、机器学习等，帮助学生更好地适应科技金融时代数据化的要求，增强对数据的体感，理解编程的基本逻辑等。应根据金融市场和互联网产生的海量数据，通过提取和分析数据使得金融服务信息更加透明，金融交易成本降低，从而更好地管理和控制风险。要注重实践和通用理论知识，如金融创新产品设计、信用评价、量化投资、金融科技导论、数字货币等。通过学习和了解新技术和发展趋势，通过热点案例分析等教学方式，使学生了解真实金融世界中金融科学技术的运用现状及带来的创新效果，熟悉其基本的运作流程，掌握其最新的发展动态。此外，为培养学生的网络平台化思维、数据化思维，开设统计相关、互联网相关课程，以实现学生的多学科思维融合。注重金融科技安全与监管，如网络金融管理、互联网法律、大数据网络金融安全和监管，掌握互联网金融和金融科技应用过程中的监管措施以及相关法律条款。

（二）丰富专业课程的内容设计

首先，教学方案增设对金融科技产品的认识及学习。在培育复合型优秀人才的目标前提下，应及时更新教学内容，将新时代出现的新知识、新理论、新产品的发展更新到教学计划中，课程设置每年修订。编写或使用教材不仅要侧重于金融科技基础理论、性质、特征的分析，更要加入反映真实社会需求的动态教学。高校教育目前普遍存在的问题是培养的学生进入社会后，虽拥有扎实的理论基础，但对于实际应用型问题如金融科技工具的使用束手无策，难以快速上手，缺乏对整体职业价值观的透彻理解。如今，因人工智能、大数据、区块链等技术的推广使用，科技在金融中的举足轻重的地位正快速重塑金融行业服务的战略地位。随着金融业新时代转型升级时期的到来，高校金融科技专业培养应用型人才是大势所趋。

其次，在设计金融科技人才培养方案、确定培养目标的基础工作之外，教学细节的敲定也是需要注重的难点。从课程内容安排来看，结合案例教学智能投顾、大数据与区块链的结合、互联网金融、数字金融等前沿理论。举例来说，引入智能投顾概念，可以让学生理解其来源于资产投资组合、行为偏好理论及风险管理的传统金融学理论后发散思维，思考其出现的必要性与必然性，讲解人工智能与传统金融相融合的巨大变革，以启发学生们对于金融科技创新的理解。在互联网信息技术或统计相关课程教授中，结合蚂蚁金服、京东数科等数据分析案例开展教学，包括介绍计量指标、数据运用与清洗、数据处理、结果分析、解释结果、预测趋势。教学工作者在此过程中要注意收集相关案例，以实际情况讲解金融科技的应用。

（三）培养“双师型”教学队伍

在科技金融的背景下，为培养复合型人才，对高校教师的要求更加严苛，不仅要具备丰富且完整的知识理论框架，了解国内外金融专业发展前沿，还要重视实践，具有精湛的实践技能。因此，可在高校中推行“双师型”教学团队。如招聘在校外证券公司、银行、信托、保险等金融机构任职过的双师型教师，或聘请金融机构优秀从业者兼职到校内讲座。联系相关金融机构，可安排在课程讲授中加大实践教学比重，组织学生去金融机构企业实地参观学习，起到事半功倍的效果。

（四）创新教学方法及手段

第一，增加体验式教学方式。体验式教学，学生可通过自己的直观感受获取信息、理解感悟验证理论知识的实践应用，是传统教学理论中注重理论与实践相结合的重要教学方式。体验式教学，培养学生独立思考的能力，引领其创新发展思维，深刻理解理论知识，激发主观能动性及自主学习能力，顺应了大数据时代的新要求。

第二，注重培养学生的自学能力。教学工作不仅仅教授知识，要注重过程，教会学生学习的能力。金融科技大发展时代，通过互联网服务如京东智投等金融 App 的体验使用可使学生更直观地感受网络借贷、智能投顾等传统金融服务的革新，了解人工智能、大数据在金融行业创新服务中的有效应用。

第三，激发学生学习新技术的兴趣。教师起到监督引领的作用，随时获取了解学生在学习过程中的进展、可能遇到的困难、收获的结果等，并传授给学生国内外前沿的知识，以激发学生的学习积极性。

创新型的教学方法和手段是打造金融科技复合型人才的有利推手，既能强化学生的理论知识，也能提高其实践能力。因此，高校教师应做到贴合培养目标设计教学方案，及时更新最新研究成果。运用典型案例分析教学方法、情景模拟教学方法等激发学生对金融新兴领域的兴趣，丰富课程内容。例如，打造金融数据创新实验室，构建虚拟智能投顾平台，让学生亲自参与创新金融产品的设计和交易、体验金融科技的应用效果，对整个行业的发展拥有整体认知。鼓励学生积极参与金融科技相关的比赛如互联网金融大赛、金融科技比赛等活动，让学生在动手实践中找到自己感兴趣的研究方向，深入了解互联网金融运营模式及相关机理，培养其创新能力和理论水平，进而指导学生在自己设计相关产品的基础上完成毕业论文，更深入理解金融科技产品设计的背后逻辑，并确定未来想要从事的工作方向。在这些创新教学手段开展过程中，重视学生对课程学习效果的反馈及评价，注重学生在教学实施过程中的考察以及学习能力的考核，以更好地改进教学方案，顺应金融科技时代发展大方向。

（五）开展前沿动态专题活动

金融业的发展瞬息万变，而高校使用的教材大多数滞后于金融业的发展，教师应及时关注金融业内动态，更新自己的知识体系，研究金融业前沿知识，传授给学生最新的行业发展动态，培养学生的思考能力。

第一，注重产、学、研结合，开展学术讲座，聘请校外金融机构优秀从业人员、业界专家等交流金融科技学科前沿核心理论，打破校园传统教学模式和企业真实运营环境的壁垒。举办线上或线下交流会，邀请业界大咖解答学生关于当代金融科技运营模式的困惑以及想要了解到的市场知识等，让学生在精彩纷呈的课外活动中巩固理论知识，坚定学习信心，培养科技金融理念。同时，让学生根据自己的兴趣学习相关知识，学以致用。

第二，定期举办大型会议，公开科普金融理念。开展知识竞赛，丰富相关课外活动，提升自身的竞争力。例如，由北京大学数学科学学院和复旦大学经济学院发起，并联合建行大学、纽约大学、对外经贸大学主办的全球高校金融科技应用创新大赛，由浙江省金融办等联合浙江大学主办的中国金融科技创客大赛等很好地锻炼了学生的能力。学生参与专业技能比赛，主动提高其应用能力并培养了更加浓厚的研究兴趣。并可在日常教学中融入技能竞赛相关内容，不断完善教学质量体系，追求高质量教学。高校应制定并颁布相关竞赛管理实施细则及奖励措施，激励教师组织学生积极参与，有助于提高学生们的创新意识的实际操作能力。①

（六）加强校企合作共谋发展

高校金融专业传统实习实践课程，大多是安排学生到银行、券商、保险公司等金融机构的营业部门实习，实习实践课程的主要目的就是帮助学生适应工作环境，深入了解行业现状。如今是科技金融时代，区块链、智能合约等应用更新了金融业态。金融流水线的业务工作将逐渐被人工智能所取代。对金融科技复合型人才的培养应注重课程教学和实习实践教学相结合。学生通过在科技金融公司实习，透彻了解金融科学技术如互联网技术、大数据与区块链的结合、人工智能，为今后职业发展道路的规划奠定

① 范嵩、胡君晖：《互联网金融引领下科技金融专业群实践教学运行机制创新研究》，《中国管理信息化》2021 年第 24 期。

良好基础。

金融专业与计算机专业老师合力承接金融科技类公司研究项目，要求学生参与项目研究，融合推进产学研在教学方面的应用。校企合作，建立专门化的示范性实习基地。加强基地建设，维护示范性作用，针对式培养市场及企业金融科技岗位的需求人才，校企联合育人，培育出有竞争力的具有鲜明特色的人才；与此同时，企业方也要和学校积极沟通人才需求，合作构建低年级培养计划，以期让学校为其输送需要的优秀毕业生，实现校企共赢局面。

产学研的深度合作，还要依靠开放灵活的教学运行机制。构建金融科技人才协同创新平台，高校在教学环节与企业开展合作并有机结合学校教育实践工作。加强技术交流合作，实现资源共享共创，提高复合性金融科技人才的培养质量水平。一方面在课堂教学中引入企业的业务知识、运营模式，另一方面向企业输送对口的科技金融复合型人才。

此外，高校课程体系建设应注重专业性，注重金融基础理论知识与实践能力有机结合。基础教学要与增强学生综合素质的实践活动相结合，培养全面发展、具有核心竞争力的人才。

四　结论

传统金融业产品与服务模式随着科技飞速发展面临巨大挑战，未来金融业发展方向主要为金融服务与产品数字化、货币虚拟化、金融机构技术化、金融监管科技化。金融科技作为一门新兴专业，跟随金融业数字化改革的浪潮，其技术基础和理论创新条件将更加完善。高校教学作为发展金融科技的重要推动力，应注重教学方式的改革，通过开展案例教学法、实习实践教学法、产学研一体化等创新型教学方法积极培养具备大数据分析能力、金融基础知识扎实、具有创新思维、拥有计算机信息技术的高级复合型金融人才。定向向市场或企业输送专业人才，以提高人才专业素养和道德准则为目标，增强市场、企业与学校平台的有效融合。不断探索有效的培育方法，满足新时代发展的需求，弥补金融科技人才缺口，提高我国金融科技产业竞争力。

On the Construction and Practice of Fintech Major

Chen Xiaojing　Li Ruiqi　Zhang Nan　Qiao Jifan

Abstract: Being the major Fintech driving force, Universities should spare no efforts in stimulating the reform of teaching method. On the analysis of the current situation of demand and nurturing requirements, this paper explores the challenges faced by the construction of Fintech major puts forward the path for constructing Fintech major. These suggestions include: paying attention to the integrated nurturing of cross curriculums, enriching the contents design, nurturing double - qualified teachers, innovating teaching methods, carrying out up - to - date activities, and strengthening school - firm cooperation and mutual development. Focused on the target of talents nurturing and moral principle, universities should enhance the integration of firm and school and keep on exploring effective nurturing method to meet the requirements of society development and gap of Fintech talents in order to improve the competitiveness of China's Fintech industry.

Key words: Fintech; Double - qualified Teachers; School - Firm Cooperation

“金课”建设背景下教师投入与优质课堂的关系研究*

——基于优质课堂学生评价的质性调查

李雪飞　周克印　成思慧　刘满让**

摘　要： 打造具有高阶性、创新性和挑战度的课程重点在于教师对课堂的投入。为保证优质课堂的生成，教师需要在教学、科研、情感三个维度上进行时间与精力等的投入。本文通过对优质课堂的调研，来了解这些因素是如何影响优质课堂教学的。研究得出以下结论：教师在教学方面的投入会让学生对教学目标、教学设计、教学方法、教学手段、教学内容等存在良好感受；教师在科研方面的投入与学生对优质课堂的感受之间的影响并不特别明显，但也有少部分学生体会到在知识、思维和实践上的拓展；教师在情感方面的投入让学生在态度、交流和理解上产生好的感受并影响到教学评价，而青年教师也因为在学生交流方面的优势成为优质课堂教学的主体。

关键词： 教师投入；课堂效果；优质课堂

---

*　基金项目：南京航空航天大学2019年度教育科学与改革专项课题“教师投入与课程效果的关系研究——基于南航优质课堂的实证调查”（项目编号：2019JYKX－22）。

**　作者简介：李雪飞（1976—　），女，南京航空航天大学高等教育研究室主任，副研究员；周克印（1966—　），男，南京航空航天大学教师发展与教学评估中心主任、高等教育研究所所长，教授；成思慧（1995—　），女，南京航空航天大学人文与社会科学学院硕士研究生；刘满让（1966—　），男，南京航空航天大学教学发展与教学评估中心评估办公室主任。

2018 年 6 月，教育部召开了新时代中国高等学校本科教育工作会议，明确提出了建设"一流本科教育"，而在一流本科教育中，课程建设是核心环节，也是本科教育提升的重点和难点。在此基础上，为了进一步提升课堂教学质量，教育部又专门印发了《关于狠抓新时代全国高等学校本科教育工作会议精神的通知》，明确提出各高校要全面梳理各门课程的教学内容，淘汰"水课"、打造"金课"。打造具有高阶性、创新性、挑战度的课程首先在于教师对课堂的投入，这是建设"金课"的重要前提，也是最根本的保证。因此，研究教师投入与"金课"的关系就显得十分必要。

一　文献综述

国内外关于教师投入的分析目前主要集中在对教师教学投入和教师科研投入与教学的关系研究两个方面。

（一）对教师教学投入的研究

刘振天提出，教师教学投入是指教师在教育教学活动中所投入的时间、精力和情感的总和；他还从教师的时间、精力和情感三个维度研制了高校教师教学投入调查问卷，调研结果表明，我国高校教师教学投入总量偏低，教师教学投入在年龄、性别、学位、职称以及院校层次等方面均存在较大差异。① 何旭明认为，教师教学投入可以从投入的内容和学生的感受两个维度进行分类：前者可分为时间、金钱、精力和感情投入，后者可分为学生感受到的和未感受到的投入。② 翟洪江通过对高校教师本科教学投入的实证研究发现，教师教学投入由时间投入和情感投入构成。③ 粟娟、罗明的调查结果表明，高校教师在教学投入的时间、精力以及情感方面总量偏低。④

---

① 刘振天：《高校教师教学投入的理论、现况及其策略》，《中国高教研究》2013 年第 8 期。

② 何旭明：《教师教学投入影响学生学习投入的个案研究》，《教育学术月刊》2014 年第 7 期。

③ 翟洪江：《高校教师本科教学投入的影响因素与对策研究》，《教育探索》2015 年第 5 期。

④ 粟娟、罗明：《高校教师教学投入行为研究——基于人力资源管理视角》，《当代教育理论与实践》2016 年第 1 期。

（二）科研投入对课堂教学的影响研究

国内外关于教学与科研关系的研究存在较大分歧。有学者将其归纳为三种观点：①教学与科研负相关；②教学与科研正相关；③教学与科研零相关。[①] Michalak 和 Friedrich 等的研究发现教学和科研之间存在弱相关，那些科研成果突出的教师在教学上也相对会表现好一些。[②] Fox 的研究表明，教学和科研并不像人们过去认为的那样是一致的活动，两者之间存在着许多不一致。特别对于学术生产力而言，二者之间存在竞争（而不是互补）的关系。[③] Halsey 的研究表明，90% 的被调查者都认为教学和科研对于一位优秀的大学教师同等重要。二者之间的影响并不是一种对等的关系，绝大部分研究者都同意科研可以促进教学，但教学对科研的影响却相对较弱。[④] 汪霞认为，大学的教学与研究有着密切的关系，并提出教学与研究的关系是互为源流的关系，一方面，研究使教学更有新意、更有深度和广度；另一方面，教学也使研究更有灵感、更有活力和动力。[⑤]

二 研究设计与内容

在梳理教师投入与课堂教学效果已有研究的基础上，本研究提出如下研究假设：金课的形成首先源于优质的课堂教学效果，而课堂教学效果的获得取决于教师的投入。为保证优质课堂的生成，教师需要在教学、科研、情感三个维度上进行时间、精力等的投入，本研究通过对优质课堂的实证调研，了解这些投入是如何影响教师的教学从而达成优质课堂效果的。

本研究随机抽取了 N 大学 2020 年春季学期 996 门课程数据，筛选学生评价排名位次为学院前 10% 且学校排名位于前 10% 的课程，共 68 门课程。为了更好地进行“三角互证”，本研究还将通过对访谈与质性数据分析相结合、一般课堂和较差课堂的学生评教点比较来进一步揭示各个维度

① 转引自王蔚虹《国外教学与科研关系典型观点述评》，《石油教育》2008 年第 2 期。
② 转引自梁林梅《国外关于本科教学与科研关系的探析》，《江苏高教》2010 年第 3 期。
③ 转引自梁林梅《国外关于本科教学与科研关系的探析》，《江苏高教》2010 年第 3 期。
④ 转引自梁林梅《国外关于本科教学与科研关系的探析》，《江苏高教》2010 年第 3 期。
⑤ 汪霞：《大学研究型教学中的“研究”》，《教育发展研究》2007 年第 11B 期。

对教学效果的影响。

(一) 教学方面的投入及其在学生评教中的体现

本研究所定义的教学投入是指教师为达成教学效果而在课堂教学活动等方面投入的时间、精力等。课堂教学作为一种教学活动，教学的计划、组织、开展、评价等环节都需要教师投入时间和精力，为了达成良好的课堂教学效果，教师必须开展对教学规律、方法与技巧等直接关系教学效果的教学活动方面的研究。

从抽取的学生对于前 10% 教师的评价看，对教师在教学投入方面的评价主要如下：

"有很好的教学方法和实践方法，每个人都能很容易理解这些方法，很好的主题。能让学生聚焦于课堂。非常认真地确保我们理解了讨论主题。"（老师 A，学生评教学校排名前 1%，学院排名前 1%）"老师上课很用心；课堂特别有趣生动，根据课程知识结构的特点，重点突出，层次分明；理论和实际相结合，通过例题使知识条理化。正是因为这样，能激发我们的学习兴趣。"（老师 B，学生评教学校排名前 2%，学院排名前 1%）"知识面广，讲话幽默，才识渊博；教学认真，态度友好；讲课思路清晰、生动有趣，还给我们拓展了很多课外知识。"（老师 C，学生评教学校排名前 2%，学院排名前 2%）

通过对学生留言文本的分析与编码，可以看到学生对优秀教学的评语主要集中在以下几个维度，见表 1。

表 1　学生对优质课堂教学中教学投入方面感受的评价重点

对优质课堂教学的感受	评价	主题词
教学目标	简洁的主题内容；确保学生理解了讨论主题……	主题明确、清晰
教学设计	根据课程知识结构的特点，重点突出，层次分明；理论和实际相结合，通过例题使知识条理化；教学深入浅出、条理清晰；上课形象生动，对课堂的氛围把握得很好；学生能聚焦于课堂……	重点难点、知识条理、形象生动

续表

对优质课堂教学的感受	评价	主题词
教学方法	有很好的教学方法和实践方法；善于调动学生参与互动；课堂气氛活跃；优秀的教学技巧；好的教学方法；好的课堂氛围……	参与互动、气氛活跃
教学手段	合理运用板书、多媒体等辅助教学手段；视觉效果好；提供了很多学习资源；掌握了新技能……	多媒体、视觉效果、学习资源、新技能
教学内容	授课内容丰富充实；不拘泥于课内知识；开展了眼界；介绍了许多前沿知识……	丰富充实、开阔眼界、前沿知识

从表1可以看出，学生视阈中优秀教学的普遍特点有：教师有教学责任心，认真负责、讲解清晰；教师熟悉教学内容，能对知识进行加工梳理，把难知识点设法转化为让学生听得懂的教学内容，同时生动有趣的课堂也要求教师选择合适的教学方法。

而对照学生评价全校和全院排名位次居于后1%的教师看，主要的问题表述如下，“上课重点不突出，时常不能理解老师表达的意思，觉得思维有点跳跃，简单概念讲得太复杂，对前后知识的总结跟串通讲得很少，基本学完都不知道几章之间的关系。讲课没有节奏，听不懂，老师讲课的时候要逻辑更清晰一些”。这就说明教师们对教学内容的整理不到位，没有注意从知识之间的关联来引导学生的认知，也未能从学生认知的角度来进行教学设计。另外一门排名院99%、全校100%的课程学生认为，“非常乏味，老师似乎理解主题，但不能把它转变成教学内容。课堂指导不到位，讲教材不是教学，对主题的解释不清楚”。“老师只是在念PPT，教学技巧很差，似乎他从来没有教过课。”另一门全院99%、全校100%的课程被学生认为“口齿不清，讲课不清晰，重点不突出，吐字不清楚，相关PPT也很乱，课上学不到什么，希望老师讲课更生动，引起学生兴趣，应该多拓展学生思维，不能照本宣科”。

由此可见，缺乏对教学内容的梳理组织加工、缺乏对主题的凝练、缺乏有效的教学设计及教学法的变换是影响课堂教学效果的重要因素。

（二）科研方面的投入及其在学生评教中的体现

大学教学与科研有着密切的联系，优秀的大学教师必须首先是优秀研究者的观点自洪堡创建柏林大学以来就逐渐深入人心，洪堡指出，“大学教学必须与科研相结合，大学教师只有在教学活动中不断纳入创造性的科学研究成果，其教学才是真正意义上的教学”。① 对于研究型大学而言，优质课堂的生成更离不开教师在科研上的投入。

本文认为，教师的科研投入是教师在科研上付出的时间和精力，包括教师参与科研项目、参加学术交流、撰写和发表科研成果等。教师通过自身对学科知识的探索与发展并把这种科研问题、科研思维带入课堂，能够真正建成优质的课程。

但从课堂教学实践反馈看，在学生对学院和学校排名均位于前 10% 的课程评价中，鲜有对教师的科研惠及优秀教学的留言。仅有很少留言如对于一门全院前 2%、全校前 1% 位次的课程，学生的评价是“老师教我们课本知识的同时，还介绍了好多科研前沿知识。上课认真负责，不时会给我们普及一些较为前沿的专业知识，对我们理解这门课有很大的帮助”。（老师 D，学生评教学校排名前 1%，学院排名前 2%）

为了更好地进行验证，本研究又以教学排名前 10% 的教授为对象，深入分析其中可能与科研相关的影响优秀教学的评教留言。从其中可以看出，对于科研较强老师的教学评价多是“负责、思路十分清晰，讲课认真”以及“课堂内容丰富、对重点难点把握好”。

“老师讲课突出重点，内容详细，条理清晰，细致入微；课堂教学和现场课教学都很生动，开阔了眼界；给了学生新的视野，现场课很棒，教学认真负责，态度和蔼；把知识和实际问题相结合可以让学生更了解知识的真正内涵；教授讲解清楚明白，具体深入；课程受益匪浅。”（教授 A，学生评教学校排名前 6%，学院排名前 5%）

“课堂内容十分充足，课程设置好，能学习到很多知识；老师态度认真负责，授课水平很高。”（教授 B，学生评教学校排名前 8%，学院排名前 7%）

① 转引自王耀东《大学应重构科研与教学关系》，光明网，https：//epaper. gmw. cn/gmrb/html/2016 - 10/28/nw. D110000gmrb_20161028_2 - 10. htm？ div =-1。

“老师教学方法独特，能吸引学生的注意力；能将知识变得浅显易懂，而且不失风趣；习惯引导我们思考问题，解决问题。”（教授C，学生评教学校排名前9%，学院排名前9%）

“老师的课堂形式非常有效，学习很多技能和专业知识；讲课形象生动，鞭辟入里；发散学生思维，训练了学生的检索汇报的能力；讲课很全面，了解的知识也很丰富；讲课循序渐进，对书本知识掌握很好，对知识点的引入对学生都有标注，知识难点解析非常透彻。”（教授D，学生评教学校排名前10%，学院排名前9%）

为了更好地探讨科研对教学作用，研究又选择了几位教学评价前15%的在科研方面特别突出的教授来进行分析，如F教授被学生评价为“内容丰富、重点突出，讲课很细致，对重点知识的讲解十分清晰易懂，使同学们对知识易于理解，形象条理，课程知识量丰富，老师也很专业，讲课非常有条理；教学认真严谨，知识渊博；该课程学习提升了我的知识、技能和素养”。（F教授，学生评教全校排名前13%，全院排名前11%）

“经验丰富，上课基于课本又不止于课本，常引导，要求我们举一反三；讲授知识严谨认真，常联系工程实际和丰富个人经验为学生拓展知识；教学水平高，课堂内容丰富充实，老师幽默风趣，讲课极具感染力；课堂气氛很好，很有感染力，学到了不少东西；老师上课的氛围很好，因材施教，把握的节奏很好，知识点易懂；超级可爱的老师，虽然爱提前上课也爱拖课，但是上课有意思也很风趣可爱；讲课思路清晰，深入浅出，容易理解；认真负责，教学鞭辟入里；讲课精神饱满，语言流畅，有吸引力；深入浅出，联系实际，不照本宣科，具有启发性；上他的课很开心。”（G教授，学生评教全校排名前15%，全院排名前8%）

从对于教授优秀的评价看，学生的评价认为老师提供了很多课外知识，如教师的工程经验，讲了很多课本上没有的东西，还有新型的授课模式。而内容充实，老师授课思路清晰是学生的共同体验，此外，学生还普遍能体会科研投入较多教师的专业性，也有很少部分学生感受到其能引导自己思考问题、解决问题。基于学生的评价留言反馈，可以把学生感受到的科研对优质课堂的影响归纳为知识、思维和实践三个方面，见表2。

表 2　学生对优质课堂教学中科研投入方面感受的评价重点

对优质课堂教学的感受	评价	主题词
知识	知识渊博；课程知识量丰富；专业较为前沿的知识；很专业；了解知识的真正内涵；课程设置好，能学习到很多知识……	渊博、专业、前沿、内涵
思维	思路清晰；鞭辟入里；能将知识变得浅显易懂；习惯引导我们思考问题，解决问题……	清晰、深度、转化、问题解决
实践	经验丰富，上课基于课本又不止于课本；联系工程实际和丰富个人经验为学生拓展知识；把知识和实际问题相结合……	个人经验、工程实践、实践问题

但有趣的是，对于教师在课堂上的拓展，学生也并非全盘接受，有的学生也提出"有时主题偏离教学内容，补充课外知识虽然有必要，不过控制一下时间会更好"。但也有学生提出希望教师改进的意见是"希望老师在以后的教学过程中多引用一些工程前沿实例"。

（三）情感方面的投入及其在学生评教中的体现

情感投入是影响教学效果的重要因素，对于优质课堂而言，它不仅意味着教师能够很好地从内容和技术上把握课堂，更重要的是能够"抓住"学生，引起学生情感上的共鸣。只有当学生在课堂上不仅能体会到知识的传递，同时也能获得情感上的满足，才能真正生成有生命的课堂。而教师如何投入时间、精力去缔造一个"生命课堂"是教师在情感方面的投入体现。

如在一门学生评价排名全校和全院均居前 1% 的课程中，学生对该教师的评价是"认真对待每一位学生，认真教学，非常好的教学和交流技巧……"对一门全校排名前 1%、全院排名前 2% 课程的评价中，学生认为"老师无论是在讲课方面还是在与同学们的相处方面都做得很好，几乎无可挑剔。老师很热心，时常与学生交流"。对一门全校排名前 7% 课程、学院排名前 5% 课程教师的评价是"上课认真，对学生负责，态度完美"。而对一门全校排名前 2%、学院排名前 2% 的课程被学生评价为"态度友好，能融入学生、关心学生，注重师生交流且深入浅出，作为年轻老师，教学更贴近学生；老师非常关心每一个同学的学习反馈，课上同学们一旦有什么问题，老师能立马进行回复，所有即将截止的作业、测评，也总在群里提醒大家"。对一门全校排名前 6%、学院排名前 2% 的课程教师的评价为："是我大学见过最负责最认真的老师，是我在大学感觉最有责任心的老师，颇受我们广大学生的尊重，他严格要求我们每一个学生，尤其关注学习有困难的学生，并及时给予帮助"。对一门全校排名8%、全院排名前7%的课程学生评价是"老师讲得很好，将我们不懂的知识点，反复仔仔细细地讲述给我们，总是热心地帮助我们解答疑惑"。认为老师上课很有耐心、非常有激情、人很好是学生们给予教师优秀评价的重要原因。而如果教师能切实考虑学生们的需求，能融入学生就更会引发学生对教师的喜爱从而影响课程评价，如对于一门全院前2%、全校前1%位次的课程，学生的评价是"老师感觉像学长一样，也很关心同学们的日常生活。因为好多同学是文强班转过来，没有其他科目的基础，老师还超级细心耐心，一点点给同学解答"。另一门全院前2%、全校前1%位次的讲师讲授的课程，学生的评价是"讲课认真，关心学生，方法得当，互动和作业布置都做得很好，完善。老师上课风趣幽默，浅显易懂，课外交流也多，非常关心学生，注意启发学生的思考，课程内容丰富，有许多图片、视频等资料方便大家理解知识"。相反，对照一些排名靠后的课程，则明显存在着教师与学生的情感交流不到位的问题，如一门在全院和全校均排位100%的课程，学生认为"老师的行为不好，她对我们不好，如果她对我们的行为好一些我们会学得更好。老师会说她会因为一些同学的不礼貌行为让全班都过不了"。另一门学生评价排名全院99%、全校100%的课程被学生要求"加强与学生的双向交流"。见表3。

表3　　学生对优质课堂教学中情感投入方面感受的评价重点

对优质课堂教学的感受	评价	主题词
态度	态度友好；认真对待每一位学生；超级细心耐心；最有责任心……	友好、耐心、责任心
交流	很热心，时常与学生交流；非常关心学生；课外交流也多，能融入学生……	热心、关心、融入
理解	老师感觉像学长一样；方便大家理解知识；考虑学生情况；关注学生需求……	共情、关照

由表3可知，从学生评教留言中对优质课堂与一般课堂相比而言，学生喜爱的优质课堂普遍具有以下几个一般课堂所没有的情感特征：态度友好、关爱学生、热情、耐心细致、交流有趣……

从学生的留言中可以验证，情感的确是影响学生对于课堂教学评价的重要因素，对教师给予的关爱以及相互吸引的感受会打动学生。在对教学优秀教师的访谈中，这个问题得到了进一步的验证，一位学生教学评价全校排名前 2%、全院排名前 1% 的教师在访谈中提到“我觉得教学中最主要的是要抓住学生，让学生觉得你会关注他，对他有印象，让他感觉到你对他的关注会让学生更愿意投入课堂”。因而，给予学生情感上的关注也会让学生愿意融入课堂，他们也会因为得到了情感的关注而给予课程较好的评价。

三 对策与思考

（一）提升教学责任心和教学学术能力是教学投入应把握的重点

1. 加强教学责任心是保证优质课堂的关键

高质量的教学最主要的是来自教师对待教学的责任心。教师有没有把教学放在自己工作的中心位置，有没有花时间和精力投身教学是搞好教学的关键问题。从对教师的访谈中可以看到，不少老师认为只要愿意投入教学，多数老师都可以上好课，他们并不缺乏这种能力和素质。而之所以当前的课堂未能达到我们所期望的效果，很现实的一个问题就是当下以论文、项目等作为主导评价指标的政策导向，影响了教师投身教学的意愿，在有限的精力下，教师们愿意把自己的投入放到评价主导的内容上，从而导致科研挤占教学投入成为普遍的现象。

反观学生对优质课堂的评价，认为教师很负责任是在每一门排名前 10% 的课程中基本都能看到的评语。可见，教师是否真正对教学用心是学生们能够感受到的，也是他们评价教学好坏的重要标准，因而加强教师教学责任心是推动优质课堂建设的关键。而要保证教师对教学的责任心既要让其真正认识到教学的重要性并以此作为自己的使命，同样重要的是，需要社会、政府和学校在评价体系上真正把学校和教师使命的重心引导到教学和育人工作上来，教师评价和激励机制的重新设计对于推动教师回归教学至关重要。

2. 加强教学学术能力是教学投入提升的未来方向

博耶在对学术的划分中把教学学术放在与探究的学术等同的位置，并首次把教学上升为学术，肯定了教学的专业性与科学性。而从近些年对于循证教学的大力推崇也可以看到教学正在逐渐走向专业化与科学化的道路。怎样的课堂教学容易达成条理清晰、明白易懂的效果；怎样的课堂设计可以提高学生的兴趣，形成参与互动的课堂等都是未来教学投入中应该关注的问题。只有教师把教学也当作学科知识探索一样开展科学实验与研究，才能真正打造优质课堂。

因而，在大学的教师教学发展培训中，应该聚焦于引导教师开展教学学术研究，让教师投入时间和精力对教学目标、教学内容、教学设计进行分析、选择和研究，对教学手段、教学方法等进行持续的学习与实验探索，这样才能真正让优秀教学从“黑箱”走向科学。

（二）提升科研对教学的影响重在寻求科研反哺教学的实践之路

从本研究得出的结论看，在当前的现实课堂教学中，尽管有少数学生对教师的科研投入影响教学有所感受，但这种感受仍不明显也不普遍。从本科生教学评教结果和评价留言看，在学生眼中，教师科研能力与优秀教学的相关性并不密切。学生留言很少有提到老师启发了自己的研究思路、培养了自己的问题意识等，多是集中在对于教师认真负责、风趣幽默等方面，未能达到我们对于科研对教学重要影响的假设，在通过对学生和教师的访谈以及课堂观察中，我们发现，之所以造成这样的结果，重要的原因在于多数教师的教学与科研是脱节的，由于本科课程的教学基本依据教材，有固定的体系和内容安排，教师的研究很少能嵌入进去，导致教学内容与教师的研究内容基本形成了“两张皮”的现象，改变这种状况，可以从师生两个方面入手。

1. 建立科研“反哺”教学的课程路径

建立科研“反哺”教学的路径需要变革当前的教学理念与教学范式，就教师回归教学而言，传统的做法就是让教授要回归课堂，给本科生授课，但对于课程的模式、类型等却未做创新探索，如果让教授回归课堂去照本宣科，那么这种形式主义的回归实在不必要，既调动不起教授的兴趣，也不一定是他们擅长的。要让科研更好地服务教学，就要创新教学，建立教学与研究之间密切联系的通道，如本科生科研、小班研讨课、参与服务性学习等都是科研“反哺”教学的有效课程组织，只有不断拓宽课程内涵，创新课程形式，才能让科研服务教学有落脚之处。

2. 引导学生和教学督导对于优质课堂的认知

在对本科生关于优秀教学调研的座谈中，学生谈出了对优秀教学认识的普遍观点：认真负责、讲解清楚、方法新颖，这些成为学生眼中"金课"的实际标准。

教师的科研投入在学生的评价中没有得到体现的原因主要在于：一方面学生对何为优秀课堂还缺乏认知，延续从中学来的学习习惯，学生仍然把老师讲得有趣、好懂作为评判优质课堂的标准，由于较少接触到真正的研究型课堂，导致学生在课程评价中没有出现通过课堂教学提升其高阶思维的评价，如批判性思维、创新能力、提出和分析问题能力、研究能力等。这对于研究型大学而言，无疑是缺憾。另一方面也反映出学校未能在人才培养目标中明确表述这种高阶思维培养要求，在学校出台的课程评价标准乃至督导对课程的评价中较少确立这种意识，学校仍是注重从"备课充分、内容充实、深度适当、表达流畅规范"等中低阶的接受式学习维度来评价课堂，这就难以将研究性教学的需求传递给教师。

为推动科研"反哺"教学，要利用学生和教学督导等对于优质课堂的评价来引导，以评价和需求促进研究性教学，如果学生和教学督导对课堂教学的研究性和高阶性有要求，也能触动教师教学变革的动力，实现科研"反哺"教学。

（三）情感投入需要教师对教学保持鲜活生命力

1. 认识教学的"情感性"

很长时间以来大学教学认识中的一个误区就是认为教师教学的目标是达成学生对知识的掌握、理解和运用，而相对忽视了教学中的情感因素。把教学仅着眼于知识的狭隘误区让人们忘记了教学的对象是有生命的个体，忽略了调动学习者对于学习的意愿、培养良好的求知品格等也是教学需要关注的重要因素。从学生评价结果及留言看，他们对课堂教学好坏的评价不仅受到教师教学内容和教学技巧的影响，教师在"情感"维度上的投入也是极其重要的，只有教师从心底里确立对教学、研究的热爱和对学生的关爱，积极探索有效的师生沟通技巧，在研究教学内容的同时也研究、考虑自己的学生，把对知识探索的好奇与热爱之情融入课堂中并感染学生，把课堂变成师生共同探索知识、共同发展的"情感课堂"，才能让学生从心底里热爱课堂。如对于柏林大学著名历史学家兰克，他的学生基则布勒喜在回忆他时是这样描述的，“他广博的知识、多方面的教养、迅速抓住要点的本领和批判的天才引起我们对他的钦佩……我和他结为亲密的相识，并觉得自己紧紧被他所吸引。当时他正处于精力充沛的壮年时期，他的一举一动充满着活力与热忱”。①

2. 从学生需求的角度思考如何保持教学的“鲜活生命力”

从本研究的调查数据看，在获得全院和全校教学评价均为“优秀”的课程中，各部分人数比例如下：教授在本次调查中获前10%课程为13人次（其中有2位教授讲授了两门课程），占全部参评教师的19.1%；讲师为28人次，占全部参评教师的41.2%；副教授为39.7%。从学生评教结果看，排在前10%的教师基本都是讲师和副教授。而从排名最靠前的老师看，讲师、副教授的年轻教师比率居高。从学生留言和访谈中可以得知，讲师群体之所以能够在教学中脱颖而出的重要原因之一，就是情感交流的便利性让青年教师更容易成为课堂教学中的优势群体。从学生评语中可以看到，学生对于年轻老师的认可在于其教学方式的互动性、课堂的风趣性，“感觉像自己的学长一样”“跟老师交流起来很轻松，没有什么隔阂”。对于年龄较大教授的建议则是希望能以他们接受的方式教学。这就说明学生希望课堂是生动活泼的，他们更愿意和与他们年龄相仿、能理解他们的教师进行交流。而从对几位教学优秀青年教师的访谈中也得知他们认为自己教学优秀的原因之一是：他们刚从学生时代过来，知道学生喜欢什么样的课堂，喜欢什么样的交流方式，也真心喜欢学生，爱跟他们交往。

因而，打造优质的课堂也需要教师保持对教学的“新鲜感”，从学生需求的角度去不断创新教学设计、教学方法等。作为教师，保持自身对事物的好奇心与新鲜感，注重更新知识与技能，与学生保持良好的情感交流与互动能力是保持课堂鲜活生命力的重要因素。

四 结语

本文所讲的优质课堂多是基于学生感受的优质课堂，但长期以来，对于学生感受好的课和实际教学效果的争论也一直不绝于耳，回答这些问题

---

① ［英］乔治·皮博迪·古奇：《十九世纪历史学与历史学家》上册，耿淡如译，商务印书馆1989年版，第229页。

都离不开对于什么是“金课”的再次追问？“金课”不仅仅是让学生满意的课程，更应该是有明确的目标，能够推动学生知识、技能、价值观等发展的课程，而对于研究型大学的课程而言，“金课”更应该是能够推动学生“发现问题—提出问题—解决问题”，促使其批判性思维和研究能力发展的教学。

在肯·贝恩对于《如何成为卓越的大学教师》的研究中，其对于卓越教师的定义就是所有老师都必须经受两场严峻的考验，才能纳入优秀教师的研究名单。“首先，他们的大多数学生对他们的教学感到非常满意，从中受到激励而继续学习。”① 与此同时，也应关照到“这不仅仅是一场受欢迎程度的竞赛，我们对入选的老师感兴趣并不是因为他们深受学生爱戴。相反，我们要求学生的证词表明，他们的老师在智力和教育两方面均对他们产生了影响。并使他们产生希望学习更多知识的欲望”。②

A Study on the Relationship between Teacher Input and Quality Classroom under the Background of “Gold Class” Construction

—A Qualitative Survey Based on the Students’ Evaluation on Quality Classes

Li Xuefei　Zhou Keyin　Cheng Sihui　Liu Manrang

Abstract: Building high quality, innovative and challenging courses relies on the teacher’s devotion to the classroom. In order to ensure the formation of high quality courses, teachers need to devote time and energy to teaching, research, and emotion communication. This study is based on high quality class of qualitative research to understand how the input affects teachers’ teaching to achieve the high quality class effects. Several findings

① ［美］肯·贝恩：《如何成为卓越的大学教师》，明廷雄、彭汉良译，北京大学出版社2014年版，第7页。

② ［美］肯·贝恩：《如何成为卓越的大学教师》，明廷雄、彭汉良译，北京大学出版社2014年版，第7—8页。

of this study include: Teachers' input in teaching will make students have a good feeling about teachers' teaching objectives, teaching design, teaching methods, teaching content, and other aspects. The relationship between teachers' input in scientific research and students' feeling of quality classroom are not particularly significant, but a few students experience the expansion of knowledge, thinking, and practice. Teachers' emotional input makes students have good feeling in attitude, communication, understanding; and affects teaching evaluation. Young teachers become the main body of quality classroom teaching because of their emotional input and their own advantages in communicating with students.

Key words: Teacher Input; Classroom Effect; High Quality Course

经济学教学改革：从研究的科学化到教学的具象化

段鹏飞*

摘　要：面向科研的教学该如何开展？科研该如何反哺面向科研的人才培养？科研该如何反哺面向实践的人才培养？是否存在解决这两种人才培养模式之间矛盾的途径和抓手？为了回答这四个问题，本文对经济学研究的特征进行了反思，提出了一个统一的分析框架，并用它分析了经济学教学服务于经济学研究、经济学研究服务于经济学教学的规律，讨论了当前我国研究型教学项目和实践型教学项目中批判性思维的训练过程，陈述了经济学教学的特征，证明了研究和教学交互作用的结合点：研究者运用科学化、形式化修养将经济认识中抽象化的部分封装起来，将具象化的部分自动化地呈现出来，从而实现经济学研究与教学二者之间的良性互动。

关键词：形式化；科学化；批判性思维；具象化；自动化

一　经济学研究的科学化与形式化

作为社会科学一个分支的经济学，虽然不同的经济学家所研究的问题

* 作者简介：段鹏飞（1974—　），男，上海对外经贸大学国际经贸学院经济系副教授，经济学博士。

不尽相同，但他们的研究范畴却存在共性。[①] 存在共性的多个研究范畴，意味着其方法论是有可能被统一的。在统一的方法论指导下，基于不同的视角对经济问题加以分析求证，形成了对经济问题的不同认识，这个过程，既体现了经济学研究的（硬的）科学属性，又体现了经济学研究的（软的）人文特质。因此，所谓经济学研究，如图 1 所示，包含了三个部分：一是对经济问题的认识，二是对认识的科学化，三是上述两者之间的桥梁，即对问题的形式化。

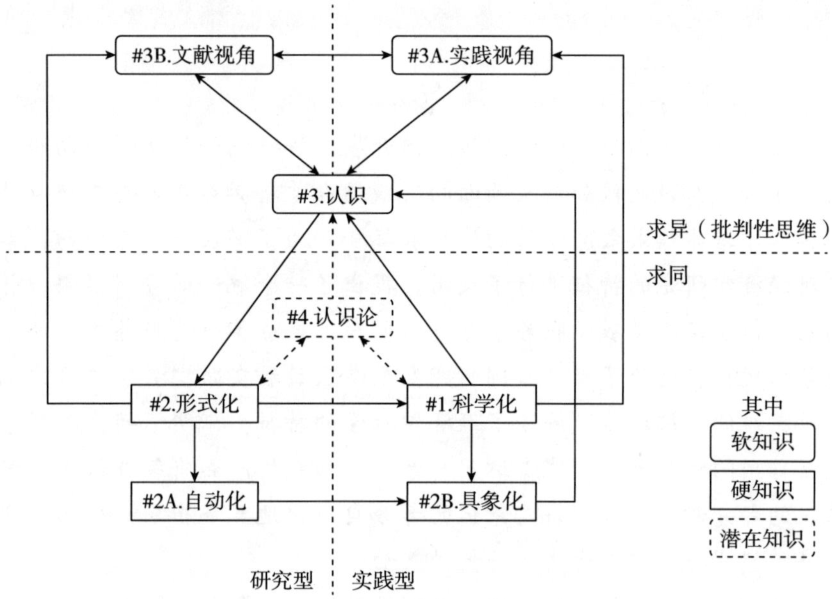

图 1　经济学研究与教学的关系

所谓科学化（图 1 中的#1），指的是使用统计学对现实经济数据进行梳理，以保证我们所观察的现实不是个别事件而是统计规律，不是空中楼

① “所有社会科学的研究对象都是在社会里出现的问题：构成社会的每个个体都是在其所意识到的社会约束里做着决策的主体；而个体所面临的社会约束又是千万个个体决策交互作用的结果。至于经济学，则是专注于研究发生在市场里的决策主体之间的社会交互及其所带来的问题。”（Roger Farmer，*The Macroeconomics of Self－fulfilling Prophecies*，The MIT Press，1999，p. 63）

阁而是客观事实。[①] 科学化保证了研究者的问题是值得研究的，而不是一个臆想中的“伪问题”。

所谓形式化（图 1 中的#2），指的是对研究者脑海里的故事进行标准化的表达。[②] 故事是要讲述一个因果逻辑，对逻辑起点的设定，取决于既有的科学化事实或者文献中的惯例，而选择哪种模型构造来陈述逻辑，则取决于不同模型表达特定逻辑的效率。那些当下被反复使用的模型和惯例，被称为是西方主流经济学的分析范式，它们的模型设定和求解技术，因为对当下流行认识论进行表达时的高效率而成为文献中实际上的标准表达。研究者将其对问题的认识进行形式化的过程，是一个将自己的认识在既有文献中寻找定位的过程，它是否站在了“巨人的肩膀”上？它是否具备了“边际上”的学术贡献？

可见，科学化不是形式化，但是二者分别从不同方向保证了研究者自身认识的意义。此外，科学化为形式化设定了逻辑起点，而形式化则为科学化准备了便于检验的数学形式。但是，无论科学化还是形式化，都是服务于研究者对问题的认识（图 1 中的#3）的。或者说，经济学研究的核心，是对“发生在市场里的决策主体之间的社会交互及其所带来的问题”的认识。指导着这些认识形成的，既不是科学化的（硬[③]）操作，也不是形式化的（硬）操作，而是研究者关于世界运行的先验猜想，这是先于形式化和科学化的（软的）认识论假说（图 1 中的#4）。

总之，经济学研究的直接任务是创造对经济问题的新认识，形成新文献，这是个“求异”的过程。随着文献的积累，结晶出新的科学化方法和形式化方法，使新的认识论假说能够被处理，形成新的规范，这是个“求同”的过程。驱动个体研究者“求异”的力量，是其受到的“求同”

---

① “计量经济学的着力点在于：将体量庞大、线索无序的现实数据的维度尽量降下来的同时，仍然保持其中的关键信息……所谓维度的降低，指的是运用统计分析将大规模的数据进行分解，保留其中（与所研究的问题）相关的部分，使推理得以只在相关数据的基础上展开。”（B. J. Christensen and N. M. Kiefer, *Economic Modeling and Inference*, Princeton University Press, 2009, p. xiii）

② “（形式化得到的）模型表达了经济变量之间的某些重要的内在关系，并同时忽略掉研究者认为不重要的关系……它表达了研究者用以观察世界的一个组织框架，这个框架所组织起来的是研究者诠释数据的视角。”（B. J. Christensen and N. M. Kiefer, *Economic Modeling and Inference*, Princeton University Press, 2009, p. 1）

③ 这里的“硬”或者“软”知识，指的是这种知识是否可以被表达成类似于定理的“如果……那么……”形式的规则，那些能够被形式化地表达的“硬”知识，就可以被通过编程在计算机上自动执行。（L. R. Hansen and T. J. Sargent, *Robustness*, Princeton University Press, 2007, p. xiii）

训练以及研究者个体观察实践的独特视角（图 1 中的#3A）。

二 如何培养经济学学术人才

经济学教学，若是为了培养合格的经济学研究者，则学习者的最终目的是要成为能够制造“求异”文献的研究者，那么问题自然是：如何进行“求同”训练？以及如何才能具备独特视角？

“求同”过程所包含的三个部分中，形式化操作和科学化操作是具体有形的“硬”的“方法”，其本身也可以被形式化；而认识论假说是无形的“软”的“哲学”，因其无法被形式化而只能通过案例来体会。案例就是文献中的那些经典研究，它们优美地结合了“方法”和“哲学”，而且其“哲学”是以“方法”的形式传达出来的。也就是说，在经典研究中，“方法”是“哲学”的载体。但是，正是因为“哲学”的不可形式化，使教学的直接目的只能设定在对“方法”的掌握上。虽然通过对经典研究中所运用“方法”的仔细讨论有可能让学习者自己领悟出“哲学”的某个侧面，但是，在教学过程中，文献只能作为“方法”（而不是“哲学”）的载体出现，这也是很多高级经济学的教科书以方法为线索展开陈述的原因。对认识论的还原，则来源于学习者在教科书方法训练的基础上对文献的反复阅读，因此，教师的任务除了选好教科书和文献之外，还包括向学生陈述自己对当前学界认识论的个人猜测。也正是教师这种对个人猜测的客观陈述，激发了学生在课堂上就教师猜测而展开的争论，实现了对研究型批判性思维能力的培养。而学生的这种批判性思维不至于迷失的保障，则来自教师对争论方法施加的“硬”约束。

个体研究者观察实践的独特视角是无法被形式化的，它的形成来源于对课堂之外的现实经济实践（图 1 中的#3A）的关切，以及对于教科书之外研究文献（图 1 中的#3B）的广泛阅读。而学习者对实践现象的关切兴趣源于科学化修养，对文献的兴趣来源于其形式化修养。科学化修养使得学习者具备了对纷繁的现实经济数据进行梳理的本领，使其好奇心求证于经验的门槛降低，这为学习者在脑海中猜测现实机制提供了起点，只有这样，才使独特问题意识（即#3）的树立成为可能。所猜测的机制需要被表达出来，形式化修养则使得学习者阅读文献的门槛降低，从而得以将自己独特的猜测与他人的猜测相比对，以进一步让自己脑海中的猜测有可能成长为学术研究，形成新的文献。

可见，科学化、形式化以及对文献视角的掌握是专业研究者和业余研究者之间的区别，是研究是否合格的标志，这是研究的第一个层次（即#1＋#2）。在具备了科学化和形式化修养之后，随着对文献占有的增加，是否能够逐渐寻找到研究者个体所特有的观察视角，形成对现实问题的独特认识，是研究是否具有边际贡献的标志，这是研究的第二个层次（即#1＋#2＋#3）。在领会到自己视角背后潜在的认识论之后，能否从自己的研究实践中提炼出新的认识论假说，并以此来更新既有的科学化和形式化范式，则从“求异”上升为“求同”，是研究是否重要的标志，这是研究的第三个层次（即#1＋#2＋#3＋#4）。第一个层次的研究突出了专业训练（求同）的基础性，后两个层次的研究突出了研究者批判性思维（求异）能力的重要性。

虽然从研究成果上判断，经济学研究者的成长有如上的几个层次，但是学习者的成长过程只能呈螺旋式的上升，即其科学化、形式化、视角选取以及认识论水平一定是在交错式地提高，加之在每个阶段的训练中所接触到的案例又都是一个个完整的研究，因此，教师在不同训练阶段的任务是将每个案例都适时地突出其相应方面的特征，来服务于该阶段教学的直接目的。具体地说，第一阶段，教师以形式化了的模型为载体，以让学习者掌握科学化方法（即#1）为目的；第二阶段，教师以基于特定视角的科学化事实为载体，以让学习者掌握形式化方法（即#2）为目的；第三阶段（即#3），教师以现实问题为载体，以让学习者掌握经典和前沿文献的多样化视角为目的，从而让学习者自己逐渐打磨出独特的视角和问题意识，以期做出有边际贡献的研究，在达到第一个研究层次的基础上，争取达到第二个研究层次；第四阶段（即#4），教师从文献中提炼出其背后潜在的认识论，结合自然科学中的形式化和科学化工具新进展，探讨对基准经济模型中行为人基本假设的新表达，以期刻画出当前建模规范尚无法捕捉到的行为人新特征，从而发展出新的研究规范①，以达到第三个研究

① 例如，自动控制工程领域现代控制理论的更新换代与经济学家刻画行为人预期形成机制的范式更新是紧密相关的，2011年的诺贝尔经济学奖得主Sargent说：“我们（经济学家）的决策规则是‘只要是（控制理论家）Peter Whittle’写的书，就一定要读。”（L. R. Hansen and T. J. Sargent, *Robustness*, Princeton University Press, 2007, p. xiii）

层次。

三 如何培养经济学非学术人才

大部分经济学教学项目的目标并不在于培养狭义上的经济学研究者。也就是说，学习者的目的并不是为了增加经济学的研究文献，而是要通过经济学的学习，加深自己对现实经济运行机制的理解，加强自己对现实数据的洞察力，服务于自己日后的经济实践创新。与此同时，大部分经济学教师，因其首先是个研究者，而容易惯性地假设学习者的目标和自己一样是做出有边际贡献的新文献，混淆了自身两个角色的不同职责。事实上，虽然能做出好的研究是胜任教学的必要前提，但是也需要首先厘清经济学研究服务于经济学教学的途径。

在经济运行机制的教学中，经济运行作为一个看不见、摸不着的研究对象，若想让学习者加深对它的认识，一个捷径就是在学习者脑海里建立起经济体运行的具体形象，即具象化①（图 1 中的#2B）。教师将自己所理解的经济体运行机制以可视化的方式展现给学习者，常用的技术是计算机数字模拟，其实质是运用计算机科学中的知识工程技术以经济理论为领域知识所进行的自动化处理（图 1 中的#2A），支撑这种自动化处理算法的核心是教师作为经济学研究者所必备的形式化修养，具象化所使用的参数赋值则来自于研究者的科学化修养。

形式化不仅通过具象化服务教学，而且由形式化所表达的经济运行逻辑更是广义的大财经学科的逻辑基础。在教学中，源于分工的需要，将大财经学科的各个分支学科分割成了彼此独立的单独子学科，但是作为教师，需要在教学过程中人为地将先前被割裂的子学科在学习者的脑海中弥合起来。这需要教师具备跨子学科地掌握、处理和教授知识的能力，这种弥合能力的核心正是教师作为经济学研究者所必备的形式化修养。

学生在课堂上学习了经济体运行的一般机制之后，如何才能形成敏锐

① “菲利普斯曾经在伦敦经济学院使用不同形状的管子和阀门设计了一个‘有形的经济模型’来进行宏观经济学教学：管子的构造表达了国民经济中的收入流量，其中流动液体的颜色表达了不同变量之间的交互作用关系……若菲利普斯使用当今的工程技术来教授经济学，那么他使用的工具将不再是管子、阀门和液体，而会是计算机代码。”（R. Marimon and A. Scott，*Computational Methods for the Study of Dynamic Economies*，Oxford University Press，1999，p. 2）

的观察力，以期获得比未受教育者更加深刻的现实洞察力呢？这需要学习者具备将经济运行现实映射到被具象化了的抽象理论之上的能力。这种映射的建立，需要两个方面的努力：一是学会像经济学家那样看待世界，即对现实数据进行取舍的能力；二是学会对取舍完毕的数据进行梳理。后者是科学化修养，较难的是前者，它要求学习者具备对资源配置过程中各种力量相对大小的定性判断的能力（即#3）。这种判断力是作为实践者的批判性思维能力，却因为其不可形式化而难以传授，只能在学习科学化方法的过程中作为副产品出现，这也是很多初、中级经济学教科书以大量经济实践案例及其数据为线索展开陈述的原因。在课堂上，教师通过引导学生在使用科学化方法梳理数据的基础上就实践案例背后的真相展开辩论，实现了对实践型批判性思维能力的培养，而这种批判性思维不至于迷失的保障则来自于教师的形式化修养。

总之，在面向实践的经济学教学过程中，形式化知识是教师必备的修养，并不需要学生掌握；但是科学化修养是学生必须掌握的，是他们与未受过经济学教育者之间的关键区别，这类似于研究型教学第一阶段的任务（即#1）；而在实践型教学中，始终贯穿在科学化方法训练背后的一个隐含目的，是要把当前经济学界对资源配置过程中各种经济力量相对大小定性判断的共识传达给学生，以帮助这些实践者日后具备批判性思考的能力，这类似于研究型教学第三阶段的任务（即#3）。可见，合格的经济学教师首先应该是合格的经济学研究者。

四 经济学教学改革：经济学教学的具象化与自动化

因为教师首先是个合格的研究者，所以其科学化、形式化、认识论修养以及对经济运行机制的认识是过关的，但是一个高效的实践型经济学教学项目还需要教师通过具象化的教具来辅助完成。制作这些具象化教具所需要的经济学知识的自动化处理技术①，虽然是基于经济理论的形式化数

① 例如，2011 年的诺贝尔经济学奖得主 Sargent 专门建立了网站 https：//lectures. quantecon. org 为其经典宏观经济学教科书《递归宏观经济理论》中的模型提供配套求解程序，能够为理论思想实验自动化地呈现具象化的结果。

学表达，但是以何种数据结构进行数值表达和运算才可行，则属于计算机科学中的知识工程范畴。编制这种以经济分析为领域知识的智能化知识处理系统，需要领域知识专家（经济学家）与计算机工程师之间的合作，而合作的瓶颈则在于双方对对方术语的陌生，这是教学改革的困难之一。

教学改革的困难之二是当前并不是所有的教师都已经是合格的研究者。由于西方经济学进入我国的时间尚短①，不少教师因其尚不具备“硬”知识的修养，所以其对“软”知识的陈述也没有形式化和科学化基础。由这些教师所开展的经济学教学，会使学生忽视了思考中的科学化，进而误以为形式化是为了文章发表而进行的包装，这妨碍了教学与科研之间的良性循环。更严重的后果是，这种缺乏“硬”基础的“软”知识传授，失去了开展批判性思维教学的可能，即使教师持开放的态度并允许质疑声音的存在，也会使讨论双方因为缺乏批判性思考的参照框架而迷失前进的方向，使最具创造性的学生选择离开学术界，这更加损害了教学和科研之间的互动关系。

以具象化和自动化为抓手来推进教具的现代化，是解决以上双重困难的可能途径。第一，教师在使用现代化教具的过程中，可以实现在教学中边教边学的目的，使知识结构较陈旧的教师得以熟悉“硬”知识对“软”知识的支撑，认识到科研对教学的必要性；第二，在研制现代化教具的过程中，教师需要将需求反映给计算机工程师，这其实是将自己先前对经济体的认识（即#3）形式化的过程，迫使教师提高自己的形式化修养（即#2）；第三，现代化的教具作为自动化运行的人造经济体系，其参数是可以由使用者任意改变的，它恰好是验证各种不同视角（即#3A 与#3B）的实验室，将实验结果与现实数据加以比对，提高了使用者的科学化修养（即#1）；第四，计算机科学中的知识工程技术，反映的是计算机学家对人类思维决策过程的认识论，因为科学的不同分支在认识论层面是同步前进的②，因此对知识工程技术的了解，有助于提高经济学家的认识论修养（即#4）。最重要的是，随着计算机科学的大发展，计算技术已经改变了人类社会的全貌，新一代的经济学研究已经不可能离得开大规模可计算模

① 林毅夫：《本土化、规范化、国际化》，《经济研究》1995 年第 10 期；《社会科学在我国的发展》，《东方杂志》1995 年第 2 期。

② L. R. Hansen and T. J. Sargent, *Robustness*, Princeton University Press, 2007, p. xiii.

型，因此，经济学家与计算机工程师之间的沟通障碍迟早需要克服。参与设计现代化的教具，貌似是对教学过程的重构，其实是对科研过程的重构，这种一举两得的做法是科研与教学相互促进的结合点。

Economics Teaching Reform：From the Scientificization of Research to the Conretization of Teaching

Duan Pengfei

Abstract：How to cultivate students' scientific research skills in the process of teaching? How can the experience gained from scientific research be used to improve research - oriented teaching? How to improve practice - oriented teaching? And is there a way to solve the contradictions between these two modes of teaching? To answer these four questions, this paper analyzes the characteristics of economic research and puts forward an unified analytical framework, which is used to discuss the logic bases of the connections between processes of economic research and economic teaching. This analytical framework also discussed the training process of critical thinking in both the research - oriented teaching programs and the practice - oriented teaching programs and proved the key interaction between the modernization of economic research and the modernization of economic teaching. This key interaction - researchers use their ability of scientificization and formalization to encapsulate the abstract part of economic knowledge and to present the concrete parts to students, which is the way of realizing the transition from the modernization of economic research to the modernization of economic teaching.

Key words：Formalization；Cientificization；Critical Thinking；Concretization；Automation

商学教育

南洋公学商科教育述论*

欧七斤**

摘　要：南洋公学商科教育从酝酿、筹建到创办，贯穿了南洋公学整个办学时期（1896—1905 年），并延续至南洋公学更名改属后两年才停办，前后长达 12 年之久，一波三折，颇多变数。南洋公学商科教育发展与波折，既与南洋公学办学方向的设定、调整及学校隶属关系转变密切相关，并深受创始人盛宣怀个人际遇处境、办学理念转变等方面的直接影响，同时也受到清末新政推行重商政策、颁行新学制等因素的间接影响。这些因素交互作用，共同决定了南洋公学商科教育的发展与命运。伴随着南洋公学创办与发展相始终的商科教育，是南洋公学办学方向从法政教育到商科教育再到转向工程教育的重要中间环节。从一个学科萌芽与发展的角度来看，南洋公学商科教育也可以窥见我国近代高等教育艰难起步的境况。

关键词：南洋公学；商科教育；盛宣怀；近代高等教育

* 基金项目：中国高等教育学会高等教育科学研究“十三五”规划重点课题“近代绅商与教育革新研究”（项目编号：16ZD019）。

** 作者简介：欧七斤（1973—　），男，上海交通大学校史研究室研究馆员。

商科教育[①]伴随着交通大学整个肇始阶段的南洋公学时期。[②] 1896 年南洋公学初创，即将商务之学列为拟设科目之一；1901 年盛宣怀奏准清廷在南洋公学附近独建一所商务学堂，并积极开展各项筹建事宜；次年底因受退学学潮、经费支绌等因素的影响，独办商务学堂难能实现，又恰逢此时公学也相应调整办学方向与规模，商务学堂遂改作公学上院（大学部）拟办唯一科目。1903 年奏准将校名更为南洋高等商务学堂（实际并未使用，仍沿用南洋公学），以与清廷新颁学制中的高等学堂序列相符；1905 年学校归属新设商部管辖，商科教育名正言顺地成为首要发展的学科，随即正式建成商务专科。1907 年学校改隶邮传部后转办工科，商务专科随即停办，延续十年有余的商科教育遂告中断。

在全国范围内，南洋公学商科教育在晚清高等学堂中筹设开办最早，它推动了我国高等商科教育的萌发与成长。对南洋公学商科教育及其历史地位，已开始进入研究者的视野，有关近代商业或商科教育的研究成果中有所涉及[③]，有学者称 1902 年南洋公学所设商务班是"近代上海高等商业教育的发轫"[④]，1903 年南洋公学改称南洋高等商务学堂后，更被有些学者看作"我国近代史上第一所商科高等专门学校"。[⑤] 不过，对于南洋

① 目前，学界在商学、商业教育的概念界定上有三种：商业教育、商学教育与商科教育，均与对"商"的概念外延的理解角度和教育层次、方式相关。商业教育，依照民国时期经济学家、交通大学管理学院教授李权时在其所著《商业教育》（商务印书馆 1933 年版）一说中所称，即增加国民生产力的教育，目的是要养成通达事理、富于创造智识、奋斗精神之商业人员，主要包括初等、中等、高等商业教育在内的学校教育，也包括非学校体制的社会商业教育。一般对应英文翻译是 Commercial Education/Business Education。商学教育是由早期经济学教育发展而来，它是介于经济学理论与职业技能教育之间的特殊学科（郑淑蓉、吕庆华，2011）。侧重于从学科教育的角度来理解。商科教育，类如商学教育，相当于"商学科"教育的简称。后两者称谓一般对应英文翻译是 Business Administration Education。本文采用商科教育的说法，一则符合本文侧重学科发展史的角度；二则与南洋公学所办传授高等商学的商务班、商务专科的史事最为相符。

② 南洋公学建于 1896 年，校名一直延续至 1905 年移交商部管辖并更名为上海高等实业学堂，先后共计 10 年之久。改属更名后的较长一段时间内，校内外仍径称以南洋公学，且商科教育为公学所办学科之延续，因此本文论述的时间范畴虽至 1907 年，但仍以南洋公学相称。

③ 主要涉及的学术成果有：常国良：《近代上海商业教育研究（1843—1949）》，博士学位论文，华东师范大学，2006 年；田谧：《中国近代高等商业教育发展史研究（1840—1937）》，博士学位论文，河北大学，2017 年；郑淑蓉、吕庆华：《中国商学教育的历史演进》，《天津商业大学学报》2011 年第 3 期。

④ 常国良：《近代上海商业教育研究（1843—1949）》，博士学位论文，华东师范大学，2006 年。

⑤ 郑淑蓉、吕庆华：《中国商学教育的历史演进》，《天津商业大学学报》2011 年第 3 期。

公学商科教育多为主题研究的附属，对其作整体系统的史事稽考及意义释读的专论暂付阙如。本文利用南洋公学校史档案、上海图书馆盛宣怀档案等一手文献，拟从校史变迁、盛宣怀办学理念演变及其交互影响的角度，来专门梳理南洋公学商科教育史事，解读其在晚清新政前后教育变革中的命运浮沉与历史意义。

一　商科定为南洋公学拟办学科之一

建于1896年的南洋公学，由清末洋务要员盛宣怀在上海创办，成为继北洋大学堂之后中国人自己创办的第二所大学。公学分设外院、中院、上院，开创一校之内的三级普通教育体系。为了培养师资，还设有师范院，又附设经济特科班、铁路学堂、东文学堂、译书院等附属机构。

甲午战后不久，官商两界亨通、升任督办全国铁路事务大臣的盛宣怀提出自强救亡三大计——“练兵、理财、育才”，并利用其拥有的政商两界的独特优势予以付诸实践，在上海建成我国第一家自办银行——中国通商银行，同时在通商巨埠的津沪两地先后创办北洋大学堂、南洋公学，目标都是仿照西方通行的教育制度建成大学。[①] 同样定位为大学性质，经费也同出一源，均出自盛宣怀所管轮船招商局、电报总局，但是北洋、南洋两校在人才培养方向、专业设置上有着显著区别，其中“北堂兼艺学，南堂重政学”。[②] 北洋头等学堂以培养机械、矿冶、电机等工程技术人才为主，兼育法律人才，也就是所谓重在“艺学”；南洋公学则拟重点培养政治、法律、外交，兼有理财、商务方面的人才，即重在“政学”。

对于以“政学”为主，辅以“商学”的培养目标，南洋公学章程中有明确说明。南洋公学办至1898年6月的维新变法期间，盛宣怀将开办情形及办学章程奏呈决意推行各项革新措施的光绪帝。在所上《筹集商捐开办南洋公学折》中专述办学宗旨：“惟法兰西之国政学堂，专教出使、治政、理财、理藩四门，而四门之中皆可兼学商务，经世大端，博通

---

① 盛宣怀自拟《天津头等学堂章程》（1895年）称“头等学堂即外国大学堂也”，次年所拟《南洋公学纲领》称“南洋公学本系大学”，1898年《南洋公学章程》称“上院即头等学堂”。

② 盛宣怀：《致张之洞函》（约光绪二十九年，1903年），上海图书馆藏盛宣怀档案，档号：044670。

兼综。……臣今设南洋公学，窃取国政之意，以行达成之实。于此次钦定专科，实居内政、外交、理财三事。”①

该奏折中指出，南洋公学拟设“内政”“外交”“理财”三个专业，在所附的《南洋公学章程》中，又进一步阐明了公学的设学宗旨：“其在公学始终卒业者，则以专学政治家之学为断。”② 公学的设学目标，就连美籍教员薛来西（C. M. Lacey Sites）的母校哥伦比亚大学也有所知情。在1899年6月出版的《哥伦比亚大学季刊》上，有一则报道：

“本校1897—1898年度的法学研究员薛来西，已经被中国上海的南洋公学任命为政治科学教授。该学院是根据清国法令于1897年建立的，主要致力于培养年轻人，为整个帝国的政府管理和民政职位输送人才。”③

盛宣怀对南洋公学办学方向的定位，一方面是希望与他先前创办的北洋大学堂在定位上有所区分，另一方面说明他已经突破单纯为实业培养人才的局限，开始着眼于培育政治、外交、法律、商务等更广泛层面的人才。

上述以“政学”为主，辅以“商学”的培养目标，只是一种规划。在实际施行过程中，因受制于各种条件，一时难以实现，甚至出现了各种变数。首先，南洋公学初办之时科举尚存，新学未开，“中国小学、中学未兴，大学无从取材”④，只得先办师范、外院（小学）、中院，自我培植师资生源，逐步办成肄习各专业的上院，如此一来，“综厥程课，收效皆在十年之后”。⑤ 也就是说，要依照先培育生源再建大学的次序，10年之后方能建成分习政治、商务之学的上院。其次，从主次上来说，公学优先发展法政学科，于1901年开设经济特科班，教授政治、文学、法律、道德等课程。1902年夏又设政治班，派遣出国的留学生也多指派习法政专

① 盛宣怀：《筹集商捐开办南洋公学折》（光绪二十四年四月二十四日，1898年6月12日），《愚斋存稿》第2卷，第20页。

② 盛宣怀：《筹集商捐开办南洋公学折》（光绪二十四年四月二十四日，1898年6月12日），《愚斋存稿》第2卷，第23页。

③ Columbia University Quarterly，1898－1899 June，Vol. 1，p. 291，转引自郭锋《福开森在华五十六年——参与兴办中国近代高等教育的视角》，上海交通大学出版社2019年版，第251—252页。

④ 《南洋公学纲领》（光绪二十二年七月初三日，1896年8月11日），上海图书馆藏盛宣怀档案，档号：044964－2。

⑤ 盛宣怀：《请设学堂片》（光绪二十二年九月二十五日，1896年10月31日），《愚斋存稿》第1卷，第11页。

业，先期聘任的外籍教员专业背景也以政治学、文学为主，显然是侧重法政学科，尚未及筹建商学科。

二　筹建商务学堂

然而，随着 1900 年前后盛宣怀经济、政治地位的提升，推动他从南洋公学兼办商学到依托公学筹建一所高等商务学堂的转变。1897 年 4 月，正是南洋公学正式开学之际，盛宣怀即在劝告轮船招商局各股东同意捐设南、北洋学堂的节略中说："中国欲兴商务，必从学堂始。"①

1899 年，盛宣怀在实业上收效明显，卢汉铁路的卢保段已通车，萍乡煤矿现代化建设进展迅速，汉阳铁厂焦炭自给解决在望。10 月又与慈禧、光绪帝当面单独奏对国家大事数小时，11 月将有关练兵、筹饷、商务洋洋数万言的对策上达清廷。在商务方面，他认为制约我国商务的短板在于，"一则无商学也，再则无商律也。无商学则识见不能及远，无商律则办事无所依据"。由此，盛宣怀提出了开办商务学堂的设想，他提议清廷于各行省设华商公所，然后"应准其自己集资开设商务学堂，专教商家子弟，以信义为本，以核算为用，讲求理财之道"。②

随后 1900 年八国联军入侵，南北大乱，公学师生人心浮动，教学秩序受到影响，商务学堂无从筹建。1901 年后政局已稳定，清政府谕令推行新政，着手改官职、练新军、兴商务、变科举、倡新学。1902 年初盛宣怀正式提出在南洋公学之旁专门建立一所商务学堂。这是盛宣怀政治地位上升后扩展到教育领域中的反映，也是北洋大学堂停办后办学经费南移南洋公学的产物。

盛宣怀于 1901 年 1 月被任命为会办商务大臣，协助商务大臣李鸿章（后为吕海寰）在办理"商务"的名义下，办理《辛丑条约》签订后就某些具体条款如商税、商务、内河航运等与英美等列强开展谈判事宜。10 月被授予办理商税大臣。由此，他逐渐掌控着晚清的轮船、电报、铁路、

① 盛宣怀：《照录第二十三届办理轮船招商局情形节略》，《申报》（光绪二十三年三月初七日，1897 年 4 月 8 日）。

② 盛宣怀：《商务事宜详细开具清单》（光绪二十五年十月，1899 年 11 月），《愚斋存稿》第 3 卷，第 62 页。

银行、煤铁、纺织等多个关乎国计民生的重要经济部门。

在与各国专使进行长期拉锯式谈判接触的过程中，他观察到“各国使臣不特恃其国势强词夺理，并系商学出身，细针密缕，每议一事，无不曲折详尽”[①]，由此切身意识到中外“商战”差距的根本原因在于我国商学专门人才的短缺，认识到补救时弊的措施之一便是设立商务学堂培植人才。

随即于1902年1月26日上奏《请设商务学堂片》，明确奏请在上海创设一所商务学堂：“惟开设商务学堂，翻译商律全书，为将来定律、设部根本，是臣之责，断难再事缓延。臣已派洋教习赴各国考察商务学堂规范，并由出使大臣杨儒、罗丰禄、伍廷芳等购觅商律各书籍，先后寄到。拟于南洋公学之旁，购地建造商务学堂一所，并饬译书院加延华洋译士，将商务有用之书加紧翻译，定以程限，事在必成。”[②]

从《请设商务学堂片》可知，拟建的商务学堂是一所单独建制的学校，虽准备毗邻南洋公学而建，却与公学不相联属，校舍也准备另购地建屋；经费虽同出自轮、电两局，但并不由公学款项内拨付。从规划在南洋公学上院开办商务之学，到升格独办一所商务学堂，大致有三个促成因素：

一是前述盛宣怀经济、政治地位的提升及经办洋务商务过程中的体认，特别是担任商务大臣、商税事务大臣之后，认为“商学商律实为国家当务之急，他年富强之基”[③]，开办商务学堂也属他任职范围内应急办之事。

二是南洋公学在实际办学过程中一时难以实现开办商务专科的规划，办至1901年中院首届6名学生毕业，公学以生源过少、师资缺乏，暂缓开办上院，毕业生被派至欧洲留学；又应清廷在科举制度下拟开经济特科考试，在上院专设经济特科班，招收没有接受过系统普通学教育但具有举贡生监功名者44名入学肄业；及至次年中院生10人毕业，公学办成上院预备班性质的政治班，但鉴于校内外生源仍明显不足，政治、法律主科难

① 盛宣怀：《请设商务学堂片》（光绪二十七年十二月十七日，1902年1月26日），《愚稿存稿》第6卷，第20页。

② 盛宣怀：《请设商务学堂片》（光绪二十七年十二月十七日，1902年1月26日），《愚稿存稿》第6卷，第20—21页。

③ 盛宣怀：《请设商务学堂片》（光绪二十七年十二月十七日，1902年1月26日），《愚稿存稿》第6卷，第22页。

以在数年内办成，更何况处于辅科地位的商务之学。[①] 急迫需求商才的盛宣怀只得另辟蹊径，筹办一所专门的商务学堂。

三是经费关系。南洋公学设置庞杂，除了师范院、外院、中院、上院之外，还设有译书院、东文学堂、铁路班，筹建期间购地建屋，此后又陆续出资选派学生留洋，耗资均不菲，并无余款来建商科。此点正如盛宣怀在上述奏折中称："惟是南洋公学今春选派头班学生出洋肄业，又新添东文学堂，翻译东文书籍，资斧已无所出。"[②] 此时遭遇北洋大学堂停办，轮电两局捐款需要寻找新的目标，转向继续同为兴学育才，且为时局所需的商务学堂成为较为妥恰的选择。筹定经费是筹建商务学堂的基础条件与保障，是至为关键性的因素。

1902 年 2 月 5 日，请设商务学堂的奏折奉朱批"知道了，钦此"。[③] 商务学堂筹建兴办获得了清政府的批准，各项筹办事宜得以名正言顺地接续推进。早在 1902 年年初上奏之前，南洋公学已遵盛宣怀的要求开始着手收集有关西方商务学堂信息，为在上海筹建商务学堂做准备。1901 年 7 月，盛宣怀要求回美国省亲的监院福开森顺道考察欧美各国商业学校，"所有由美赴欧查考商务学堂，自当将各学堂异同办法分别采访，悉心留记，并造屋图样，一俟假满回华，即行开具节略呈请均裁"。[④] 同时，又委托驻欧美各国使臣代购商学、商律书籍，如驻英大臣罗丰禄曾寄到《英国商律全书》，驻德国大臣吕海寰寄来 31 本有关各国商业学校章程、商部制度、商律的书籍。特别是 1902 年 2 月福开森返回上海时，带回欧美 8 个国家的商务学堂章程办法各 1 件、课程表原文 1 件、图样 2 件。[⑤] 盛宣怀又指令译书院及部分西文教习将这些资料译为中文，以备开办商务

① 生源不足等因素导致上院缓办的详细记述，可参见王宗光主编、欧七斤编著《上海交通大学史》第一卷"南洋公学"第四章"上院与特班"第一节"上院的试建与缓办"，上海交通大学出版社 2016 年版，第 140—149 页。

② 盛宣怀：《请设商务学堂片》（光绪二十七年十二月十七日，1902 年 1 月 26 日），《愚稿存稿》第 6 卷，第 21 页。

③ 盛宣怀：《请设商务学堂片》（光绪二十七年十二月十七日，1902 年 1 月 26 日），《愚稿存稿》第 6 卷，第 22 页。

④ 盛宣怀：《批准福开森回国省亲并附七国考察商学办法》（光绪二十七年六月，1901 年 7 月），《交通大学校史》编写组：《交通大学校史资料选编》第 1 卷，西安交通大学出版社 1986 年版，第 41 页。

⑤ 上海交通大学校史编纂委员会编：《上海交通大学纪事》（上卷），上海交通大学出版社 2006 年版，第 30、32 页。

学堂参考。奏准之后，盛宣怀又专门派随办商约的安徽候补道刘树屏赴日本专门考察商务学堂。刘树屏分别到“东京、西京、神户、横滨、大阪、长崎各处悉心调查，详加考察”①，并将日本各处商业学校办理情形、规章课程及个人建议写成报告书，以便办理商务学堂时参照。

更为关键的是，轮船总局原拨助北洋大学堂1901年下半年、1902年全年经费共计规元3万两，电报总局原拨助北洋的1901年夏秋冬三季、1902年全年拨解经费共计英洋3.5万元，先后分批拨解南洋公学，用作开设商务学堂。② 在国贫民弱的清末时期，经费的筹定并及时到位成为办学至关重要的保障条件。

此外，为配合商务学堂的创办，及早培养商务人才并为商务学科提供师资，南洋公学在派遣学生出国留学时，指定部分学生专习商务或经济专业。1899年首批派往日本6人中5人习法政、1人习经济；1900年停派；1901年选派2人赴美全部习商务，赴英4人中2人习经济；1903年停派；1904年派往比利时12人中有1名习商务，派往美国7人中有2人习商务。③ 加上部分原习其他专业的留学生改习商务、经济专业，商务、经济成为南洋公学时期公派留学生选习仅次于法政、工程的科目。具体如表1所示。

表1　　南洋公学派遣留学生所习科目及人数

科目	人数	科目	人数
铁路工程	15	电机工程	2
法政	10	机械工程	1
商务	7	物理	1
矿冶工程	5	农学	1
经济	4		

注：不少学生所习专业有过更改，表1主要以获得最后学位的专业为准。

① 《刘树屏致盛宣怀函》（光绪二十八年十一月，1902年12月），上海图书馆藏盛宣怀档案，档号：044486-1。另注：此件只有月份无年份，上海图书馆著录时间为光绪三十年，对照信函内容及交通大学档案，时间应为1902年。

② 《南洋公学收支清册》（光绪二十年至二十八年，1897—1902年），《交通大学校史》编写组：《交通大学校史资料选编（第一卷）（1896—1927）》，西安交通大学出版社1986年版，第81—83页。

③ 参见王宗光主编、欧七斤编著《上海交通大学史》第一卷“南洋公学”第五章“遣派留学生”第一节中“南洋公学资派留学生简况表（1899—1904）”，上海交通大学出版社2016年版，第202—205页。

从南洋公学留学生所习科目的时段上看，前期以习法政专业为多，后期以商务、工程专业为主。前后的调整与盛宣怀对工程、商务类人才的需求有关，也契合了公学办学方向由法政方向转向商务实业。

商务学堂筹备事宜进展顺利。然而，盛宣怀却在 1902 年 10 月 18 日上奏的《南洋公学历年办理情形折》中把“商务学堂”归入南洋公学之内，成为公学 5 个正式教学建制之外的 3 个附设机构之一。① 因为商务学堂“尚须添建房屋，专延教习，大约二十九年可以开办”②，大体规划于 1903 年正式成立。

从年初奏明独办一所商务学堂，到年底又奏称作为南洋公学附属部分，并非对独办规划的更改，而是大致是考虑到筹建中的商务学堂无论从建章立制、筹备人员、经费管理，还是从今后生源、师资方面来说，基本上都是依托南洋公学来开展的。更主要的是，将商务学堂归入南洋公学，是一种策略性安排，有利于对接中央政府拟新颁学制系统中能够列入高等学堂序列。清政府制定了《钦定学堂章程》（即 1902 年“壬寅学制”），后经修改于 1904 年 1 月颁布。新学制将学校系统分成初、中、高三个阶段，高等又分为三级：高等学堂、大学堂、通儒院。

为对应新学制争取列入高等，盛宣怀于 1902 年 10 月上奏《南洋公学历年办理情形折》，奏请将南洋公学列入高等学堂序列，定校名为“南洋高等公学堂”，并从办学建制与程度等方面详述了能够列入高等教育序列的条件，公学所设上院类似西方专门学校，“肄习政治、经济、法律诸科”，东文学堂则“考选成学高才之士专习东文，讲授高等普通科学以备译才”，商务学堂以中院毕业生升入，延请中外教习，“分门教授，以备将来榷税兴商之用”。③ 意思是上院、东文学堂、商务学堂与学制中的高等学堂要求相符合，应列入高等学堂。

---

① 5 个正式教学建制是上院、中院、师范院、蒙学堂、特班，3 个附设机构是：1898 年设于虹口的译书院、1901 年设于公学的东文学堂与筹建中的商务学堂。

② 盛宣怀：《南洋公学历年办理情形折》（光绪二十八年九月十七日，1902 年 10 月 18 日），《愚斋存稿》第 8 卷，第 32 页。

③ 盛宣怀：《南洋公学历年办理情形折》（光绪二十八年九月十七日，1902 年 10 月 18 日），《愚斋存稿》第 8 卷，第 31 页。

三 改称南洋高等商务学堂

正当商务学堂有序筹备过程中，1902 年年底到 1903 年年初，南洋公学先后遭受“墨水瓶事件”和办学经费危机，导致公学及商务学堂办学规划出现重大变故。

1902 年 11 月，公学爆发“墨水瓶事件”①，多达 200 余名学生在事件中离校，后经反复劝说有部分学生回校，但退学者仍有 145 名之多，占当年全校总数 329 名的 44%，且多为特班、政治班、中院等深受民主平等思想影响的高年级学生，导致学生数特别是中院、上院人数大为减少，如政治班都难以成班。退学学生依托上海公共租界，在随同离校的特班总教习蔡元培、中院教习吴稚晖等人组织下，成立倡言革命的爱国学社，被人视为“东南各省学界的革命大本营”，这引起清政府中央及地方统治集团的高度警觉，朝野守旧人士纷纷指责新学在培植革命者，其中南洋公学首当其冲，遇到前所未有的舆情压力。

福无双至，祸不单行。在与直隶总督兼北洋大臣袁世凯角逐中，盛宣怀失去对轮船、电报两局控制权，两局在 1903 年年初被袁世凯派人接管。尽管袁本人热衷新政新学，不过对设在南洋且深具盛宣怀个人色彩的南洋公学并不待见，接管两局后，致电盛宣怀：“闻南洋公学已罢散，能否趁此停办？或请南洋另筹款。请酌。”② 企图趁退学事件停拨公学经费，迫使公学停办关门。盛宣怀回电说：

“南洋公学十月间诸生与教习小有口舌，旋即安静，并未罢散。……现拟将译书院、东文学堂及特班、师范班全裁，商务学堂亦缓办，只留中院生六班，以二百人为度。……惟津沪两堂学生在英美等国肄业者十五六名，岁需经费约三万两，查轮、电两局原拨公学每年十万两，本年起遵即停拨，又船局另捐二万两，电局另捐二万两，原奏系充商务学堂、东文学堂各经费，拟请暂准照拨改充出洋肄业经费，使卒业诸生不致半途而废，

① 事件原委经过及其影响请详见王宗光主编、欧七斤编著《上海交通大学史》第一卷“南洋公学”第七章“校园环境与师生生活”第三节“‘墨水瓶’事件”，上海交通大学出版社 2016 年版，第 298—316 页。

② 《袁宫保来电》（光绪二十九年正月初二日，1903 年 2 月 1 日），《愚稿存稿》第 59 卷，第 26 页。

皆出公赐。可否准行，伏候电示。”[①]

不久，袁世凯同意了盛宣怀的请求，从1903年起停拨公学常年经费十万两，商务学堂经费改作留学生肄业费。因经费他移，商务学堂只得缓办，独办一所学堂已无可能。

不过，在随后公学整顿改组中，商务之学重新进入主办者视野，并成为公学上院唯一发展的学科。在学潮与经费双重压力下，公学按照盛宣怀的指令予以整顿，在办学方向上，公学更改原定政治、外交、法律等政学专业，将办学宗旨定为："以激发忠爱，开通智慧，振兴实业为主义。"[②]当时公学提调兼代总办张美翊也称公学"大要总以保存国粹、讲求实业为宗旨"[③]，"专重泰西实业与留学生"。[④]在盛宣怀眼里，西方政治、外交、经济、法律等政学，能给封闭守旧、管理效率低下的封建官僚体系注入新鲜血液，起到维护现存统治秩序的作用。不过，西方法政之学、经济制度是以民主宪政、自由平等学说为思想基础，学生在学习西学过程中逐渐受自由平等学说的影响，形成反专制思想，最后导致"墨水瓶事件"的发生，并直接影响了其他新式学堂，演变成全国性反压制的学界风潮。这是盛宣怀始料未及的。事件发生后，他对西政教育产生了疑虑，在外部环境压力下最终摒弃政学转回艺学教育，希冀以讲实学来抵制国内日益泛起的民权意识、平等思想，也借以消除清政府对南洋公学人才培养上的疑虑。

从外部条件来说，清末时期我国工商实业发展对人才需求、实业教育思想的兴起从客观上促进了学校转向实业教育，此外地处上海这个当时中国最大的工商业中心，也为学校改办实业教育提供了现实的条件。20世纪初的上海，工商业发展较快，成为中国最大的经济中心，集中了我国最多的民族工商资本、外国在华资本企业，轮船招商局、电报局、江南制造局等大多数官办企业也设在上海。相对集中的工商企业需要上海发展实业

---

① 盛宣怀：《寄袁宫保》（光绪二十九年正月初六日，1903年2月5日），《愚斋存稿》第59卷，第31—32页。

② 盛宣怀：《陈明南洋公学士习端正片》（光绪二十九年八月，1903年9月），《愚斋存稿》第9卷，第9页。

③ 张美翊：《呈报公学历年办理情形》（光绪卅年十一月二十四日，1905年1月1日），《交通大学校史资料选编》第1卷，第49页。

④ 张美翊：《致盛宣怀函》（光绪三十年十月十九日，1904年11月25日），上海图书馆藏盛宣怀档案，档号：044389。

教育，培植商业、技术方面的人才。

在此思想意识和外部客观因素的影响下，公学的办学方向发生了改变：由之前的政学转向了实学方向，由培养政治家为目的改变为培养精通商学的人才。这些变化对已缓办的商务学堂来说，显然带来了复活的机遇，法政科性质的政治班停办，而商学为实学之一种，成为重点发展的学科，且是大学部性质的上院唯一拟设学科，更成为南洋公学力争办成高等学堂的实现途径。

1903 年 2 月，因“墨水瓶”退学事件解散的政治班部分学生陆续返校。公学将他们编成一班，改称“商务班”，标志着南洋公学办学方向正式由法政转向商务。1903 年春夏之交，经盛宣怀再三晤商，管学大臣张百熙同意南洋公学上院设立商务学堂。获准之后，公学加紧筹备，根据此前福开森、刘树屏分别考察欧美、日本商务学堂的办理情形和章制制定了简要章程，又委托专人在欧美等国延聘商务专业的教习。

商务学堂先行于 1903 年 9 月 6 日开学。代总办张美翊与美籍政治学教习薛来西（C. M. Lacey Sites）等商定了课程，鉴于外籍专业教习未及聘定来校，暂由哥伦比亚大学政治学博士毕业的薛来西暂教理财、公法、商律；原聘美籍教习、耶鲁大学文学硕士勒芬尔（Charles Samuel Leavenworth）暂教宪法、商务、历史；原聘美籍中院英文教习乐提摩（John David Lattimore）暂教商业、法文、书札，每周 3 小时，实验化学由黄国英讲授，商业数学由公学数学教习陈伯涵讲授。21 日，盛宣怀札饬公学，认为所拟办法尚妥，应准照行；要求在商务总教习聘定到校后，再行厘定课程；希望各教习认真授课，学生切实求学。

1903 年 9 月 29 日，盛宣怀正式奏呈《开办高等商务学堂折》，奏请将公学上院改作高等商务学堂，奏曰：“时局既以商务为亟，而商学尤以储才为先，现在各省设立高等学堂，考求政艺，不患无人，独商学专门未开风气。窃惟南洋公学款由商捐，地在商埠，若统称高等学堂，则与省会学堂不甚分别，且无所附丽。”① 由此可见，盛宣怀奏请将公学上院改作南洋高等商务学堂。奏上，奉朱批“管学大臣议奏”。正式上奏的同时，盛宣怀以私人名义分别写信给两位管学大臣张百熙、荣庆和商部尚书载

① 盛宣怀：《开办高等商务学堂折》（光绪二十九年八月初六日，1903 年 9 月 26 日），《愚斋存稿》第 9 卷，第 7 页。

振，予以事先疏通，信函内容几乎一致，希望这三位学务、商务的实际掌权者考虑他“奏办商务学堂在前，公学诸生毕业较早，以上海商埠习专门学，地既相宜，效亦稍速”，[①] 支持公学改办商务并升格高等之列。

1903 年 10 月，经管学大臣等人核议，同意南洋公学更名为“南洋高等商务学堂”。然而直到 1904 年 7 月，正式议复才下达到公学，上院更改为“高等商务学堂”。该议复于 8 月 9 日获得朱批：“依议，钦此。”[②] 由此，经过数年争取，办学已 8 年的南洋公学正式被纳入国家新定的学制系统，进入新学制中的高等实业学堂之列。南洋公学的定位突破了高等学堂只设在各省省会的规定，同时也表明南洋公学的办学成绩得到中央教育主管部门的认可。显然，转向高等商务教育是能够成功进入国家高等之列的重要突破口。

自 1903 年 10 月南洋公学拟更名“南洋高等商务学堂”，次年获得清政府正式批准。但在实际上，南洋高等商务学堂校名并未正式使用，学校仍然称作南洋公学。重要原因便是商务专科因“常年经费支绌，未能照章办理。历年以来仅派学生出洋肄业”。[③] 1905 年年初上海《时报》报道南洋公学改归商部的报道中也称：“盛宫保原有改办商务学堂之奏议而未行。”[④]

未能如期开办商务专科的主要原因，除了上述经费短缺这个“物”的因素外，关键还是“人”的因素，就是向各国延揽的商务专业教习始终未能聘定到校。先是 1903 年 9 月，福开森受公学之托，代为延聘此前其赴欧洲考察商务学堂时接待其的瑞士高等商务学堂教习柯爱可来校“厘定课程兼教务”，“至薪水一节每年拟送英金四百五十磅，住屋由公学

① 盛宣怀：《致张治秋、荣华卿函》（光绪二十九年八月二十日，1903 年 10 月 10 日）、《致函载振》（光绪二十九年八月二十四日，1903 年 10 月 14 日），上海图书馆藏盛宣怀档案，档号：044186/044187。

② 盛宣怀：《准学务大臣咨奏南洋公学开办商务学堂一折奉旨依议札文》（光绪三十年七月二十二日，1904 年 9 月 1 日），西安交通大学藏历史档案，档号：2326，卷名：《清代前工程部左堂盛关于开办商务学堂、聘请洋教员、筹划经费及派员赴日考察奏摺和照会》（1902—1904）。

③ 《商部奏改南洋公学为上海高等实业学堂折》，《申报》（光绪三十一年二月二十四日，1905 年 3 月 29 日）。

④ 《南洋公学改归商部之内容》，《时报》（光绪三十一年一月二十四日，1905 年 2 月 27 日）。

供给，来往川资亦由公学给发，另订合同四年为期”。[①] 为保险起见，福开森还分别请德国、法国驻沪领事馆商务随员“致函本国，代觅有商务教习能兼通英国文字者”。[②] 12 月，柯爱可复电婉拒，德法两国教员也未能觅得。公学又两次电请中国驻美大使梁诚代聘商务教习，结果至 1904 年 2 月底新学期行将开学之际，仍未能聘到适合人选，导致“商务班生功课未全，教习未来，年限未定，约来怨望以为错过时光”。[③] 盛宣怀也感慨于“此等专门教习尤不易得，屡电驻美使臣梁诚代访，迄未聘定。诸生毕业瞬将一年，类皆有志上进，未便久稽时日。”于是将入上院学商务的中院毕业生 13 人选派“前赴比国，分习商务、路矿、铁政专门实业”。[④] 在经费短缺、教习难聘的双重压力下，商务专科未能正式开办。

四　商务专科因学校改隶旋起旋落

南洋公学更名南洋高等商务学堂后不久，学校隶属关系出现两次调整，先改属商部，后又划给邮传部管辖。商务专科因之大起大落，改属商部后成为学校首要学科，旋即便正式开办；然而划归主管交通事务的邮传部又使之遭到旋即停办的命运。

学校第一改属发生在 1904 年年底、1905 年年初，这是主管部门、学校双方寻求合作共赢的结果，一方面是新设商部急需培养商务专才，主动要求南洋高等商务学堂改隶商部；另一方面是学校因经费危机、无所隶属而有意于寻求主辖部门。在这个过程中，商务专科扮演了不可或缺的角色。先是 1904 年 10 月，清政府商部尚书载振与盛宣怀函商，将南洋高等商务学堂交由商部办理，以便“名实相副，于学务、部务两有裨益”。[⑤]

---

① 《福开森致盛宣怀》（光绪二十九年七月二十一日，1903 年 9 月 12 日），上海图书馆藏盛宣怀档案，档号：044995。

② 《张美翊致盛宣怀函》（光绪二十九年七月二十七日，1903 年 9 月 18 日），上海图书馆藏盛宣怀档案，档号：045043。

③ 《张美翊致函盛宣怀》（光绪三十年一月二十一日，1904 年 3 月 7 日），上海图书馆藏盛宣怀档案，档号：044371。

④ 盛宣怀：《奏为遣派学生前赴比国学习商务路矿铁政实业折稿》（光绪三十年三月，1904 年 4 月），上海图书馆藏盛宣怀档案，档号：015365。

⑤ 载振：《致盛宣怀函》（光绪三十年九月十九日，1904 年 10 月 27 日），上海图书馆编：《上海图书馆编盛宣怀档案萃编》（下），上海古籍出版社 2008 年版，第 416 页。

商部成立于1903年，为清廷推行“新政”而设一个中央直属部门。商部“以沪埠为商业繁盛之区，议与其间设一高等商业学堂”。[①] 且认为中国商学“素未讲求”，亟须筹办高等商业学堂，因此商请盛宣怀将南洋公学改隶商部。11月初，盛宣怀鉴于“公学开办虽久，无所附丽，兹值商部设立实业学堂，应请隶入商部管理，庶几联属一气，名实相符”[②]，且“毕业学生定有出身，得以陆续派赴外洋肄业欧美大学，蔚成商业通材”[③]，于是函复载振，同意将南洋公学改归商部直辖。

其实，难以为继的办学经费危机，是促使盛宣怀同意公学改属商部的最根本的原因。轮、电两局停拨经常费后，公学办学经费骤减，维持艰难。[④] 勉强维持至1904年底，公学常年经费仍然无着，且轮、电两局又停拨留学费，致公学举步维艰，难以续赓。诚如《时报》载曰：“因查公学经费向之岁拨十万两者，兹仅得十之三五，只足敷各生游学之费，常年开支大半无着。轮、电间议停解，公学势中止。”[⑤] 于是，当商部商请将公学改隶该部管辖时，盛宣怀随即应允同意。

1904年冬，商部派左参议王清穆、右参议杨士琦来校接洽接管事宜。1905年3月，商部正式接管南洋公学。3月17日，王清穆来校代表商部宣布该部右参议杨士琦担任监督（校长）职务，南洋公学更名为商部上海高等实业学堂。

学校隶属关系的变化，致使办学方向、管理体制、专业设置等方面都出现了较大变动，主要体现在1906年初颁行的《商部上海高等实业学堂章程》。章程分设学总义、学科程度、学堂考试等7章，共计189则。“设学总义”第一节即明定办学宗旨：“本学堂讲求实业，以能见诸实用为要旨，就南洋商务学堂改订学科，冀为振兴中国商业起见，造就人才，

---

① 《时报》（光绪三十一年一月二十四日，1905年2月27日）。

② 《商部奏请拟办实业学堂大概情形折》（光绪三十年，1904年），《东方杂志》第3期，1904年5月10日。

③ 盛宣怀：《致载振函》（光绪三十年九月二十六日，1904年11月3日），上海图书馆藏盛宣怀档案，档号：044709－3。

④ 还在1903年初，盛答复张百熙质疑经费供给时就坦诚说：“虽有前数年节存银八万两，断难持久。”见盛宣怀《致张百熙函》（光绪二十九年，1903年）上海图书馆藏盛宣怀档案，档号：044179－2。

⑤ 《南洋公学改归商部之内容》，《时报》（光绪三十一年一月二十四日，1905年2月27日）。

力图进步。”[①] 又在分科一节中，分预科、本科两类，预科学制4年，本科阶段分设商业、航海、轮机、电机四专科，学制3年。

从中不难看出，商业专科为商部所需，其余三科主要为供款单位轮、电两局所设。这说明学校在办学方向上出现转变：由培养从政人才为主，转变为商部培养高级工商业专门人才，兼为轮、电两局培养工程技术人才。正如1915届交通大学校友、曾任交通大学校长的淩鸿勋在《国立交通大学志》中提及此次办学方向转变时称：“因经费来源与学校隶属关系，该校逐渐开办与交通事业有关之学科，初开办商务科及铁路工程科。”[②] 总之，商部接管后学校正式转向实业教育，以培养高级实业人才为宗旨。

1906年春，学校在1903年筹设商务学堂的基础上，首先办成商务专科，这是交通大学历史上第一个正式专科。[③] 商务专科的教员有美籍薛来西及其妹妹薛来西女士（Mrs Lacey Sites）、乐提摩、密奇迩（Walter A. Mitchell），代理教务长冯琦也兼任商务专科课程。除薛来西女士、密奇儿两人为新聘教员外，其余都是留用的南洋公学时期教习。商务专科共有林则蒸、徐经郛等学生13名，全部由本校1905年冬毕业的中院高等预科第三届毕业生升入。商务专科的基础课程有：国文、英文、历史、地理、法文、文课、体操，专业课程有：商法学、商运学、商品学、商业道德、簿记、制造学、理财学、银行学、国际公法、财政学、国际商学、商业统计学、商业实习等，共计20门，分三学年六学期毕业。[④]

商务专科设立的同时，学校积极筹划在1906年9月开办航海、轮机两科，1907年3月开办电机专科。但因师资缺乏、经费短缺，除开办了一个简易的铁路工程班外，其他专科未能依次开办。铁路工程班于1906年秋季开设，设有数学、物理、化学、测量、建筑学、地质学、桥梁学、水力学等课程。商务专科和铁路工程班的开设，继承南洋公学后期计划转办实业教育的办学目标，正式确立了学校服务于实业系统的办学目标，结

---

① 《商部上海高等实业学堂章程》（光绪三十二年，1906年），《交通大学校史资料选编》第1卷，第169页。

② 台北交通大学同学会：《友声》第15期，1953年10月8日，第23页。

③ 杨耀文：《本校四十年来之重要变迁》，《交通大学四十周年纪念刊》（1936年）。

④ 《商部上海高等实业学堂章程》（光绪三十二年，1906年），《交通大学校史资料选编》第1卷，第172—173页。

束了整个南洋公学时期专业设置经常变动的局面，成为交通大学历史上一次重要的转折。

不过，商务专科开办仅一年有余，又迎来了学校第二次隶属关系的变化。学校管辖单位商部除主管全国商务之外，还兼办农业、工业及铁路交通事宜，事务繁重。1906 年 9 月，清廷预备立宪，推行官制改革，以商部管辖范围过宽，加以改组，更名为农工商部，专办农工商事务；另将原辖“路、电、邮、轮”交通“四政”析出，专设邮传部，类似民国时期的交通部。1906 年年底，邮传部将轮、电两局陆续接收，而两局是学校的供款机构，学堂归属邮传部势属必然。

1907 年 3 月 31 日，农工商部具奏将上海高等实业学堂划归邮传部管理。[①] 同日清廷准奏，学校遂改归新设的邮传部管辖，校名也相应改为“邮传部上海高等实业学堂”。归属邮传部后，学校在专业设置上更加侧重于交通实业领域，商务专科已不合交通四政人才所需。1907 年 5 月 4 日，盛宣怀致函邮传部尚书岑春煊，陈述学校既已归属邮传部，就应该为交通四政培养专才。建议“添聘募专门洋教习二员，挑选学生两班，专教造路、行车两事”。[②] 所言“造路、行车”，主要是指铁路建筑、机车制造等专门技术，相当于侧重铁路交通的土木、电机专业。

当时邮传部深受人才匮乏的压力，认为“学堂为造就人才之地，实不容缓”；[③] 并进一步认识到自我培养所需专才是抵制技术受制于人、权利外移的根本之途，“从前聘用技师艺士，借材异地，权利外移，欲筹抵制之方，当以教育为本”。[④] 盛宣怀要求工程人才自我培养的建议，邮传部予以同意。学校便着手筹建交通工程专业，咨请将高等预科毕业班与铁路工程班“以部筹出洋费拨设专科”，另拟设电机、邮政、“轮帆”（即航海）专科。

1907 年 10 月，邮传部尚书陈璧奏准派前农工商部侍郎唐文治专任学

---

① 《本部奏上海实业学堂划归邮传部管理折》，《商务官报》（光绪三十三年，1907 年）第 5 册，公牍，第 8 页。

② 《寄邮传部岑云阶尚书》（光绪三十三年三月二十二日，1907 年 5 月 4 日），《愚斋存稿》第 72 卷，第 17 页。

③ 本部统计处编辑：《邮传部总务严格概略》，邮传部档案全宗，第 47 号卷宗，中国第一历史档案馆藏。转引自苏全有《清末邮传部研究》，中华书局 2005 年版，第 139 页。

④ 《上海高等实业学堂拟请扩充专科预备经费折》，沈云龙主编：《近代中国史料丛刊》第 14 辑，邮传部编：《邮传部奏议类编・续编》，第 1293—1295 页。

堂监督，并要求唐“综理一切事宜，所有何项专科能自设，何项实习必须留学外洋，应候通盘筹算”。①唐到任后，对学校师资、专业、课程设置等详加考察，根据邮传部对人才培养的需求，首先对专业设置作一番调整扩充。因商务专科是前商部管辖时所办，与交通四政所需人才不合，遂征得邮传部、农工商部的同意，将开办仅一年半的商务专科予以停办，选送该科成绩较优者杨锦森、徐经郛等6人赴宾夕法尼亚大学沃顿商学院研读商务、财政专业，其余7名学生离校就业。

停办商务专科的同时，学校集中办理与交通邮电有关的工程专业，1907年底建成铁路专科，次年建成电机专科。商科停办，工程相继创设，学校于是由培养商务人才转而培养工程技术专门人才，至清末民初逐步定型，并创建了近代高等工科教育体制，为正式建成一所以工科著称的现代大学作了重要铺垫。让位于工科教育的商务专科，尽管萌发于南洋公学初创时期，经过十年有余的此起彼伏、艰难曲折，最终还是偃旗息鼓，仓促间停办。

此后直到1918年学校鉴于铁路、电机事业缺乏管理人才，设立铁路管理科，聘任商务专科首届学生、留学归国的徐经郛担任首任科长。该科课程设置超出了铁路管理范畴，开设了大量商科课程，至1931年扩为管理学院，分设铁道、实业、财务、公务等管理专业②，成为民国大学中唯一培养科学管理人才的管理学院，也应视为南洋公学商科教育的延续与发展。

从人才培养的角度来说，尽管历经波折的南洋公学商科教育并没有走出一名毕业生，但是通过留学教育的途径部分地实现了对商务专才的培养。如前所述，商务、经济专业是公学出国留学生所习的主要专业之一，从1899年到1907年年初，南洋公学共派遣留学生66名，其中习商务、经济并获学位者有21名，约占总数的32%。另有部分自费留学生也以商学为主攻专业之一。

这些远涉重洋的留学生出国较早，经费有保障，均能学有所成，术有

① 《邮传部札饬筹设专科各办法候唐侍郎到堂后酌核施行》（光绪三十三年九月，1907年10月），《交通大学校史资料选编》第1卷，第115页。

② 《交通大学概况与课程一览》（1932年2月），转引自《交通大学校史》编写组《交通大学校史（1896—1949）》，上海教育出版社1986年版，第253页。

专攻，在清末民初陆续回国后，他们在我国现代化早期的商业、银行、财政、文化教育及其他领域做出了诸多贡献。其中，章宗元、陈锦涛、薛仙舟、邵长光、徐恩元等颇有建树。章宗元1901年派赴美国习商务，获加州伯克利大学商学士，著有《计学家言》，是国内第一本系统阐述经济理论的专著，后曾任唐山工业专门学校（今西南交通大学）校长。陈锦涛1901年派赴美国，先习工程，后改习经济，获耶鲁大学博士学位，长期在中央政府经济部门担任要职，是1912年南京临时政府首任财政总长，主持成立中国银行，制定了许多银行法规。薛仙舟1901年派赴美国习商务，获加州伯克利大学商科学士，回国后致力于宣传合作思想，著有《中国合作化方案》，被誉为“中国合作运动之父”。吴乃琛1904年派赴美国习商科，获威斯康星大学经济学士，后任财政部泉币司司长，北京大学商科学长，中国银行副总裁。同为1904年派往美国习商务的邵长光（又名邵裴子），获耶鲁大学经济学士，后任北京大学文科教授，财政部司长，浙江大学校长。1905年派赴英国习商务，获伦敦大学经济学学士，后任审计院副院长、中国银行总裁。1907年赴美国留学的胡鸿猷，获宾夕法尼亚大学管理学硕士，后任北京铁路管理学校（今北京交通大学）校长、江苏银行经理。同年出国的徐经郛，获美国宾夕法尼亚大学理财科硕士学位，后任民国初年交通大学英文科科长、中学部主任，1918年聘为铁路管理科首任科长，开我国高等管理教育之先河。

南洋公学商科教育实际未能如愿正式办成，倒是此期同时开展的商科留学教育成效显著，人才济济，独放异彩。而商科留学教育显然与商务专科的筹建、开办与停办有着密切关联，因此可以将商科留学教育及其成果，作为南洋公学商科教育的一种延续与实际成效。

五　结语

南洋公学商科教育从酝酿、筹建到创办，贯穿了南洋公学整个办学时期（1896—1905年），并延续到南洋公学更名改属之后的两年才停办，前后长达12年之久，中间一波三折，曲折艰难。南洋公学商科教育发展与波折，既与南洋公学办学方向的设定、调整及学校隶属关系转变密切相关，又深受创始人盛宣怀个人际遇处境、办学理念转变等方面的直接影响，同时也受到清末新政推行重商政策、颁行新学制等因素的间接影响。

这些因素交互作用，共同决定了南洋公学商科教育的发展与命运。

在南洋公学前期（1896—1901 年），盛宣怀的个人影响是关键性因素；而在南洋公学后期（1902—1904 年），国家颁行新学制、朝野对法政教育的疑虑等外部因素，成为南洋公学办学方向由法政教育转向商科教育的主要原因；在南洋公学改属后的两年（1905—1907 年），学校归属性质是决定商科教育起伏变化的主要因素。

伴随南洋公学创办与发展始终的商科教育，是南洋公学办学方向从法政教育到商科教育再到转向工程教育的重要中间环节。南洋公学筹建之初，办学宗旨上以法政教育为主，并辅以商务之学，以与北洋大学堂“重艺学”的办学目标有所区别，着意于培养变革社会急需的法政与商务人才。随着盛宣怀政治角色的转变（升任会办商务大臣、办理商税大臣），加上需要为北洋大学堂停办后的办学经费找到恰当的转移对象，依托南洋公学创办一所商务学堂便呼之欲出。正当商务学堂紧锣密鼓筹建当中，南洋公学遭遇办学经费大幅削减、退学学潮双重打击，遂压缩办学规模，停办受到朝野质疑的法政学科，转向实科。已无力独办的商务学堂也正好借此机会转型为南洋公学的商务专科。商务专科的发展不仅获得学校的全力支持，而且通过对接国家新颁新学制，进一步获得了清政府商部的认可与接管。学校也因此成功升格为国家部委直辖的高等商业学堂。最后随着学校改属掌管交通实业的邮传部，商务专科停办，以交通实业为主的工科教育逐渐兴起。

从一个学科萌芽与发展的角度来看，南洋公学的商科教育也可以窥见我国近代高等教育艰难起步的境况。清末时期，特别是 1895 年甲午战败至 1905 年科举废除前的十年，朝野上下对于兴办新学培植新人用以挽救危亡均有深切体认，急迫要求仿行东西洋教育制度，创办各类新式学堂，培植出一批法政、商务、实业、医学等各种新式人才。张之洞、刘坤一等督抚大员，盛宣怀、张謇等绅商显要登高一呼，急起兴学育才。然而，在实际创办过程中，遭遇到类如南洋公学商科教育发展过程中所面临的诸多不利现实条件，如新式普通教育未能普遍设立使高等教育生源严重不足、外籍专门教员难以聘就、办学经费短缺且来源不稳定、办学主体在办学目标上游离不定、缺乏办学经验与章程制度，等等。这些历史所赋予的起点较低的现实基础条件，注定我国高等教育萌芽之际充满着困顿与艰辛，也将那些怀着急迫愿望投身兴学育才的人士逼回现实之中，以更加稳妥的方式推进新式高等教育的起步与成长。

History and Review of Business Administration Education in Nanyang College

Ou Qijin

Abstract: Business administration education ran through the whole period of Nanyang College (1896 – 1905) from brewing, preparation to establishment and lasted for 12 years until Nanyang College changed its name and became a subordinate two years later. The development and change were not only closely related to the planning and adjustment of Nanyang's professional direction and the transformation of affiliation, but also directly affected by the personal situation of Founder Sheng Xuanhuai and his transformation of educational ideas. At the same time, it was indirectly affected by the mercantile policy and the new school system in the late Qing Dynasty. Business administration education is an important intermediate link in the direction of Nanyang College from legal and political education to business administration education and then to engineering education. From the perspective of discipline germination and development, Nanyang College business administration education can also observe the difficult start of China's modern higher education.

Key words: Nanyang College; Business Administration Education; Sheng Xuanhuai; China's Modern Higher Education

高校学科类博物馆的价值及实践探索

高冰冰*

摘　要： 面对我国博物馆事业快速发展而带来的某种程度上的同质化现象，不少业内专家提出了博物馆差异化、个性化发展的建议。作为探索博物馆特色化发展的一项尝试，上海财经大学于2017年建成的商学博物馆是我国第一家商学类的学科博物馆。近五年来的建设实践证明，作为学科类博物馆，商学博物馆有效地体现了高校的学科特色和文化特点，较好地融入了高校立德树人的根本任务，有力推动了我国优秀商学文化的传承和创新，同时还积极发挥了公共文化辐射作用。其相关经验或可为我国学科类博物馆的建设、大学博物馆的建设乃至构建多元化的博物馆事业发展格局等重要问题提供一些有价值的参考。

关键词： 学科；商学博物馆；实践；价值

随着中国特色社会主义各项事业的发展，中国的博物馆事业也进入了新的发展机遇期。在此背景下，认真梳理并正确认识改革开放以来，特别是近年来博物馆行业所取得的成绩、形成的经验和存在的问题，着眼于新发展局面的新需求和新挑战，提出中国博物馆事业发展的新理念和新思路，对推动博物馆事业的全面创新发展具有重要意义。近年来，作为探索博物馆特色化发展的一项尝试，上海财经大学商学博物馆建设的实践，或可为学科类博物馆的建设、大学博物馆的建设乃至构建多元化的博物馆事

---

* 作者简介：高冰冰（1979—　），男，上海财经大学档案馆（校史馆、博物馆）副馆长，助理研究员。

业发展格局等重要问题提供一些有价值的参考。

一 博物馆的健康发展呼唤学科类博物馆建设

习近平同志指出:“博物馆是保护和传承人类文明的重要殿堂,是连接过去、现在和未来的桥梁。”[①] 博物馆的发展程度也体现了经济发展水平、社会文明程度。改革开放以来,我国博物馆事业发生了翻天覆地的变化。全国博物馆数量从 1978 年的 349 家增长到 2020 年的 5788 家,2019 年接待参观观众达 12.27 亿人次;“十三五”以来,我国平均每 2 天新增一家博物馆,达到 25 万人拥有一座博物馆。截至 2019 年年底,全国已备案博物馆达 5535 家。[②] “博物馆在国家经济社会发展中的作用越来越突出,给人民群众带来的获得感、幸福感不断增强,已经成为人民向往的美好生活的一部分”。[③] 在博物馆发展呈现数量快速增长的趋势下,无论是国际上还是国内博物馆界,都清醒地看到全球博物馆发展中普遍存在同质化和“千馆一面”的情况。2015 年,联合国教科文组织发布了《关于保护与促进博物馆和收藏及其多样性、社会作用的建议书》,指出博物馆的同质化现象是全球化带来的消极影响之一,呼吁成员国注意保护博物馆收藏的多样性和独特身份,避免在全球化进程中削弱博物馆的独特地位。[④] 2018 年,在“第二届京津冀长三角珠三角博物馆高峰论坛”上,有专家指出,要建设高品质的博物馆,应该有差异性的个性化发展定位。[⑤]

避免同质化现象,引导博物馆建设体现个性化和特色,需要从博物馆类型学的基础问题上去寻找解决的思路。在诞生和发展的早期阶段,博物馆大多是奇珍异宝的储藏所,以百科全书式的综合型形式存在。到 19 世纪初期前后,产生了按照学科性质对博物馆进行分类的方法,区分出艺术、历史、考古、自然科学、科学技术等不同类型的博物馆。20 世纪以

① 《习近平向国际博物馆高级别论坛致贺信》,新华网,http://www.xinhuanet.com/politics/2016-11/10/c_1119886747.htm。

② 王莉:《截至 2019 年底,全国已备案博物馆达 5535 家》,金羊网,https://news.ycwb.com/2020-05/18/content_822515.htm。

③ 翁淮南:《新发展理念下的中国博物馆发展趋势探析》,《文博学刊》2020 年第 1 期。

④ 转引自杨瑾《关于全球化与博物馆再定义的几点认识》,《中国博物馆》2019 年第 2 期。

⑤ 龚良、张蕾:《博物馆高质量发展:品质、效能与评估》,《东南文化》2019 年第 2 期。

来，虽从不同角度划分博物馆类型的方法越来越多，但学科仍是划分的基础性方法。现代学科的不断新生和分化，为博物馆类型的多样化划分提供了条件和可能。有学者指出："博物馆类型的多样性是由学科的多样性造成的。"① 从这个角度出发，就为我们解决"千馆一面"问题提供了一把钥匙，即引导更多以学科分类为基础，专门型、特色型博物馆的建设。

当前，按照国际通行标准，博物馆一般被分为历史博物馆、艺术博物馆、科学博物馆、综合博物馆及其他等几大类，我国博物馆界也基本参照这几种分类方法。但我国博物馆的发展在类型上存在分布不均的情况，历史类、艺术类博物馆占主体，新建博物馆盲目追求"大而全、小而全"的现象引起普遍关注。即以近年来增长较快的科学技术类博物馆而言，据相关统计，至2015年，聚焦某一学科和领域的专业性科技馆仅占3.1%，大多数为综合型科技馆。② 据此，一些学者把目光聚焦到学科类博物馆的建设上来，即建设展示一个学科的发展史及其知识体系为主题的博物馆，因为每个学科"都有自己的发展史……都有值得尊重、专研和传播的地方"，如果不同的学科都建设有自己的博物馆，那么全国将会有很多类型的学科博物馆，博物馆的"千馆一面"现象一定会有大幅改观，还可以"为在学科发展道路上立下过汗马功劳的'学科遗产'找到它们的安身之所"。③

二　商学博物馆：从设想到现实

作为高校学科类博物馆建设的一项重要实践，上海财经大学商学博物馆的建设既有深厚的历史逻辑，又有对博物馆特别是高校博物馆特色化发展的深刻体悟。

从历史逻辑上来看。商学作为一门学科被引入中国，距今不过百余年。作为中国历史上创办最早的商科大学，上海财经大学的104年办学历史，以一校之史的例证，充分展现了中国高等商学教育从创立、成长到高

① 宋向光：《博物馆类型研究的意义与启迪》，《中国博物馆》2019年第2期。

② 熊思景：《中美科技类博物馆类型与区域分布比较研究》，《科协论坛》2018年第2期。

③ 麻赛萍：《考古博物馆的新尝试——兼谈学科知识普及与学科博物馆的建立》，《博物馆研究》2010年第1期。

质量发展的百年历程，充分体现了中国高等商学教育始终与国家和民族同呼吸、共命运的办学特点和始终致力于经世济国、引领社会的办学宗旨。因此，上海财经大学的百年办学历史，实质上也是一部浓缩的百年中国商学教育发展史，是近代中国高等商学教育曲折发展的一面镜子。基于这样一种认知，上海财经大学在“筹建中国商学博物馆建议方案”中提出，筹建商学博物馆“与我校的历史、学科特点和在国内高等商学教育的地位相匹配”。① 在2017年商学博物馆开馆仪式上，时任上海财经大学党委书记丛树海指出，建设商学博物馆是“基于深层次的高度文化自觉”。②

从现实逻辑上来看。在筹建商学博物馆的建议方案中，学校指出：“目前，国内未见有商学博物馆，也鲜有以学科为主题的博物馆，可较好地做出自己的特色。”因此，从建馆方向上，学校力避“千馆一面”，注重特色化建馆。同时，建设商学博物馆也有充分的条件支撑：“经济学、管理学为我校优势学科，学校还设有经济史、经济思想史专业以及兼有商学院、高等教育研究所等单位，有学科和相关专业的支撑。”商学博物馆的定位是：“通过展现中国高等商学教育历史、研究高等商学教育经验、探讨高等商学教育发展，为国家、为社会承担起培育商学人才、发展商科科学、服务经济社会、传承创新中国商业文化的历史责任，并以此加强我校通识教育基地建设、丰富我校校园文化、促进我校学科发展，巩固我校在中国高等商学教育中的领先地位。”③

上海财经大学商学博物馆从2013年年底开始正式筹建，至2017年9月建成并开馆，历时近四年。商学博物馆的建设得到国家税务总局、上海市文物局、上海市教委等各级政府部门的大力支持，并得到中国工商银行、中国银行、有关国家驻沪领事馆等单位的大力协助。2014年，原中共中央政治局常委、国务院副总理李岚清来校视察时欣然为“商学博物馆”题写了馆名。2017年9月17日，学校隆重举行了开馆仪式，商学博物馆面向校内外正式开放，新华社、文汇报、上海电视台、人民网、东方网、中青在线等媒体纷纷予以关注和报道。

---

① 《上海财经大学筹建中国商学博物馆建议方案》，上海财经大学档案馆馆藏档案。

② 丛树海：《在校史馆、商学博物馆开馆仪式上的致辞》，《财经高教研究》2017年第4期。

③ 《上海财经大学筹建中国商学博物馆建议方案》，上海财经大学档案馆馆藏档案。

三　商学博物馆文化传承与文化育人工作的探索与创新

商学博物馆的开馆受到校内师生和社会各界的广泛欢迎，截至2020年年底，商学博物馆累计接待近5.1万人次参观，参观者包括国家领导人和教育部、上海市等各级领导，各有关政府部门，各有关高校、企事业单位、国外嘉宾、社区居民、中小学生、各大媒体以及广大师生、校友等，得到了广泛赞誉，文化服务作用和辐射影响力不断提升，已成为学校的一张重要文化名片。在做好参观开放工作的同时，商学博物馆依托展馆平台和馆藏资源优势，充分发挥学科类博物馆的学科特色和优势，紧密围绕学校学科建设、财经特色高层次人才培养和服务社会公众财经素养的提升等方面，创新开展了一系列文化传播和文化育人工作。

（一）全力支撑学科建设与发展

商学博物馆的五个常设展馆与学校的主干学科紧密相关：中国高等商学教育馆反映我国商学学科发展的总体历史脉络和主要成就，同时也突出了学校在中国高等商学教育发展中的历史贡献和重要地位；其余四个专题馆均与学校现有的3个国家重点学科紧密对应——保险馆、货币馆对应金融学，税票馆对应财政学，算具馆对应会计学。这些展馆成为了解学校学科特色和建设成就的重要窗口，在各学科的对外交流活动中发挥了重要展示平台的作用，诸多校外专家、学者以及高校、企事业单位等，通过参观商学博物馆对学校学科面貌有了更加直观和全面的认识。除了展示平台外，在学科建设发展的日常工作中，商学博物馆也全力参与并发挥积极作用，如参与相关专业课程的课堂教学（详见后文），参与招生工作，参与各类培训活动，参与学科申报、评估和验收等。在某轮学科评估的申报中，商学博物馆被作为学校某学科的特色案例纳入申报材料中，成为该学科建设特色和成绩的亮点内容之一。

（二）创新开展文化育人活动

一是举办系列专题展览。依托500平方米临展馆平台，按照“引优办特”的方针举办专题展览。“引优”即根据思想政治教育、美育等人才培养工作需求，引进校外优质展览，以加强价值引领、开阔学生视野、涵育人文素养。先后引进的展览有“敦煌壁画高校公益巡展”“伟大开端——中国共产党创建史专题展”“星火初燃——共产党早期组织与中国共产党的创建专题展”等；“办特”即依托本馆特色藏品资源，结合学校重大活动或中心工作需求，自主策划举办相关专题展览。先后举办的专题展览有“票证生活特展”“扎根中国放眼世界——上海财经大学国际化办学之路专题展”“跃然纸上——馆藏纸质文物特展”等。

二是举办“育衡讲坛”。邀请博物馆或文博领域专家，为广大学生做文物鉴赏、考古发现、历史人文等方面的专题讲座，截至 2020 年年底已举办 15 期，应邀作报告的嘉宾包括上海博物馆杨志刚馆长、中共一大会址纪念馆原馆长张黎明、上海历史博物馆胡江馆长、上海交通大学钱学森图书馆钱永刚馆长、中国钱币博物馆周卫荣馆长、上海四行仓库抗战纪念馆马幼炯馆长等。

三是组织丰富多彩的文化育人活动。创新文化传播形式，组织开展了云展播、云课堂、有奖知识闯关、微视频、讲解比赛等灵活多样、形式丰富、温馨贴切的文化育人活动形式，受到校内外观众的欢迎，其中 2020 年国际博物馆日“云展播”系列活动，吸引逾 11 万人次的观众线上观看。

（三）积极融入课堂教育体系

商学博物馆从建馆之初即被赋予融入学校“三全育人”体系的定位。近年来，随着学校贯彻“三全育人”方针的不断深入，将档案校史文博资源融入思想政治教育和通识教育体系成为学校重要工作要求和工作内容之一。为此，近年来商学博物馆与学校有关学院合作，将课堂教学搬到博物馆展厅，持续开展了一系列展教结合情景式教学。这类教学活动主要包括两种类型：一是在常设展厅开展专业课体验式教学。依托保险馆、税票馆、货币馆等专题展馆，与金融学院、公管学院、商学院的有关专业课程合作，由博物馆老师为《货币银行学》《金融市场与金融机构》《保险学》《税收学》等课程的学生讲授了一堂堂生动的体验式课程。二是在临展馆围绕特展开展现场教学。充分利用“星火初燃”专题展的思想政治教育作用，与马克思主义学院深度携手，将《中国近代史纲要》《中国马克思主义与当代》《经济中国》等课程搬到博物馆，采取在报告厅集中授课和参观展览情景教学相结合的方式，将课程内容完全融合于展览的时空线，实现了观展与教学的无缝衔接。围绕该展览共计完成了 12 个批次、近 1700 名学生的现场教学活动。

（四）着力打造财经知识科普基地

商学博物馆鲜明的展陈主题、丰富的财经科普资源，为国民财经知识的科学普及，特别是服务广大青少年的财经素养提升工作提供了独特的资源条件和平台载体。开馆以来，商学博物馆与杨浦区教育局、少年宫以及有关中小学等单位合作，使博物馆成为中小学校“少儿金融理财课程”的课外探究场所、“中学生财经素养公益夏令营”的教学课堂、“圆梦夏令营”中小学生行走研学主题活动的体验地点、“小小博物馆讲解员”生涯体验的案例活动场所等。同时，探索机制创新，与杨浦区翔殷路小学进行馆校共建，成为翔殷路小学财经素养教育的课外实践基地；与上海财经大学附属中学联合开展“财经素养教育的理论和实践问题”相关研讨交流等。商学博物馆丰富的财经科普资源和已有工作成效，得到了中国财经素养教育协同创新中心的关注和充分肯定。2018 年 12 月，博物馆作为首家资源型基地被列入中国财经素养教育协同创新中心实验基地，在全国层面上积极为财经素养教育的推广、普及和人才培养服务。

（五）努力提供公众文化服务

围绕社会公众对高水平文化生活的需求和终身学习的需要，结合上海作为经济中心、金融中心和社会主义文化大都市的发展定位，充分发挥博物馆的财经特色和区位特点，“走出去”和“引进来”相结合，不断提高公共文化服务的层次和水平。截至 2020 年年底，在接待参观的 5.1 万人次中，校外社会公众参观 2.9 万人次，占比 57%；接待校外团体 607 批次，占总团体批次的 54%。与杨浦区有关部门、五角场街道以及各社区紧密协作，走进杨浦科技节，开展财经知识科普展示，并组织了一系列诸如社区居民亲子活动、老年协会社团活动等参观学习活动。商学博物馆被作为杨浦区文明办“人文行走”项目上海财经大学站的重要体验场所之一，并被纳入杨浦区建筑可阅读项目。商学博物馆丰富的红色文化资源，为开展爱国主义教育、革命传统教育和党史学习教育提供了宝贵的资源条件。一些校外企事业单位纷纷来馆开展支部党员学习教育活动，不少单位还将商学博物馆作为员工教育培训基地。

（六）深入开展商学文化研究与交流

馆藏丰富的藏品资源是讲好商学故事、红色故事和中国故事的宝贵文化资源。为了更好地让历史说话、让文物发声，商学博物馆持续深入地开展了一系列研究工作并推出了相关阶段性成果。一是出版“育衡丛书”。2019 年 5 月出版《馆藏集萃·保险卷》，该书出版后《新民晚报》、央广网等媒体纷纷作了报道[①]，有专家认为该成果的出版填补了中国保险史研究领域的空白，为研究中国保险的发展提供了丰富而宝贵的信息。旨在全面展示馆藏钱币特色，弘扬和传承中国优秀货币文化的《馆藏集萃·货币卷》也已基本编撰完成，即将出版。2018 年开始推出《上海财经大学博物馆馆刊》，作为商学研究成果发布和博物馆业务工作的交流平台，目前已发布三期，得到各博物馆同行和有关专家学者的充分肯定。二是成立商学文化研究中心。为了更好地开展高水平的商学文化研究、推动商学文化的传播推广以及财经素养教育的开展，学校整合校内外优势资源，于 2018 年 12 月成立了商学文化研究中心。该中心的成立，为推进中国优秀商学文化的创造性转化和创新性发展搭建了良好的平台载体。三是深入开展商学文化专题研讨。开馆至今，先后召开财经类博物馆馆长论坛、商学文化研究和传播学术研讨会、《上海财经大学博物馆馆藏集萃·保险卷》发布会、新中国财经高等教育历史传承与创新发展研讨会、全学段财经素养教育的探索与实践研讨会等一系列研讨会议，深入研讨了商学文化相关重大问题，有效提升了商学文化的传播力和影响力。

四　商学博物馆建设的样本意义和启示

从商学博物馆已经取得的建设成效看，学科类博物馆有着独特的价值意义和发展空间，适应了教育和文化发展的相关需求。因此，作为学科类

---

① 《沪上高校博物馆发行〈馆藏集萃·保险卷〉揭秘“包罗万象”的近代中国保险文化》，央广网，http://www.cnr.cn/shanghai/tt/20190517/t20190517_524616823.shtml；易蓉：《讲述中国保险业变迁历程中的上海故事！〈上海财经大学博物馆馆藏集萃·保险卷〉发行》，《新民晚报》2019 年 5 月 17 日。

博物馆建设的尝试，商学博物馆对我国当今博物馆的建设与发展具有很好的样本意义，在一定程度上发挥了引领作用。具体就大学而言，学科类博物馆建设的样本意义则更加具有针对性和借鉴价值。

（一）在价值定位上，能够充分体现大学的文化特色

每一所大学都有着自己独特的文化特质。大学的文化传统不是一朝一夕形成的，而是一代代师生共同创造、点滴积累和逐步凝练的，体现着长久的历史积淀和深厚的历史底蕴。学科是大学的基本组成单元，是大学办学和发展的核心，学科发展史是大学办学史的重要组成部分，学科的文化特质体现着大学的文化个性。特别是与大学办学历史相生相伴，与大学建设发展同行共进，体现大学办学水平与特色的那些主干学科，更是大学文化的具体承载和体现者。如果某一学科的发展史，能够体现近代以来该学科在中国的发展与变迁史，代表着该学科的发展轨迹与方向，则建设该学科的博物馆，就更能突出大学办学特色和办学传统，体现大学文化的独特个性。

（二）在展陈内容上，能够有效传承学科文脉

学科类博物馆的展陈格局，既可以根据学科发展脉络，按历史阶段以纵向时间轴的形式呈现，也可以按照学科变迁（沿革）、学科人物（师资）、人才培养、学科成果（贡献）等专题形式呈现。无论哪种形式，时间脉络与专题栏目都必须结合起来，完整体现学科的发展变迁和建设成绩，更要体现学科的办学传统、学术传承、科学精神、人物风貌等文化层面的内容。通过档案文献、图片实物、著作成果、发明创造、手稿笔记等展品的展出，配以多媒体呈现、场景复原、虚拟互动等展陈形式，把学科发展的筚路蓝缕、薪火相传，把学科人物的无私奉献、勇攀高峰，把学科宗旨的为国为民、家国情怀等科学精神和人文精神充分展现出来。如能以一校学科之脉络，体现一国（我国）学科发展之历史，则该学科博物馆更具有文化传承意义。

（三）在职责发挥上，能够更好地与大学的人才培养相结合

高校博物馆区别于社会博物馆的一个根本性特征，就在于它是与高校的人才培养职能紧密结合着的，在于它服务于高校立德树人的根本任务。

不同类型的高校博物馆都在不同程度地参与或影响高校的人才培养工作，学科类博物馆在这方面的优势则更加突出。学科类博物馆除了发挥文化育人作用、参与思政课程等的教学之外，还因其与学校相关学科（甚至是主流学科）的紧密联系，能够更好地参与到课程思政教学之中，为专业课程更好地发挥思想政治教育和价值引领作用提供独特的资源。更进一步地，还可以直接纳入专业课的课堂教学之中，成为课堂教学的重要组成部分，如开展相关课程的学科史、基础知识、背景知识、扩展知识等的教育。除本科生的教学之外，还可以纳入研究生的教学内容，在博物馆内围绕学科的重大问题、重要藏品和史料等做探究式、研讨式教学等。

（四）在文化服务上，能更好地发挥大学的文化辐射作用

大学是知识的集散地、思想的发源地，也是人类优秀文化成果的重要储藏库，担负向社会公众展示文化魅力，服务社会公众对美好精神生活和文化产品日益增长的需要，从而引领社会文明进步的重任。大学以学科为基本单元，以学科知识为文化辐射的主干。大学的学科类博物馆集中体现了大学的学科特点、文化传统和精神面貌，相较于其他类型博物馆，更能体现大学的文化优势和文化品质，具有鲜明的文化标识度。而与经济社会发展和社会公众文化需求较为紧密的学科博物馆，则更能契合社会各方和广大公众的需求，成为不可取代的重要文化供给来源。因此，大学科学类博物馆的文化传播可以有效提升大学的品牌知名度，促进大学文化辐射力和影响力的提升。

“一花独放不是春，百花齐放春满园。”要推动中国特色社会主义文化的繁荣兴盛，博物馆的建设和发展尚处于方兴未艾阶段。无论是从博物馆自身的健康可持续发展角度，还是从社会主义文化事业繁荣发展的角度，都要求博物馆的建设和发展走高质量、多元化的道路。不同类型博物馆的“万类霜天竞自由”，才能更好地妆点此“多娇江山”。上海财经大学商学博物馆作为学科类博物馆的探索与实践，必定能够为中国博物馆事业的健康创新发展提供有价值的经验借鉴。

The Value and Practical Exploration of Subject Museums at Universities

Gao Bingbing

Abstract: Facing the phenomenon of homogeneity brought by rapid development of Chinese museum enterprise, many industry experts have put forward suggestions about the differentiated and individualized development of museums. As an attempt to explore the characteristic development of museums, the Business Museum was built by Shanghai University of Finance and Economics in 2017, which became the first real sense of subject museum in China. The construction practice in the past five years has proved that the Business Museum, as a subject museum, effectively reflects the disciplinary and cultural characteristics of university, better integrates into the fundamental tasks at universities to foster character and civic virtue, effectively promotes the inheritance and innovation of China's excellent business culture, as well as actively plays the role of public cultural radiation. The relevant experience may provide some valuable implications for important issues such as the construction of Chinese subject museums, the construction of university museums, and the establishment of a diversified development pattern of museum enterprise.

Key words: Subject; Business Museum; Practice; Value

商学博物馆实施财经素养教育的路径初探

花　苑*

摘　要：“博物馆热”令公众对当代博物馆的认知发生转变，博物馆正成为提升国民综合素质的有效教育场域。财经素养是国民综合素质的重要组成部分，近年来财经素养教育已从国家战略逐步落实到教育实践中。上海财经大学商学博物馆是目前国内首家也是唯一的商学学科主题博物馆，目前已开展诸多特色鲜明的财经素养教育活动，在实践中探索构建立体化财经素养教育课程体系。

关键词：商学博物馆；财经素养教育；立体化教育体系

当下博物馆的内涵与外延在不断地扩充，其角色已不仅限于保存人类文明遗存和展示艺术工艺杰作，博物馆中的展览与文物还需要被解读与分享。博物馆因其自身特性，天然与教育关系密切。18 世纪末，法国将卢浮宫变为共和国艺术博物馆向社会开放是博物馆社会化的里程碑式变革，自此博物馆的社会属性与教育职能被广泛认知。尤其是 20 世纪以后，社会公众对博物馆的需求与日俱增，这些需求绝大多数与学习教育相关，因而当代博物馆无疑是社会公众课堂之外获取知识的重要场所。在多年的尝试与探索下，博物馆借鉴教育学的观念与要素，树立明确的差异化教育目标，根据特色教育内容，并运用适当方法实施博物馆活动，在社会教育方面获得了普遍的认可。可以说，博物馆因其自身属性与特征，具有强大的文化感染力与穿透力，同时在教育的广度与深度上存在多元探索的可能

* 作者简介：花苑（1990—　），女，上海财经大学商学博物馆展教部馆员。

性，因此，在培育国民的知识、文化、传统、观念和态度等方面具有极强的优势与深远的作用。

一　博物馆是终身素养教育的重要阵地

素养是通过环境影响与教育训练所获得的内在的、能够稳定存在并发挥影响力的身心特征与基本品质。公众对社会、对世界的探索需求在提升，促进了中国当代教育对国民的国家意识、文化认同、公民人格等素养属性的培育与提高，进而能够推进创新人才的孵化与国家竞争力的提升。素养教育可以说是一种终身教育，它所包含的内容与占据的时间跨度都远远超出学校教育范围。博物馆是一个为社会及其发展服务的、面向公众开放的非营利性常设机构，为教育、研究、欣赏的目的征集、保护、研究、传播并展出人类及人类环境的物质及非物质遗产。① 博物馆不仅是保存中心，也是文化中心、教育中心和学术中心，作为公共文化机构，博物馆是一部立体的“百科全书”、实物“图书馆”。而教育作为其核心功能，内容广博、形式多样、效果显著，在其完成社会责任、履行教育使命、提升公众素质的不断发展的过程中，呈现独特的优势和丰富的特色。

博物馆教育是终身素养教育的途径与抓手。各博物馆中关于属地文化、行业沿革、自然科学、人文历史、艺术美学等各类文物与展览，为社会公众提供知识、观念、素养、道德、伦理、情怀的传播与影响。博物馆教育则是通过整合博物馆资源，激发观众批判性的独立思考、时刻的自知自觉、终身自我学习的能力，融知识传递、能力提升、价值观培育于一体。

博物馆是大教育格局中不可或缺的重要组成部分。一方面，它建立在可感知的物质文化基础上，博物馆展览中的文物、展厅环境等元素均蕴含着不可估量的文化潜力与感染力；另一方面，博物馆教育具有终身性和无限性的优势，可以真正形成互动交换最频繁、最持久的“社会课堂”。

日前，教育部、国家文物局联合印发《关于利用博物馆资源开展中小学教育教学的意见》，对中小学利用博物馆资源开展教育教学提出明确

① 中国博物馆文物局、中国博物馆协会编：《博物馆法规文件选编》，科学出版社 2010 年版，第 133—142 页。

指导意见，进一步健全博物馆与中小学校合作机制，促进博物馆资源融入教育体系，提升中小学生利用博物馆学习效果。由此可见，从国家层面已主动推进博物馆教育与国民教育深度结合，发挥其重要的素养教育作用。

二 财经素养是国民素质的重要组成部分

财经素养一般涉及个体理解、管理和计划自己及其家庭的财经事务的方法方式与观念态度，它既是一种把知识和技能运营到处理金钱、财富或资源的能力，也是个体在多种情境下提出、解决并解释相关问题时能够进行分析、推理及有效沟通的能力。财经素养教育是国民综合素质提升的需求，也是国家经济稳定发展的需求。数据表明，发达国家与新兴经济体的成年人如果接受过财经素养教育，那么相应地，相比其他人他们更有可能为退休进行储蓄或规划。财经教育及其结果之间存在一种直接的因果关系；它暗示着财经素养水平的持续提高可以带来积极的行为变化。① 财经素养的养成能够令公众正确认知、处理并管理财经事务活动，既可以提升国民对经济整合的基本品质，又能够提高国民经济的安全程度。财经素养既关乎国民发展的活动轨迹，又关涉到国家整体安全发展的问题，因而开展财经素养教育既是个体发展需求，也是国家战略需求。

早在2002年，经济合作与发展组织就发起了关于财经素养教育的项目及相关活动，而一些发达国家也将财经素养教育放在重要的战略位置。普遍做法如下：一方面是自上而下由国家、学校等制定财经素养教育的战略与方案，另一方面则是在政府部门主导下整合多方力量联手推动财经素养教育国家战略。一些国家（地区）和组织先后发布并不断完善、修订财经素养教育标准，以规范和提高财经素养教育质量。美国等发达国家均从国家、社会、学校、其他机构等多层级、多维度推动财经素养教育的部署与实践。截至2014年，已经有45个不同收入水平的国家准备设计或实施国家层面的财经教育。② 改革开放之后，中国经济飞速发展，为应对日

① 朱莉娅·萨斯鲁宾：《助力低收入社群》，纽约：罗素圣人基金会2007年版，第72—94页。

② 国际学生评估项目中国上海项目组：《质量与公平：上海2012年国际学生评估项目（PISA）研究报告》，上海教育出版社2016年版，第214页。

益增长的财经人才的需求，以及激发社会经济发展的未来潜力，需要运用多种教育方式来提高国民财经素养的水平。但在我国从学术和教育层面真正关注财经素养教育起始于2012年，特别是2015年年末国务院印发的《推进普惠金融发展规划（2016—2020年）》指出，要建立金融知识教育发展长效机制，推动部分大中小学积极开展金融知识普及教育，鼓励有条件的高校开设金融基础知识相关公共课。当前我国财经素养教育仍然处于起步阶段，相关理论研究与实践活动正逐步推进。

“互联网+”时代，大量信息充斥着人们的生活，大学生身陷网贷困境、中小学生在游戏中无限充值耗尽家产等事件屡见不鲜，甚至不少成年人落入“理财陷阱”，可以说和当下教育过程中财经素养缺失有很大关系，因此，在各学龄段和终身教育中财经素养亟待被纳入并付诸实践。党的第十九届五中全会审议通过的《中共中央关于制定国民经济和社会发展第十四个五年规划和二〇三五年远景目标的建议》中，明确了我国“十四五”时期和2035年经济社会发展的远景目标，为我国制定教育领域中长期规划提供了基本遵循，明确提出建设高质量教育体系，到2035年建成教育强国。其中，明确提出“增强学生文明素养、社会责任意识、实践本领”等素质教育的要求，以劳动为起点，以德育为目标指向的财经教育在为培养社会主义的建设者和接班人的教育内容中应占据一席之地。财经素养并非是指国民在财经学科上的储备，而是一种融合财经知识、理财技能、财富观念与人生信念等的综合性品质，它是个体应对经济生活的能力基础，也是影响其在社会中的担当与责任的精神源泉。在当代中国，集劳动、生活、知识、思想、情感与心理教育于大成的财经素养，是人们在生活中的必备素养之一。

三　商学博物馆的财经素养教育实践

财经素养教育不是单一的，仅针对经济事实的教育，它有独特的内涵特征、有限功能和实施路径。通过财经素养教育，促使参与者能够认识到个体与生活的关系，尤其是与经济生活的关系，进而在个人规划、参与社会发展等方面有更多维度或更立体的认知；同时财经素养教育的内容决定其不是单一化传统式“课本教育”，而是需在文化场馆和活动方式中衍生变化，而这与博物馆教育的属性特征、知识传播路径，以及博物馆所发挥的社会教育需求高度契合，在博物馆中开展财经素养教育活动极具教育价值指向。

商学博物馆是上海财经大学为庆祝学校百年华诞所筹建的重大文化工程之一，是目前国内首家也是唯一一家以商学为主题的大学博物馆。商学博物馆以全景式呈现中国高等商学教育百余年沿革与发展的中国高等商学教育馆为主展馆，辅以保险、税票、货币、算具四个历史叙事式与百科全书式结合的主题展馆，加之随社会文化、时政热点变换主题的临展馆，形成展览群落的聚合格局，用以作为财经素养教育内容的来源；同时，博物馆参考和使用中国财经素养教育协同创新中心组研制的《中国财经素养教育标准框架》，用以作为财经素养教育目标的依据与导向（详见图1），两者结合构成商学博物馆财经素养教育实践的规划基准。

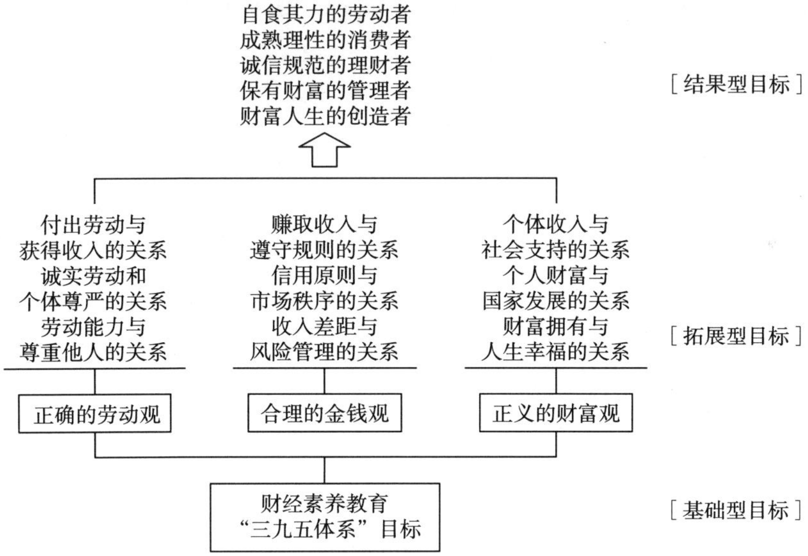

图1　财经素养教育“三九五体系”目标①

① 张男星、岳昌君：《〈中国财经素养教育标准框架〉解读》，科学出版社2019年版，总序第vii页。

（一）细分化制定教育路径

博物馆场馆教育不同于课堂教育，它需要迎合多样化的学习需求，教育效果也会受教育对象、即时环境与实时互动等因素的影响。商学博物馆可发挥场域空间与文物资源的独特性，贯穿“文物+”的理念，根据教育效果的三个影响因子：教育对象、即时环境与实时互动，细分各学龄段财经素养教育路径。

1. 教育对象

教育对象的先前经验、教育背景、知识储备，以及博物馆预设内容或在博物馆偶发的包括智力、情感、身体的动机和期望均会影响到博物馆教育效果。商学博物馆在财经素养教育上首先遵循实施对象学龄段认知水平与学习方式的规律，同时深入挖掘各主题展厅的适应性知识点与学习要素（详见图2），分众化制定财经素养教育目标（详见表1）。

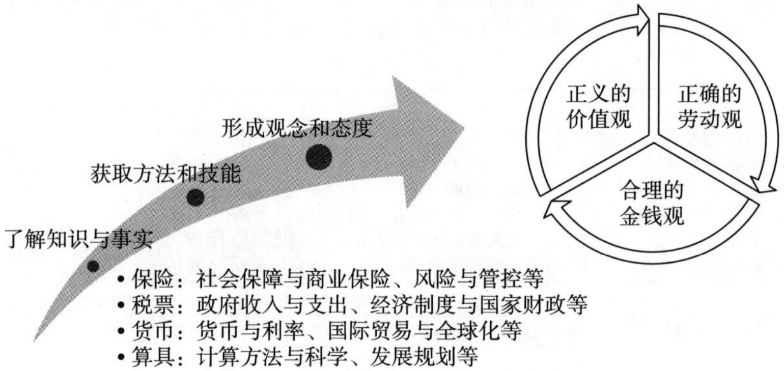

图2　以展厅学习为路径的财经素养教育目标

比如，面对低龄学段的教育对象，遴选物化性强的货币馆、算具馆作为知识的感知媒介，以观察、识读为方法，传递基础观念；面对具有一定认知基础和学习能力的初中与高中生，则是递进式地在多展厅中学习以扩充知识容量，问题式激发其探究好奇心，建立课堂内外知识的连接点；面对大学生与广泛的学习者，博物馆则是资源性满足其自发性、个性化的学习需求。

表1　　学龄分众化素养教育目标与空间规划

教育对象	素养目标	实施展馆
小学生	【知识】了解货币形式演变 【能力】识别货币形状；读取货币信息 【观念】理解劳动与收入的关系	货币馆 （算具馆）
初中生	【知识】保险、财政、货币基础概念； 经济活动和学科发展的知识 【能力】信息收集和分析方法获得 【观念】认可个人成长的成本投资	货币馆 税票馆 保险馆
高中生	【知识】文物基本信息； 生产要素、收入分配、国家财政、国际货币制度、风险与收益等财经基本概念 【能力】观察现象、分析现象与理解本质； 资料收集、研读、分析 【观念】建立正向劳动观、金钱观、价值观	商学馆 保险馆 税票馆 货币馆 算具馆
大学生	【知识】文物文献中基础知识与背景信息； 专业学科的沿革史实 【能力】以物为证，分析论证史实与发展前景 【观念】提高自身专业素养增加个人竞争力	根据专业学科需要选择展馆
社会公众 （不含在校学生）	【知识】科普商学学科、中国保险业态、税票种类面貌、中外货币发展、中西方计算器具等知识 【能力】自主学习理解 【观念】形成对财经学科、经济生活、社会发展的立体认识	根据知识需要选择展馆

2. 教育即时环境

教育即时环境是指教育对象在学习过程中实时所处环境。在博物馆中精美的展览陈设、珍贵的文物展品布置、新颖的学习空间布局甚至是线上“云展厅”等均是促进博物馆教育效果的环境因素。商学博物馆在教育活动的策划与实施上遵循博物馆教育的一般规律，尽可能完整地布置“展馆前—中—后”博物馆教育场景，根据不同学龄的素养培育目标，阶段化拆分教育内容适配不同的教育环境，在课堂学习阶段与展厅学习阶段均设置课时，并将重点落在展厅环境中“发现—梳理—理解—吸收—运用”

的步骤途径，发挥博物馆教育的空间优势与资源优势，在不同的教育即时环境设置差异化教育任务与课时（见表2）。

表2　各学龄段财经素养教育学时与任务规划

教育对象	预计学时（1学时=40分钟）	任务目标
小学生	【展馆】现场课1课时 【学校】评估课1课时	完成预设展厅学习任务单
初中生	【展馆】现场课1课时 【学校】先导课1课时 评估课1课时	完成先导课布置的信息收集要求； 完成自我文字或口头的观感陈述
高中生	【展馆】现场课3—4课时 （多次分时） 【学校】先导课1—2课时 评估课1课时	理解先导课内容，自主提出/选择探索问题； 完成主题信息的收集、分析与研究； 完成较为完整的思考或陈述
大学生	【展馆】现场课3—4课时 【学校】根据课程/活动安排	课程/活动需求设置
社会公众 （不含在校学生）	根据需求安排	自我需求设置

3. 教育实时互动

教育实时互动可以分为任务导向与自我导向（需求导向），博物馆中预设的体验活动、专题课程、主题讲座、工作坊等均是不同形式的实时互动形式，而这些互动体验也极大地影响了教育效果。

各学龄段教育对象的互动目标与方法不同（见表3）。在基础教育阶段中，任务导向的互动实施是商学博物馆主要的教育实践。与小学生的互动方式主要使用任务单引导，在与初中生与高中生的实时互动中则采用了问题引导的方式，由于基础教育阶段的目标对象的知识储备量普遍较少，因而均设置了校内先导课，以达到提高展厅学习教育效果。一般以结合学校相关基础课如历史、政治、地理等，或者兴趣课、社团活动，将博物馆财经素养教育纳入原有课程或活动安排，从而将财经素养渗透进入基础教育中，也进一步激发其内生的意识需求，特别在高中教育阶段设置了专题探究的进阶学习方式，以馆藏文物为核心切入点，感知具象的物化载体，了解抽象的概念知识，理解事物之间的逻辑与联系，为后续博物馆教育中的自主式学习铺垫，也为高等教育与社会教育的持续作用夯实了基础。

高等教育与社会教育中个体差异大，且教育对象有一定知识素养基础，自主能动性强，博物馆则是发挥了资源“智库”的平台效用。通常以财经专业课程、公修通识课程、假期社会实践的途径，将财经素养内容纳入资源统筹范围，旨在提升当代大学生的竞争力；社会教育阶段则是更为自主式的教育实践，一般是利用博物馆现有的专题讲解服务为抓手，以知识科普为目标，意图建立全面的财经素养学习概念与意识。

表 3　各学龄教育互动目标与方法

教育对象	互动实施	互动方法
小学生	任务导向	完成展厅学习任务单
初中生		学习先导课程内容； 完成展厅学习任务单
高中生	任务导向 激发自我导向	学习先导课程内容； 进行展厅探索主题； 搜索相关文献资料
大学生	自我导向	聆听展厅专题讲解； 探究相关学术研究资料； 参加博物馆教育活动
社会公众 （不含在校学生）	自我导向 （需求导向）	聆听展厅专题导览； 查询馆方公开的研究资料； 参加博物馆教育活动

（二）多元化构建实践项目

商学博物馆联动课堂内外开展科研训练与育人实践活动，以文化热点为实践契机，依托商学博物馆文物资源与教育空间，从资源性与主体性两个维度开展多元财经素养实践项目。

1. 资源性实践项目

（1）馆藏文物资源深入“第一课堂”。商学博物馆基于丰富的文物馆藏，策划举办《凭票生活——中国计划经济票证特展》《跃然纸上——馆藏纸质文物特展》《枪杆子与钱袋子——馆藏红色票据专题展》等财经相关主题展览，以及以馆藏和相关文物为基点的“育衡讲坛”系列讲座，均是深入“第一课堂”，丰富财经素养教育的有效资源。展厅中的人物故事、商学书籍、保险单据、税收凭证、中外货币等珍贵文物与厚重历史为校内财经专业课程提供了极其鲜活的教学素材，如《货币银行学》《金融市场与金融机构》《保险学》等财经类本硕课程在博物馆展厅中的情景教学获得了极高的学生评价。又如，上海财经大学附属中学将馆藏计划经济票证作为政治、地理、历史课程的教学素材，以微视频的形式串联知识点，提升学生对财经知识的认知与理解。

（2）融媒体资源拓展“第三课堂”。博物馆融合馆藏资源与多媒体技术，利用“互联网+”轻体量、辐射广的优势，通过网站、公众号的专题与专栏渠道平台，以线上推文、有声读物、微视频、云展览等形式，搭建多维融媒体矩阵，让融媒体资源“润物细无声”地走入学生生活，将财经素养教育入心入脑。

2. 主体性实践项目

（1）开展博物馆项目化学习。项目化学习是指教育教学团队在学校活动领域、学科领域和跨学科领域，设计真实、富有挑战性的问题，引导和指导学生在一段时间内持续探究，尝试创造性地解决问题，形成相关项目成果。一方面商学博物馆根据校内专业课程需要、寒暑假校内外夏令营或是主题研学的需要，开展科普财经素养的主题式活动或专题训练营；另一方面尝试开创定制式的学习项目。商学博物馆为上海财经大学附属中学定制《票·时代》项目，以计划经济时代的票证文物为学习材料，由学生参与策划校园微展览、制作微视频等步骤，在完成项目任务过程中了解事实、学习知识、掌握技能，最终在财经素养上有所收获与提升。

（2）培育讲解员团队。博物馆讲解本身也是一项融知识、能力、素质为一体的教育活动。“育衡宣讲队”是博物馆培育的志愿讲解队伍，以在校大学生为主。学生在参与讲解的过程中不仅能够在知识层面育己育人，同时在参与队伍管理运营的过程中将课堂所学习到的企业管理、人力资源管理、财务会计等相关专业知识实践应用，在能力和素养上也得到了全面的提高。

（3）孵化社会实践和课题探究项目。博物馆以指导大学生参加“知行杯”“挑战杯”等社会实践大赛，或设立高中生从探究性学习课题为契机，引导其从文物历史中关照当下、展望未来，培养学生的科研能力，推动学生的学术训练产生创造性转化、创新性发展，全面提升财经素养。

四 商学博物馆开展财经素养教育展望

商学博物馆始终以传播优秀商学文化为使命，坚定发挥财经素养教育的育人功能，实现教育资源最有效、最大化服务财经教育目标。一方面，博物馆将秉持分众化教育理念细分教育对象，教育内容和方式手段在适配各学龄段学生的学习任务与需求的基础上，进一步提升财经素养贯通式培育，构建全龄段多维度财经素养育人体系；另一方面，以素养教育评估作为提升博物馆内涵的驱动力，促使博物馆形成良性循环，扩大博物馆在财经素养教育方面的辐射能级。

（一）构建全龄段多维度财经素养育人体系

对教育对象而言，商学博物馆立足大学，将逐层深入辐射各学龄段与社会公众，通过丰富的育人形式与文化终端产品，分众化的教育内容与教育手段，实现年龄全覆盖的贯通式财经素养教育体系，成为全社会财经素养终身学习场所。

1. 基于小学各年级认知水平，开设财经素养启蒙实践活动

在小学教育阶段，以商学博物馆为载体的财经素养教育目标主要是对货币价值体系有具象认识、对社会主要经济活动有基础了解，知晓劳动、财富、社会等抽象概念。以图形识别、文字释读的学习方式，以故事、任务单作为观念输入的载体，以单次活动的形式，激发目标对象的兴趣，并对学生的财经素养意识进行启蒙教育。

2. 基于初中各年级学科课程，开设“博物馆 + 财经素养”课堂

在初中教育阶段，商学博物馆的财经素养教育目标则是使学生对财经学科形成概念雏形，能够理解当代社会经济活动的表现形式，尝试锻炼独立思考的能力，尤其是对个人成长规划中资源投资等财经素养观念的养成，希望形成初步的劳动观、金钱观与价值观。在项目形式上，则选择融入学校的特色教学中，落脚于“博物馆 +”的跨学科模式创建特色单元课程，每学年内适当安排学时，纳入初中课程规划中。

3. 基于高中各年级探究性学习任务，开设财经素养培育课程与探究课题

高中教育是高等教育的准备阶段，是目标对象形成稳定、长久、正向

观念的重要时期。因而，该阶段的财经素养教育目标是使其清晰地知晓收入与消费、储蓄与投资、风险与保险、制度与环境维度内包含的知识与事实，能够正确理解并认知个人与集体、与社会、与国家之间的关系。商学博物馆将“高中综合素质评价”作为教育参考指向，通过结合地理、历史、政治等相关学科课程，或单独开设一学期制的特色课程，以设立并辅导社会实践项目的探究性课题报告为抓手，传递多维度的财经素养知识，锻炼学生的自主学习能力，进而能够形成成熟的劳动观、金钱观与价值观，全面提升财经素养。

4. 基于大学生学习能力与专业属性，差异化开设财经素养课程

由于高等教育中目标对象专业差异大，因而在教育目标与载体上也需要差异化设定。对于非财经专业群体，商学博物馆的教育目标在于财经素养的基本养成。计划将在大学公修课中增设以“文物×财经”的通识课，旨在非财经专业的大学生以解读文物为途径，了解社会经济的概念与基本原理，准确理解财富与人生的关系，贯彻社会主义核心价值观；而对于财经专业学生群体，目标在于夯实专业技能的基础上进阶提升财经素养，增强财经专业核心竞争力。计划结合专业课教学，或设置独立研究课题，以强化学科专业涵养、锻炼学术与批判性思维能力为指向，同时开设专项研究计划，以加强财经素养研习的深度与广度。

5. 基于金融行业的职业发展要求，开设提升财经素养的职业培训

博物馆是社会教育的场域，对于已进入金融行业的目标对象，商学博物馆规划利用博物馆教育的物质感知与浸润性环境特色优势，对其身处行业、相关社会环境建立更深入全面的认识。因而在方式方法上，商学博物馆侧重利用文物资源、教育人力资源，开设提升型职业培训，旨在提高专业素养的同时拓宽视野。

6. 基于市民的知识科普需求，举办专题展和文化沙龙

市民观众虽然也是社会教育的目标对象，但基于教育背景与目标需求的不同，博物馆也将因人制宜地开设适合科普性的财经教育活动，结合博物馆教育的多种形式，商学博物馆将实施专题展览、开设主题讲座、举办文化沙龙等，以增强财经素养教育的辐射面为目标，传递信息、传播知识与观念，以促进财经素养的全民化认识。

（二）以“评”促“育”，形成财经素养教育与博物馆学习良性循环

教育评价事关教育发展方向，有什么样的评价指挥棒，就有什么样的办学导向。① 商学博物馆不应该一味地单向实施教育活动，而是应该更加重视教育评估对财经素养教育效果的深化与提升。商学博物馆将以《中国财经素养教育标准框架》为参考，以博物馆基本陈列与临时展览、馆藏文物内涵为核心内容，建设符合博物馆学习规律的财经素养教育评价标准。博物馆将从评价中获取目标对象对于博物馆学习、财经素养教育的满意度与达标度，动态调整博物馆教育形式与内容，保证教育活动契合时代精神，培养社会主义建设者和接班人，提高广大社会民众的财经素养；同时，利用有效的定性、定量评估来衡量博物馆的运营水平，由评估结果出发发现博物馆运营、育人实践中存在的问题，总结宝贵经验与对策建议。在评价结果中不断修正，博物馆可结合自身特点最大限度发挥优势，树立良好的文化品牌形象，吸引各级政府、社会各界对博物馆前景与财经素养教育发展的关注。最后，学校和其他参与主体应加大支持和投入力度，推进博物馆持续稳定的运营，促进商学博物馆发挥自身财经素养教育特色与效用，最终形成博物馆教育与财经素养教育良性循环发展。

Preliminary Study on the Path of Implementing Financial Literacy Education in the Business of Museum

Hua Yuan

Abstract: “Museum fever” has changed public perception of museums; and there is an increasing recognition that museums as educational fields play significant role on improve national comprehensive literacy. Financial literacy is an important component of national comprehensive

① 中共中央、国务院：《深化新时代教育评价改革总体方案》，教育部官网，http：//www.moe.gov.cn/jyb_xxgk/moe_1777/moe_1778/202010/t20201013_494381.html。

literacy; and financial literacy education has been gradually implemented from national strategy into educational practice. The Museum of Business at SUFE is the first and only business – themed university museum in China at present, which has put activities of financial literacy education into operation in full play of its professional attributes and contributed to construct a stereo curriculum system of financial literacy education in the future.

Key words: Museum of Business; Financial Literacy Education; Stereo Curriculum System

教育评价

基于 OBE 理念的教学质量评价体系探索与实践*

朱红军　曹晓霞　曹娜宁　邹　嵩　何贤杰**

摘　要：随着高等教育改革的持续推进，教育质量、质量保障成为焦点。在此背景下，聚焦和研究教学质量评价体系，将有力地促进和推动教学质量和人才培养质量的提升。本文以上海财经大学为例，探讨了基于 OBE 理念的教学质量评价体系的构建和探索过程，关注质量数据应用于人事考核、教师能力提升、课程建设、专业发展等方面的情况，分析在教学质量评价体系改革中面临的主要问题，并结合"金课"建设、"水课"治理，对教学质量评价体系的进一步完善提出了思考和建议。

关键词：教学质量评价体系；OBE 理念；学生排序评教

一　引言

20 世纪 90 年代以来，全球教育改革聚焦教育质量，系统构建教育质量保障体系的思想和模式方兴未艾。我国政府多年来着力建设"五位一

---

*　基金项目：2020 年上海高校本科重点教改项目"基于 OBE 理念的教学质量评价体系探索与实践"（项目编号：2020120275）。

**　作者简介：朱红军（1976—　），男，安徽财经大学党委副书记、常务副校长，原上海财经大学教务处处长，教授；曹晓霞（1979—　），女，上海财经大学教务处副处长；曹娜宁（1980—　），女，上海财经大学教务处质保办主任；邹嵩（1989—　），男，上海财经大学教务处质保办科员；何贤杰（1981—　），男，上海财经大学会计学院教授。

体”评估制度和质量保障体系，推动高等教育质量更上一个新台阶，为全球高等教育的发展贡献中国方案和中国智慧。

高等教育的本质是培养人才，而课堂教学则是培养人才的最主要途径，是整个教学过程的核心环节，教学质量的优劣直接影响人才培养的质量。科学的教学质量评价体系既可以保障高校的课堂教学质量，又能产生正面导向和激励作用，是提高教学质量和人才培养质量的重要举措。

国内近些年来的教学研究和实践主要集中在教学质量评价主体、评价标准、评价模式和评价方法等方面。目前，多数高校既有的教学质量评价标准和评价模式存在一些问题：学生评教是教学质量评价体系中的重要一环，但目前大多数高校学生评教采用的是评分制或等级制（优、良、中、差），学生评教分数逐年上升，区分度不明显，导致学生评教失去监测和评价的功能；教学质量数据反馈滞后、应用不够广泛；教学质量评价未起到持续改进教学、促进教师和学校完善教学的功能和作用。

上海财经大学全面开展全校性的学生评教至今已有20余年时间，评价指标体系从最初的粗粒度“优、良、中、差”等级评价发展到当前的细粒度多元量化评价。2013年，针对之前学校本科评教结果区分度过低、反馈信息较少的情况，学校对学生评教方案进行了系统的改进和优化。经校本科教学指导委员会研究讨论通过，新学生评教方案于2013年12月开始实施。在全面落实“以本为本”，推进“四个回归”，努力建设中国特色、世界水平的一流本科教育的新时期背景下，上海财经大学基于OBE理念，结合新时代要求，持续推进和完善本科多维教学质量评价体系，从而保障和提高教学质量。

其中的理论基础成果导向教育（Outcomes - based Education，OBE）是指一种基于学习产出的教育模式。从20世纪80年代到90年代早期，OBE在美国教育界是一个十分流行的术语。美国学者斯派帝（Spady, W. D.）撰写的《基于产出的教育模式：争议与答案》一书中对此模式进行了深入研究。该书把OBE定义为“清晰地聚焦和组织教育系统，使之围绕确保学生获得在未来生活中获得实质性成功的经验”。他认为OBE实现了教育范式的转换。①

① 顾佩华等：《基于“学习产出”（OBE）的工程教育模式——汕头大学的实践与探索》，《高等工程教育研究》2014年第1期。

OBE 理念从最早在美国和澳大利亚的基础教育改革中出现，到被广泛应用于工程教育专业认证，主要包括“以产出为导向”“以学生为中心”和“持续改进”这三大基本理念。OBE 是指，教学设计和教学实施的目标是学生通过教育过程最后所取得的学习成果（Learning outcomes）。①

对教学质量评价而言，成果导向教育的“以产出为导向”“以学生为中心”和“持续改进”三大理念完全契合了教学应以学生的学习成果为导向，以学生为主体和中心，并通过教学质量数据分析和应用来持续推动教学效果的提升等诸多诉求。在这一理论基础上，上海财经大学结合学校实际情况，进行了教学质量评价体系的构建和探索，以学生排序评教为核心，综合领导评课、督导和同行评价、院部评价等作为主要评价手段和推动力量，使评价结果贴近教学现状，并可相互补充印证。在此基础上，将质量数据应用于人事考核、教师能力提升、课程建设、专业发展等，从而推动专业、课程、课堂的有效改进与建设（见图 1）。

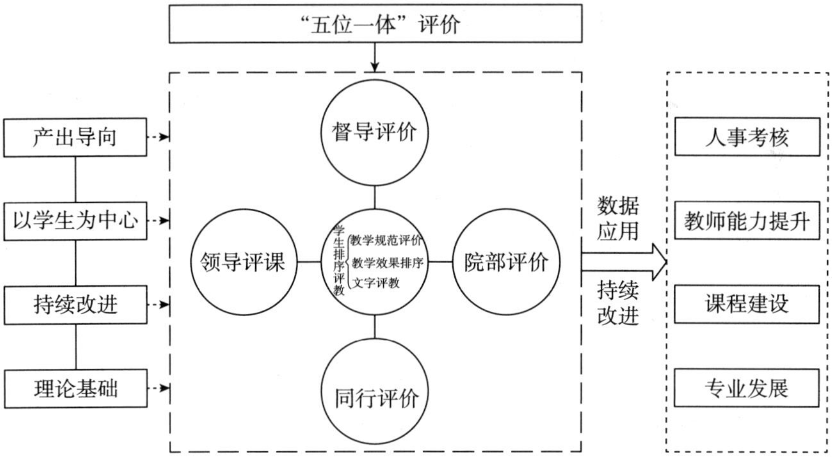

图 1　上海财经大学教学质量评价体系

---

① 李志义等：《用成果导向教育理念引导高等工程教育教学改革》，《高等工程教育研究》2014 年第 2 期。

二 基于 OBE 理念的教学质量评价体系建设思路和实践

（一） 以学生排序评教为核心，打造教学质量评价体系

以学生为中心是教学的基础。以学生为中心要求教学设计与教学实施要围绕促进学生达到学习成果来进行，要求教师提供合适的教学环境引导学生进行学习并通过科学合理的教学评价实时反映教学成效。学生评教是以学生为中心理念的体现，是多维度评价课程教学效果的关键一环，是促进教师提升教学质量的重要抓手。现行本科评教体系根据教学过程和教学效果相结合的原则，以量化反映教学过程的规范度和教学效果的区分度。学生排序评教方案分为三个模块：教学规范评价、教学效果排序和文字评教。结合新时代要求，2020 年年底，上财本科评教体系把思想政治教育贯穿人才培养体系，把课程育人作用纳入指标体系，从教学大纲与进度、知识能力素养提升、注重育人、授课内容信息量、课堂节奏、师生互动、答疑等方面考察课程教学情况。

教学规范评价模块突破了以往对教师教学“优、良、中、差”较为模糊的等级评价，将教学规范评分范围定为［1，5］，根据学生的教学规范评分，每门课程计算出一个教学规范得分，并对全校教学规范评教数据进行量化分析，可以直观地呈现全校所有课程的教学规范数据统计分布，以及各院部及全校整体的情况。教学效果排序是对全校当前学期所有课程教学效果进行的排序，即每位学生以教学效果为指标对当前学期本人修读的所有课程排名，然后对单门课程所有学生排序情况计算标准分，再根据该标准分对所有课程进行排序。通过教学效果排序可以清晰定位任一课程在全校课程中的教学效果相对位置。文字评教模块是全年开放的文字评价板块，学生可以随时对课程进行文字陈述评价，给教师教学工作提供具体的反馈建议；教师可以随时关注班级学生提出的意见和建议，了解课程教学情况，调整教学状态。

依托学校信息办开发的评教系统，学生完成评教，系统后台即可生成原始评教数据，该原始评教数据将作为评教分析的基础数据。学生评教的教学规范评分和教学效果排序，既关注横向的院部、教师教学规范和排序

比较，又关注纵向的院部、教师教学规范和排序动态变化，尤其是关注教师个体的多学期教学效果排序累计平均分，对院部、教师以及课程进行量化测度和动态观测。经过多年的运行和优化，基于该评教体系的信息系统已经稳定运行，并具有较强的适应性和更新能力，目前国内有若干高校采用上财评教体系开展学生评教工作。

（二）以领导评课、督导和同行评价、院部评价为多维视角，建设立体化教学质量评价体系

在既有听课制度和工作基础上，多部门协作，以听课系统建设为抓手，进一步完善校领导、中层干部、教学督导组、同行、院部等听评课的分类评价和数据应用。通过平台建设，将听评课数据板块化、体系化，聚焦质量提升，注重过程管理，实现听课评价向教师实时反馈，从而使数据的便捷应用成为可能。

目前，学校已经建设使用听课评价系统和手机听课端，将校领导、中层干部、教学督导组以及同行专家的听评课数据纳入其中，并进行分类统计。在系统中可以方便快捷地查看教师的课程评价数据及文字建议，以达到实时反馈的目的，从而改进教学质量。院部评价则通过学生评教系统中的教学效果院内评分板块实现，自 2019 年开始启用，当学期学生评教结束后，院部可以制定评教细则开展评分，调整本院教师教学效果院内评教分数。

近些年来，上海财经大学积极探索本科教学质量评价体系，建立起学生、领导、督导和同行、院部共同参与的多元化教学质量评价模式，充分体现评价主体多元化、评价目标多层次、评价方法综合化，进而打造立体化教学质量评价体系。

（三）以“持续改进”理念为引领，推动教学质量的提升

通过教学质量评价的质化、量化和排序，构建了“目标导向—过程化评价和管理—持续改进”闭合循环模式。利用多维的综合教学评价体系，立足于学生评教，综合校领导评价、督导同行评价、院部评价等，学校重视量化数据分析，持续跟踪动态变化，探索评教数据对于教学的反馈与改进功能。基于综合教学评价数据，学校探索教师教学能力的鉴别、诊断和改进机制。

第一，根据学生评教数据，领导、督导组以及同行专家听评课数据，每学期开展统计分析，在数据分析的基础上进行写实性的描述和分析，形成学期学生评教报告，并提出相关工作建议，服务于院部的教学管理决策。评教报告从教学规范分析、教学效果排序分析、文字评教分析等方面展开，详细整理院部整体教学规范评分统计、整体教学效果排序、全校教学效果排序中位于前5%和后5%的课程分析、平行班授课的作业布置统计以及相关课程听课情况反馈、学生文字评教分析等数据，并与上一个学期数据进行对比分析，进而观测数据的动态变化趋势，为教学管理决策和改进提供支持。

第二，从院部、专业和课程角度出发，充分发挥教学评价的定向诊断、实时反馈与改进功能。以评教数据为基础，从院部、课程角度出发，通过设计多项定量指标，建立体系化数据标准，比较各院部及全校同类数据差异，透视数据背后的教学差异因素。比如，教学规范评分范围是[1，5]，分值越大，教学越规范。通过观察院部教学规范分的历史变化，给院部反馈改进教学建议。从全校教学效果排序中位于前5%和后5%的课程统计来看，近6个学期全校教学效果排序中位于前5%和后5%课程的学院分布信息如表1所示，学院可以从纵向角度比较自身的变化情况，也可以从横向角度比较与其他学院的差异。以教学效果排序数据、教学规范评教数据、学生文字评教意见和建议这些数据和指标分析为依据，重点关注各院部、各门课程差异化数据，分析课程教学情况，从而为院部的教学提升和专业的优化改进提供数据分析、支持和依据。

第三，从教师角度出发，充分发挥教学评价的实时反馈、定向诊断与改进功能。利用评教数据和评教报告分析，建立分层分类的教师发展支持体系，为教师的教学能力提升提供平台和资源。学校已经建立教师任课评价管理平台，纳入学生评教数据、文字意见与建议、听课评价数据等（包含校院督导、校领导和中层干部、同行专家等的听课评价数据）。教师可以实时、全面地查看教学评价数据和意见建议，便于快速地应用于教学实践，从而改进教学过程。在分析学生评教数据基础上，重点关注教学效果位于前5%的教师、后5%的教师，教学督导、校院领导再次听评课，发挥综合教学评价体系作用。学校将两类教师教授课程的情况进行综合分析和诊断，教学效果优秀的教师推广其教学方法、教学模式；教学效果不佳的老师进行靶向定位帮扶。对于教学效果优秀的教师推广其教学方法、

表 1　近 6 学期全校教学效果排序中位于前 5%和后 5%课程的学院分布

院部	2017—2018 - 2		2018—2019 - 1		2018—2019 - 2		2019—2020 - 1		2019—2020 - 2		2020—2021 - 1	
	前 5%	后 5%	前 5%	后 5%	前 5%	后 5%	前 5%	后 5%	前 5%	后 5%	前 5%	后 5%
学院 1	3. 33% ↓	3. 33% ↑	4. 62% ↑	9. 23% ↑	3. 23% ↓	1. 61% ↓	5. 63% ↑	4. 05% ↑	3. 13% ↓	3. 03% ↓	5. 41% ↑	8. 00% ↑
学院 2	15. 00% ↓	8. 33% ↑	18. 46% ↑	10. 77% ↑	16. 13% ↓	9. 68% ↓	11. 27% ↓	9. 46% ↓	25. 00% ↑	10. 61% ↑	17. 57% ↓	9. 33% ↓
学院 3	0. 00% -	0. 00% -	0. 00% -	0. 00% -	1. 61% ↑	11. 29% ↑	0. 00% ↓	8. 11% ↓	0. 00% -	6. 06% ↓	4. 05% ↑	6. 67% ↑
学院 4	8. 33% ↓	8. 33% ↑	7. 69% ↓	9. 23% ↑	8. 06% ↑	12. 90% ↑	7. 04% ↓	10. 81% ↓	9. 38% ↑	4. 55% ↓	5. 41% ↓	8. 00% ↑
学院 5	15. 00% ↑	5. 00% ↓	6. 15% ↓	7. 69% ↑	9. 68% ↑	1. 61% ↓	12. 68% ↑	5. 41% ↑	10. 94% ↓	0. 00% ↓	9. 46% ↓	6. 67% ↑
学院 6	15. 00% ↓	0. 00% ↓	35. 38% ↑	4. 62% ↑	16. 13% ↓	3. 23% ↓	38. 03% ↑	6. 76% ↑	18. 75% ↓	0. 00% ↓	31. 08% ↑	4. 00% ↑
学院 7	10. 00% ↑	8. 33% ↑	9. 23% ↓	3. 08% ↓	6. 45% ↓	6. 45% ↑	8. 45% ↑	2. 70% ↓	3. 13% ↓	3. 03% ↑	2. 70% ↓	2. 67% ↓
学院 8	10. 00% ↑	5. 00% ↓	0. 00% ↓	10. 77% ↑	8. 06% ↑	0. 00% ↓	2. 82% ↓	6. 76% ↑	7. 81% ↑	0. 00% ↓	2. 70% ↓	6. 67% ↑
学院 9	1. 67% ↑	6. 67% ↑	3. 08% ↑	3. 08% ↓	3. 23% ↑	4. 84% ↑	2. 82% ↓	4. 05% ↓	3. 13% ↑	6. 06% ↑	4. 05% ↑	5. 33% ↓
学院 10	15. 00% ↑	0. 00% ↓	10. 77% ↓	6. 15% ↑	20. 97% ↑	4. 84% ↓	4. 23% ↓	4. 05% ↓	14. 06% ↑	6. 06% ↑	9. 46% ↓	4. 00% ↓
学院 11	3. 33% ↑	0. 00% -	0. 00% ↓	1. 54% ↑	1. 61% ↑	6. 45% ↑	1. 41% ↓	0. 00% ↓	1. 56% ↑	1. 52% ↑	1. 35% ↓	4. 00% ↑
学院 12	1. 67% ↓	10. 00% ↑	3. 08% ↑	4. 62% ↓	3. 23% ↑	4. 84% ↑	0. 00% ↓	5. 41% ↑	3. 13% ↑	3. 03% ↓	5. 41% ↑	8. 00% ↑
学院 13	0. 00% -	10. 00% ↑	0. 00% -	20. 00% ↑	0. 00% -	29. 03% ↑	0. 00% -	21. 62% ↓	0. 00% -	6. 06% ↓	0. 00% -	22. 67% ↑
学院 14	1. 67% ↓	20. 00% ↓	1. 54% ↓	6. 15% ↓	1. 61% ↑	3. 23% ↓	5. 63% ↑	10. 81% ↑	0. 00% ↓	50. 00% ↑	1. 35% ↑	4. 00% ↓

教学模式，并作为教师教学竞赛的后备选手，也是课程建设的中流砥柱。对于教学效果不佳的老师进行靶向定位帮扶，措施主要有以下三个方面：首先，学院重点关注，系主任或教研室主任牵头，对该类教师在教案准备、教学方法、课堂教学等方面进行帮扶，充分发挥教研室和课程组的团队作用。其次，教师教学发展中心制定教师发展个性化方案，针对教学效果后5%的教师，深入挖掘文字评教，对教学效果原因进行分析，分别针对其教学能力、教学方法、教学技能等开展专题培训。同时，教师教学发展中心为该系列教师安排微格演练，促进其在实战中逐步改进。最后，学校制定了转岗分流制度，为不适合教学岗位的教师提供职业退出通道。部分学院如经济学院已经先行试点，探索教师转岗机制，待学校整体条件成熟后，将在全校实施和推行。

（四）以教学质量评价数据应用为突破口，发挥反馈和激励作用

教学效果排序评价成为教学质量提升的突破口，也是“以产出为导向”和“持续改进”理念的有益探索与实践。

自2016年以来，学校逐步将评教结果与学校教师的岗位聘任、职称评定、考核淘汰以及分层分类的教师发展支持体系（培训、竞赛以及评奖）等机制联系起来，将评教结果以量化指标的形式纳入相关人事制度中，将教学质量评价与人事制度相结合，为提升教学质量进行了有益尝试。

岗位聘任制度对教学任务考核和教学效果排序比例做出明确规定，这一规定已经在岗位考核时开展应用，这将从制度上促进教师高度重视学生对教师的教学效果评价。职称评定制度、教学评奖和人才奖励制度中，对教学质量要求也进行了明确规定。将教学效果评价指标与职称评定、教学评奖和人才奖励的结合，是高度重视教学质量的体现。

另外，学校逐步完善评教信息化，将评教数据适度公开，做到分层和分类查询。教师可以查看自己的评教结果，院领导可以查看学院的评教数据，校领导可以查看全校的评教数据。评教信息的适度公开，让教师承受一定的压力，可以促使教师高度重视教学质量，也方便学校各层级管理人员分析相关数据来推动教学质量效果的改进。

三 基于 OBE 理念的教学质量评价体系的建设特点

第一，基于 OBE 理念的教学质量评价体系在本科教学方面逐步发挥较强的导向作用，助力教学改进的开展，促进质量文化观念的形成。

2020 年 12 月，为了解现行学生评教系统的运行情况，各选取教龄 10 年及以上教师 407 名和各院部教学管理人员 33 名作为调查对象开展问卷调查。本次调查分别收到教师有效问卷 320 份，教学管理人员有效问卷 27 份。

从教师问卷分析中，在“分别对新的学生评教方案实施前后教师对于每一课时（45 分钟）的课堂教学课外投入时间（包括备课、批改作业等）进行统计”题目中，新的学生评教方案实施前教师课外平均需要投入 112 分钟，新的学生评教方案实施后教师课外平均需要投入 124 分钟，课外投入时间增加了 10.7%；在“与未采用排序评教前相比，您是否更加关注教学评价结果”选项中，58.3% 的教师觉得更加关注教学评价结果，主要集中在学生的文字意见建议和教学效果排序百分比两个方面；在“您会根据学生评教结果或其他评价的反馈来改进教学”选项中，超 70% 的教师会根据学生评教结果或其他评价的反馈来改进教学；在“教师在本科教学过程当中越来越关注学生的学习过程和学习成果（学生是否达成课程目标）”选项中，超 80% 的教师在本科教学过程当中越来越关注学生的学习过程和学习成果。

教学管理人员问卷分析如下：学院对于本科授课质量特别是评教结果的运用主要体现在以下几个方面，教学奖励（评奖评优）占比最高为 55.6%，聘期考核占比次之为 48.1%，侧面说明学院重视应用评教结果来推动教学改进；在“学院对本科课程评教靠后的老师采取及时地帮扶”选项中，超 80% 的教学管理人员认为学院对本科课程评教靠后的老师采取及时地帮扶；在“与采用排序评教前相比，教师对本科教学工作越来越重视”选项中，近 90% 的教学管理人员认为教师对本科教学工作越来越重视；在“与采用排序评教前相比，教师在本科教学上投入的备课时间明显增多”选项中，70.4% 的教学管理人员认为教师在本科教学上投入的备课时间明显增多；在“与采用排序评教前相比，学院本科教学工作质量有显著提升”选项中，70.4%的教学管理人员认为教师本科教学工作质量有显著提升，可见学生评教对提高本科教学工作质量有较为明显的促进作用；在“目前，教师都能按时上传学校规定的本科教学材料（教学大纲、教学进度表、课件或PPT）”选项中，92.6%的教学管理人员认为教师都能按时上传学校规定的本科教学材料，可见本科教学规范保持良好；在“目前，教师提交期末考核归档材料规范性有显著提升”选项中，82.6%的教学管理人员认为教师提交期末考核归档材料规范性有显著提升，可见目前本科教学规范有较为明显提升。

从学校教学秩序和教学规范实际情况来看，学校严格执行各项教学制度，教师的教学行为更加规范。课堂教学作为本科人才培养的主阵地，学校从教学大纲的科学制定和过程管理，推动课堂教学方法创新，加强学习过程考核，完善课程考核管理等多方面提升了课堂教学规范水平。课堂教学质量标准出台并实施，对课程教学的组织、教材选用、备课、教学大纲编写、教案、答疑辅导、平时作业、考核、命题、试卷批阅、试卷存档等环节提出了明确的要求和标准，保证课程各环节的标准和质量。

第二，经过制度设计，充分利用评教质量结果，学校相关工作机制不断完善。强化了评教质量结果的利用率和奖惩激励功能，在专业师资结构调整、课程体系优化、个人及部门考核、教师职称晋升及评奖等方面，加大评教质量信息的利用力度，对于侧重教学方面的工作逐步探索形成“质量考察”的机制。自2016年以来，有2人因评教质量未达到学校要求，在职称评审中被一票否决。

四　教学质量评价体系在改革和创新方面面临的主要问题

关于高等教育改革，教育部高等教育司司长吴岩曾说“改到深处是课程，改到痛处是教师”。教学质量评价的结果影响到教师岗位聘任、职称评定、考核淘汰以及教学评奖等方方面面，如何从支持教师个人发展的角度进行教学质量评价是下一步的方向。如何深化OBE理念，从而使教学质量评价不但关注教师、课程，而且关注评价学生的学习过程和学习产出。

学校目前采用的教学规范评价指标主要侧重评价教师和课程的教学过

程和情况，那么如何在这些指标的基础上，进一步关注学生是否达成课程知识、能力、素养要求以及毕业能力要求，可以增加教师评价学生的问卷，侧重体现学生学习过程和学习结果的评价指标，尤其是凸显财经类高校特色的经管综合素质培养，将学生关注现实问题、深入参加社会调查和实践，厚德博学、经济匡时、诚信服务、德法兼修等职业素养的培养作为重要测量点。

五 教学质量评价体系建设的新举措

“金课”建设和“水课”治理涉及诸多方面，从课程的发展角度来说，涵盖课程内容设计（包含教学目标、教学内容等）、课程组织与过程实施（包含课堂教学过程、教学组织、学生参与课堂的过程等）以及教学质量评价。其中，构建完善的教学质量评价体系对于推动“金课”建设和改进“水课”有极其重要的作用。未来，我校将从教学质量评价体系建设的多个环节着手，从而完善“金课”建设、“水课”改进机制。

第一，持续优化教学质量评价指标，深化教育范式的根本性转变，真正实现由教到学的转变。考虑将学生的学习过程和学习产出以量化指标的形式体现在教学质量评价体系中。

第二，以教学质量评价体系建设影响和辐射课程和专业建设，构建以成果导向的教学内容设计（包含人才培养目标、课程体系、毕业要求等）、课程组织与过程实施（包含课堂教学过程、教学组织、学生参与课堂的过程等）以及教学质量运行机制。

第三，进一步优化质量评价结果的运用，促进反馈、激励与改进。首先，充分发挥教学质量评价数据的量化测量和定位诊断功能，形成教师教学质量评价数据档案，建立个性化扶助体系。学校未来计划在对教学质量评价数据进行整理分析的基础上，设置各项指标的常模值，形成每位教师的教学质量评价数据档案，将低于常模值的指标进行深度分析，尝试给出改进建议。其次，设置教学激励体系，进一步深化评教质量数据的利用，加强其对课堂教学的改进作用。多样化激励教师投身教学，积极推动教师进行教学创新，增强教师教书育人的成就感。对于课堂教学质量评价较高的教师，设置教学荣誉奖励体系。参照科研奖励标准，大幅度提高教学奖励力度。学校给予教师奖励津贴，发挥激励作用，带动课堂教学质量的提高。对于课堂教学质量评价持续较低的教师，采取暂停授课资格、学院帮扶、推荐参加教师教学发展中心的培训活动、微格演练等办法，促进其改进并提高教学质量。

Exploration and Practice of Teaching Quality Evaluation System Based on OBE Concept

Zhu Hongjun Cao Xiaoxia Cao Naning Zou Song He Xianjie

Abstract: With the continuous promotion of higher education reform, education quality and quality assurance have become the focus. In this context, focusing on and researching the teaching quality evaluation system will effectively promote the improvement of teaching quality and talent training quality. Taking Shanghai University of Finance and Economics as an example, this paper discusses the construction and exploration process of teaching quality evaluation system based on OBE concept, focuses on the application of quality data in personnel assessment, improvement of teachers' ability, course construction, development of specialties, etc. This paper analyzes the main problems in the reform of teaching quality evaluation system. Combined with the construction of "good courses" and the management of "bird courses", this paper puts forward some thoughts and suggestions on the further improvement of the teaching quality evaluation system.

Key words: Teaching Quality Evaluation System; Outcomes – based Education; Teaching Evaluation Based on Student Ranking

高校人才引进中的师德师风评价机制探究

——基于高校二级学院视角*

梁慧丽　王淑范**

摘　要： 高校教师队伍的师德师风建设，是我国教育发展战略的重要组成部分。作为一个系统工程，师德师风建设的首要任务是贯彻落实教师队伍的素质要求，对引进人才师德师风进行科学评价，把好人才引进的入口关。本文着眼于探究高校二级学院在人才引进中出现的各种新问题及面临的挑战，提出从强化分类评价、构建社会网络、提高综合量化程度等多个方面优化师德师风评价路径，以构建系统有效的师德师风评价机制。

关键词： 把好入口关；多维评价；社会网络；综合量化

教育评价具有导向性，是一个涉及办学方向的重要问题。2020 年 10 月，中共中央、国务院印发了《深化新时代教育评价改革总体方案》（以下简称《方案》），对于如何从根本上解决教育评价指挥棒问题，给出了系统改革的施工图。“坚持把师德师风作为第一标准”被列为 22 个重点任务之一。《方案》在教师评价涉及的各个环节——资格审定、业绩考核、职称评聘、评优奖励等，对思想政治素质考察提出了强化要求。无疑，把好教师队伍入口关，健全师德师风建设长效机制，全面提升教师思想政治素质和职业道德水平，已成为一项刻不容缓的紧迫任务。2020 年年底，教育部等六部门发布了《关于加强新时代高校教师队伍建设改革

---

* 基金项目：2020 年度上海财经大学党建育人基金研究项目“高校人才引进中的师德风评价机制研究”（项目编号：2020110770）。

** 作者简介：梁慧丽（1989—　），女，上海财经大学信息管理与工程学院行政秘书，助理研究员；王淑范（1972—　），女，上海财经大学信息管理与工程学院党委书记。

的指导意见》，全面系统地部署了高校教师队伍建设，“师德师风为首要要求和第一标准”、师德考核结果运用等再次被强调。在这样的时代背景下，本文着眼于探究高校二级学院在人才引进中出现的新问题和挑战，尝试优化师德师风评价机制，为教师队伍建设提供思路。

一 高校人才引进中开展师德师风评价的必要性

所谓师德，就是教师具备的最基本的道德素养，它是全社会道德体系的组成部分。“师德指向的是教师内在的精神品质，侧重反映教师个体的品德修养；师风指向的是教师外在的行为风尚，侧重于反映教师群体的行为习惯。”① 师德师风是教育工作者的灵魂。

（一）落实立德树人根本任务的基本要求

党的十八大以来，以习近平同志为核心的党中央高度重视发展教育事业，明确了教育为“国之大计、党之大计”的战略地位，明确了教育需要解决的根本问题是“培养什么人、怎样培养人、为谁培养人”。他指出，“国家繁荣、民族振兴、教育发展，需要我们大力培养造就一支师德高尚、业务精湛、结构合理、充满活力的高素质专业化教师队伍，需要涌现一大批好老师”②，教师已然成为立教之本、兴教之源。师德师风建设作为优先发展教育事业战略的重要内容，直接关系着立德树人根本任务的落实。胡锦涛同志曾说，“高尚的师德，是对学生最生动、最具体、最深远的教育”。习近平总书记也说，学生在高校生活……正处在人生成长的关键时期……就好比小麦的灌浆期，希望广大教师学为人师，行为世范，做学生健康成长的指导者和引路人。由此可见，教育塑造人的特殊性，决定了教师的师德要求比其他的职业道德要求更高。

（二）办好人民满意教育的根基所在

我国是人口大国，教育的社会需求极为旺盛，广大人民对优质教育有着很大的期许。教育作为民生问题，一直以来都是社会关注的热点，人民

---

① 周杰：《从文化视角谈高校师德师风建设》，《高等农业教育》2012 年第 8 期。

② 习近平：《做党和人民满意的好老师——同北京师范大学师生代表座谈时的讲话》，《人民日报》2014 年 9 月 10 日第 2 版。

对美好生活的向往，在教育领域表现为享受高质量教育的需求得以满足。而有高质量的教师，才会有高质量的教育，教师身上承载着办好人民满意的教育的重任。近年来，我国高校教师队伍建设在持续改进和加强，高尚师德师风得以大力弘扬，教师队伍的整体状况良好并得到社会的广泛认可。社会上不断涌现的一些典型人物，如全国优秀教师黄大年、时代楷模张桂梅等，起到了良好的示范和带动作用。但与此同时，不可否认的是教师队伍中还存在良莠不齐的现象，出现了一些有悖于教师职业操守甚至行径恶劣的典型案例，如急功近利，学术造假；滥用职务便利，在工作中徇私舞弊；违反公序良俗，师生关系处置失当等。这些虽是个例，却在社会上产生了很大的负面影响。为更好地回应人民期待，办好人民满意的教育，夯实教师队伍建设的基础，师德师风建设需要贯穿始终，并形成长效机制。

（三）把好引进人才入口关的关键所在

人才是第一战略资源，是高校人才培养、学科建设发展的中坚力量。高校在人才引进工作中首先面临的问题就是如何有效甄别优秀人才；不仅如此，引进人才的思想状况、道德修养和精神风貌还具有很强的示范效应。如何坚持师德师风是评价教师素质的第一标准？师德“一票否决”制在人才引进过程中从哪些方面进行把握？在人才引进的入口关上，怎样更好地传达教师从业者以德立身、以德立学、以德施教的理念？如何科学合理地构建行之有效、形成正向反馈的师德师风评价体系？这些都是人才引进过程中尤为重要的问题。

近几年，上海财经大学出台了一系列关于进一步加强教师思想政治工作及师德师风建设、关于师德失范行为处理的规范性文件，这是贯彻落实国家加强教师队伍建设的具体探索，具有一定的实践价值。但高校二级学院作为人才引进的第一道关口，如何将思想政治和师德师风考察的要求落细、落实，形成具有可操作性且行之有效的评价体系，仍具有一定的挑战性。

二　当前人才引进中师德师风评价面临的挑战

（一）高校人才引进呈现国际化和多元化趋势

建设世界一流大学和一流学科是党中央、国务院作出的重大战略决策，对于推动我国建设高等教育强国，实现社会主义现代化和中华民族伟大复兴意义深远重大。高校既要应对全球人才流动与竞争的日趋白热化，又要把握住“双一流”内涵建设的关键期，这种形势在高校的人才队伍建设中，表现为人才引进的国际化和多元化趋势日益凸显。由此带来的问题，就是我们如何更好地应对意识形态、价值观念、话语体系和各国文化差异对传统的、现有的评价方式提出的挑战。这一挑战对于高校的二级学院而言，具体化为由于历史传统、政治体制、宗教信仰、价值观、教育制度和话语体系的不同而产生的有效沟通和精准施策问题。因此，在评价指标的设计、话语体系的组织、评价手段的选择上，都需要进行分类管理，以提高评价的可行性和准确性。

（二）思想和意识的表现形式出现新的形态

近年来，党中央、教育部相继出台了一系列加强师德师风建设的文件，明确了师德师风建设的指导思想和原则，各高校也纷纷制定了相应制度。但制度建设中存在的难点问题还没有得到完全解决，依然存在内容相对笼统，定性描述和主观评价多，定量和客观评价少，操作性和实践性尚显不足等问题。特别是思想和意识本身具有隐蔽性，在不涉及利益相关问题时难以显现，而且它属于价值判断的范畴，不同于科学判断，不易量化。同时，当今自媒体时代“数字身份”的存在，也对传统评价方式提出了挑战。非实名的微博虚拟小号以及多个微信账号等，增加了隐蔽性信息获取的难度，由此也对评价的机制设计提出了优化需求。如何在师德师风评价的制度设计中，有机结合价值理性和工具理性，构建科学的、合理的、有效的指标体系。

（三）人才引进的系统性评价存在困境

当前，高校人才引进竞争激烈。人才抢夺战导致决策周期短，但人才引进要求的流程相对复杂，面试答辩、同行评议、师德师风考察、材料审核报批等都是不可或缺的环节，其中留给师德师风评价的时间非常有限。在短时间内，要对引进人才的政治思想素质、学术诚信、背景（档案）调查、工作表现和风险排查等信息做到快速收集且科学有效地评判，无疑是有难度的。而且，思想和意识的复杂性对评价技术的科学性提出了更高要求，仅仅凭借主观经验与直觉获得的结论可能存在偏差。传统的背景调查也反映出一些问题，如事业单位的政审调查相对模式化、多主体评价中的利益诉求会导致结论与初衷的背离、存在为提高就业率而美化应聘者的现象、为“送佛离开”而失去评价的客观性和真实性的情况等也会发生。这些现象如何辨别，信息不对称问题如何避免，都是当下面临的难题。

三　优化师德师风评价机制的实践探索与思考

最先面对师德师风评价中存在的问题和挑战的是高校二级学院，因为在高校的内部治理体系中，二级学院在人才引进过程中担负着主体责任。只有二级学院在实践过程中构建导向明确、科学合理、规范有序的师德师风评价机制，把好人才引进关，才能为高校“双一流”人才队伍建设提供基础和保障。笔者所在的学院近年来在优化师德师风评价机制上，进行了一些实践探索和思考。

（一）强化分类评价，提高评价内容与评价对象的相适度

面对人才引进的国际化、多元化趋势，学院在设计和构建师德师风评价流程时，根据人才的来源和特性进行了分类（见图1）。对于外籍人才，坚持“以我为主、为我所用”，以契约精神的履行为切入点，明确对教师行为的底线要求，强化规则意识，体现在师德规范中以“不应”为主，重点评估其是否能够接受中国高校文化、遵守中国的各项法律法规、尊重中国的民族文化和宗教政策，做好本职工作。例如，在应聘的申请环节，对于海外引进人才，学院着眼于同行/导师评价，通过推荐信进行评估。推荐中要求包含个人思想品德、语言表达、团队合作情况、对华态度和对邪教组织的看法等内容。要求个人提交承诺书，以准契约和信用背书的形式，明晰底线要求和规则，防控风险。对于国内引进人才，着重从为党育人、为国育才的角度，通过应聘者毕业学校出具思想政治报告或前雇主提供的综合报告进行评判。关注和考察“培养什么人，怎么培养人，为谁培养人”所要求的素养，要求从业者以培养德才兼备、全面发展的社会主义事业建设者和接班人为己任。在道德层面上对个人的思想政治品德有较高期待，追求“应然”[①]，要求以德立身，强调行为世范，要求教师成

① 王凌超：《中美高校师德制度建设的历程与特点比较》，《教师教育论坛》2019年第32期。

为学生的引路人。

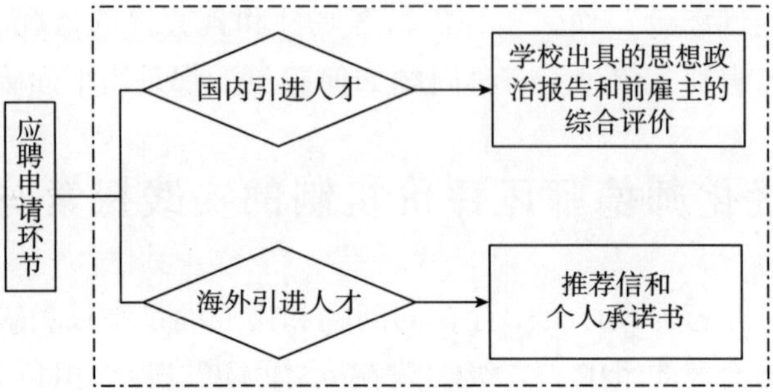

图1　应聘申请环节应聘者需提交材料

（二）加强关联分析，构建师德师风评价的社会网络

背景调查是学院加强人才引进过程中师德师风评价的重要一环，主要是通过第三方对应聘者的情况进行了解和验证，审查应聘者简历、基本情况和考察相关内容的真实可信度。一是通过官方平台和网站，查证相关履历信息；二是对人际相关者——原雇主、同事、同学、导师以及同行进行访谈；三是借助推荐信和同行评审信中的有效信息披露，将个人品行、政治立场、价值取向、师德师风、学术诚信、团队合作等纳入评价指标。同时畅通应聘者在自媒体或社交平台上言论信息的查验渠道，综合评判应聘者的素养与职业匹配度。

针对当前评价中存在的信息失真和信息不对称问题，笔者认为，今后需要构建相对完善的社会网络来优化评价系统。可以尝试从以下几个方面入手：一是引入以大数据为支撑的信用征集机制，调取第三方机构的信用数据报告，增加信息的透明度和可信度；二是在行业内建立推荐人的信誉担保机制，使推荐人自觉地将个人信誉与推荐评价关联起来，增强推荐的权威性；三是建设教师行业组织的人才数据库，形成一个统一的数据平台，使用人方可以快速有效地、客观合法地获取教师数据信息，降低管理成本。

（三）借助信息技术，探索评价指标的可综合量化程度

针对思想意识的隐蔽性问题和评价指标的不易量化问题，探讨数据采

集和分析技术在构建量化评价体系中的有效路径，不失为一种有益尝试。信息时代的大数据技术和人工智能算法为此提供了可能性。可以尝试依托第三方平台如猎头公司或天眼查等，对拟引进人才的碎片化信息进行提取、收集、清洗、处理和分析，从而构建出每个个体的人物画像（见图2）。按照“交互设计之父”Cooper的描述，这种基于一系列真实数据产生的用户画像，是研究用户的一种系统化方法，[①] 它将用户的属性、行为与期待联结起来。在信息的采集过程中，可以嵌入人格测评和职业能力倾向的相关要素，对应聘者进行问卷测评，了解他们的思想意识和心理状况，将隐性指标显性化，从而完善指标体系。同时通过抽取关键指标，包括应聘者的社交动态和历史行为特征等信息，挖掘构建标签化的行为模型，以此丰富师德师风评价的维度，推动全方位、多维度、多主体、定性定量相结合的系统性评价体系构建，辅助决策。

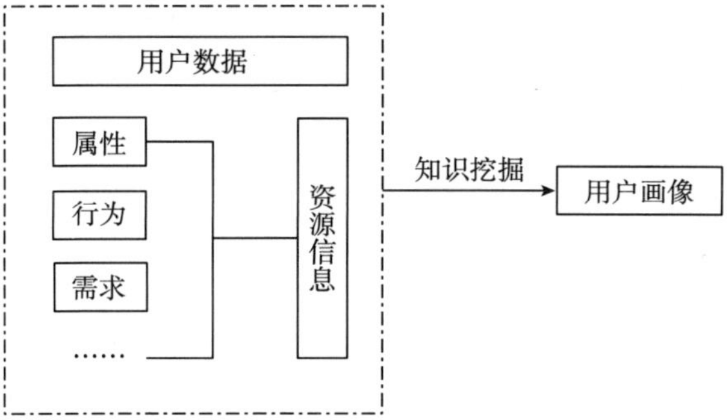

图2　挖掘真实数据构建用户画像

（四）加强协同，完善内部工作网络

二级学院把好引进人才入口关，还需要相关工作条块各司其职、协同推进，以保证内部工作网络良性运转。以笔者所在的学院为例，如图3所示，在引进人才的应聘过程中，多元化的评价主体在不同的阶段分别承担不同的责任。应聘者在面试过程中，需要完成以下环节的工作：一是与招聘委员会面谈，二是做学术报告与交流，三是与学院老师交流，四是与系

① Alan Cooper, et al., *About Face 3: The Essentials of Interaction Design*, New Jersey: Wiley Publishing Inc., 2007, pp. 19 - 22.

主任交流，五是与院长交流。学院还安排老师陪同参观与工作午餐，以保证院、系领导和老师有充分机会了解和接触应聘者，在评估专业能力的同时，评估其品行、团队合作情况、对华态度和对邪教组织的看法等，全方位考察应聘者。应聘后期，学院党委书记和党委委员需要与拟聘人员进行面对面交流，学院党委会和党政联席会议对拟引进人才情况进行综合审查。在二级学院做出师德师风评价后，学校相关职能部门和决策机构，还会进行最终的鉴定与把关，以确保师德师风评价发挥应有的作用。

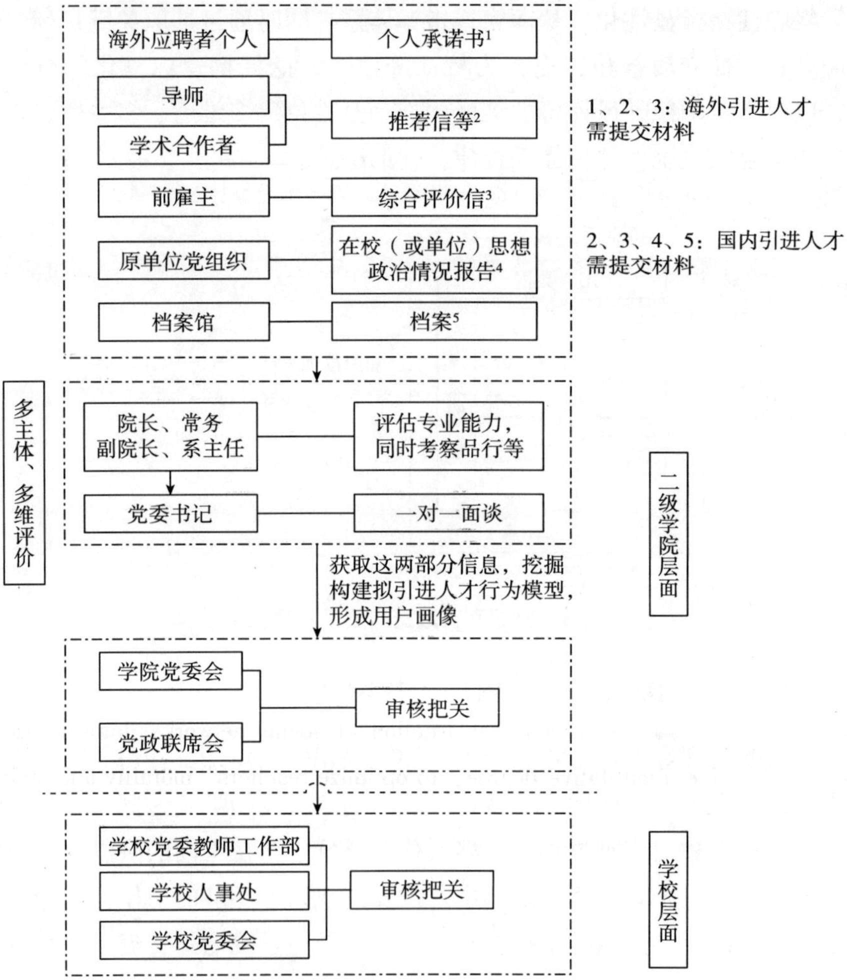

图3　多主体评价工作网络

综上所述，构建科学合理的、行之有效的师德师风评价机制，需要主动应对新时代、新发展带来的挑战，需要不断地尝试进行理论应用与实践创新，需要社会支持系统对其赋能。二级学院也只有秉承“因事而化、因时而进、因势而新”的理念，不断对师德师风评价机制进行优化，才能为教师队伍建设提供持续的、坚实的保障。

Exploration on the Evaluation Mechanism of Teachers' Morality and Style in the Introduction of Talents at Colleges and Universities —Based on the Perspective of Secondary Colleges

Liang Huili　Wang Shufan

Abstract: Strengthening the construction of teachers' morality and style is one of the important contents of the strategy of prioritizing the development of education. The construction of teachers' morality and style at colleges and universities is a comprehensive, multi - angle and multi - level systematic project. The primary task is to properly manage the entrance of talents with a scientific and reasonable evaluation of teachers' morality and style to ensure that teachers' morality and style become the first standard for the quality requirements of teachers. This paper focuses on exploring the new problems and challenges in the talent introduction based on the perspective of secondary colleges and proposed solutions from multiple aspects, such as strengthening assessment and construction of social network, improve the comprehensive quantitative degree, to optimize teachers' morality and style evaluation, build effective evaluation mechanism, and provide a guarantee for the construction of teachers' qualifications.

Key words: Guarantee the Quality of the Talent Introduction; Multi - dimensional Evaluation; Social Network; Comprehensive Quantitative

Exploration on the Evaluation Mechanism of Teachers' Morality and Style in the Introduction of Talents of Colleges and Universities

—Based on the Perspective of Secondary Colleges

管理方略

以教学能力提升为目的的财经类高校课程组建设研究*

苏海红　董　静**

摘　要： 教师队伍建设是教育强国的关键因素，拥有一支高水平、高素质的专业化教师队伍有利于人才培养质量的提升。当前，财经类高校教师教学能力的提升主要依赖于短期培训和教学过程中的自我摸索，缺乏组织化的支撑，限制了教师教学水平的提升和授课能力的改进。课程组作为基层教学组织的一种重要形式，能够为教师的教学工作提供长期且稳定的保障机制，在教师教学能力提高方面扮演了尤为重要的角色。本文从财经类高校的特点出发，分析并思考如何建立健全课程组运行机制，多维度助力教师教学能力和人才培养质量提升。

关键词： 财经类高校；教学能力提升；课程组建设

教师教学能力是影响人才培养质量的核心要素之一，在很大程度上决定了教育强国工程能否顺利实现。然而，当前受诸多主客观因素的制约，教师教学能力不能完全满足快速发展的财经类高校教育事业，呈现出低意愿、低需求、不稳定、不规范、少成效、少传承、发展慢等现状。2019

---

* 基金项目：上海市教改项目“基于《商务分析》专业的商科复合型人才培养”（项目编号：2020120002）；上海财经大学本科教学项目“《战略管理》课程思政”（项目编号：2019120066）。

* 作者简介：苏海红（1988—　），女，上海财经大学商学院本科教务；董静（1975—　），女，上海财经大学商学院副院长，教授。

年，教育部发布了《关于深化本科教育教学改革全面提高人才培养质量的意见》（以下简称《意见》），对高校课程组建设提出了明确的要求。《意见》着重指出，高校要以院系为单位，加强教研室、课程模块教学团队、课程组等基层教学组织建设，制定完善相关管理制度，提供必需的场地、经费和人员保障，选聘高水平教授担任基层教学组织负责人，激发基层教学组织活力。从这一现实角度出发，加大基层教学组织的重要形式——课程组建设，明确并完善具体的组织与实施机制，使之成为提升教师教学能力的强有力载体，创新人才培养举措，深化本科教育教学改革，具有重要意义。

一 财经类高校教师教学能力现状与制约因素

（一）财经类高校教师教学能力现状

本文从财经类高校教学活动主要涵盖的内容出发，考察教师教学能力现状和存在的问题，包括对专业知识的掌握和传授能力、对教育理念的理解和应用能力、对教学活动的组织和判断能力、对教学反馈意见的接受和整改能力、对教学内容的研究和创新能力。

在专业知识的掌握和传授能力方面，财经类高校教师经过长期系统的学习和训练，往往对专业知识的理解和掌握具有很高水平。但由于个人兴趣、有限的时间和精力投入、接受的系统化教育的差异等原因，对相邻学科和跨学科知识的掌握参差不齐，导致教师在为学生传授知识时，无法从学科体系的高度对授课内容进行系统化的讲解和凝练。同时，部分青年教师由于从事一线教学工作时间较短，经验不足，对学生的个性化需求和有效的教学方式方法知之甚少，知识传授能力尚处在起步阶段，阻碍了学生对教学内容的理解吸收，致使知识传授的教学效果不理想。

在教育理念的理解和应用能力方面，部分财经类高校教师缺乏教育学和心理学的基础理论，这类知识的获取主要依赖于零散的教师培训和自我摸索。缺乏科学的教育理论进行指导，可能无法保障教师在教学过程中遵循教育学和心理学的规律与原则，更可能无法保障高质量完成教学安排，甚至表现出一定的随意性和盲目性。

在教学活动的组织和判断能力方面，部分财经类高校采取重科研轻教学的考核方式，使部分高校教师对教学的重视和投入程度不足，更多的是以被动参与的形式展开教学，缺乏对教学内容、教学过程、教学方式方法和教学客体的组织与判断能力，譬如未定期优化整合教学资源，采用单一的教学组织形式和教学方法，课上未能与学生积极互动，课后缺乏对学生学习状况的关注和指导，未能满足学生的个性化学习需求、培养学生的学习主动性。

在教学反馈意见的接受和整改能力方面，有些财经类高校采取学生评教、督导组听课、院校两级领导听课的多样化形式，评价教师的教学规范和教学效果。总体上看，财经类高校教师对教学反馈充分重视，及时对教学过程中发现的不足进行改善。但仍有部分教师对这种评教系统的合理性和科学性提出了质疑，直接忽视教学反馈，不作任何主观改变。还有一部分教师满足于教学效果的“中不溜”现状，尽管表现出愿意接受教学反馈意见，但因为缺乏督导，整改的动力与意愿不足。

在教学内容的研究和创新能力方面，部分财经类高校重科研轻教学的评价导向也使教师更加热衷于参与科研项目申报和科研论文撰写，对参与教改项目和撰写教改论文缺乏热情，申报意愿相对较低。可见，教师考核导向的不平衡、支持保障机制的欠缺、教学研究经历的缺乏，对部分教师从事教学研究和创新的热情与投入带来了负面影响。

（二）制约财经类高校教师教学能力提升的因素

对财经类高校教师教学能力现状进行分析后，不难发现，教师教学能力的提升受到主客观因素的制约。其中，客观因素可归纳为支持教师教学能力提升的平台和机制不够健全，主观因素可归纳为激发教师提升教学能力的动力不足。

客观上，财经类高校教师教学能力提升主要依赖于教师发展中心提供的短期、零散、普适性培训，培训主题主要是教育学相关知识理论，而结合教师自身特点具有针对性的专业化培训较少，无法完全匹配教师的实际需求，之后长期的教学能力跟踪指导环节缺失，加上时间和空间条件的约束，最终培训的效果难以完全实现预期。另外，部分财经类高校的考评制度轻教学、轻过程，受考核政策的影响，教学活动往往呈现出边缘化或者应付化的特点，教学能力提升计划难以成为教师职业生涯规划的重要组成部分。

主观上，财经类高校教师作为教学活动的主体，其本身对教育事业的热爱程度和重视程度也在一定程度上决定了教师是否愿意提升教学能力。如果教师本身缺乏提升教学能力的动力，长期只是以被动的角色参与教学，即使外部平台搭建再好、考核制度再完善，也很难达到理想目标，最终将成为财经类高校教育事业发展的阻碍因素。

二 课程组建设对财经类高校教师教学能力提升的必要性

（一）高校课程组建设研究现状

课程组是基层教学组织的重要形式之一，是高等教育发展至一定阶段的产物。课程组是由多位讲授同一课程的教师组成的一个有机体，是围绕教学方方面面进行相互沟通、充分交流和有效改进的平台与载体，以实现教师教学能力的提升，进而形成高水平的师资队伍，为人才培养质量的提高奠定良好基础。

通过梳理和研究国内关于课程组的文献资料发现，关于高校课程组的研究主要围绕不同性质的院校和课程类别展开，主要讨论课程组建设在组织实践中遇到的问题和具体对策。

一是从院校层面分析课程组建设现状。王海兵等认为，二级学院课程组在建设时应抓住关键成功因素展开，对过程中发现的问题应认真思考并探讨治理对策。① 陈火弟等介绍了东华理工大学数学与信息科学学“二系”“二部”和课程组设置的运行模式与实施方案。② 刘亚超等提出，农林院校为充分发挥课程组的重要作用，可在系统化的建设方案、课程组的管理标准、权责配置等方面做出举措。③ 刘刚等认为，课程组在大学学科

① 王海兵等：《二级学院课程组建设存在的问题及对策——以重庆工学院会计学院课程组建设为例》，《重庆工学院学报》（社会科学版）2007 年第 8 期。

② 陈火弟等：《财经高校课程群建设与课程组构建的研究与实践——兼论东华理工大学数信学院课程群建设与课程组构建实施方案》，《东华理工大学学报》（社会科学版）2008 年第 1 期。

③ 刘亚超等：《高等农林院校本科教学课程组建设实践》，《沈阳农业大学学报》（社会科学版）2016 年第 1 期。

基础课的建设上相对滞后，需要联合校、院、教师等多方利益方的力量建设学科基础课课程组。[①] 白滨等探讨了英国开放大学的课程材料如何保持高质量，并深入分析了影响课程组成效的四个因素。[②] 李纪华从课程组的建设水平和存在的问题考察了安徽农业大学经济管理类学科基础课课程组的建设现状，并从课程组建设方案、管理标准、责权配置、实施制度、师资队伍建设5个方面对课程组建设路径提出了建议。[③]

二是从具体课程层面分析课程组建设现状。李大祥等通过对“茶叶生物化学”课程组建设的探索和实践教学进行了总结，指出精品课程组建设的核心任务和意义。[④] 王丽侠提出，“通信技术”课程组的网络教学平台可成为师生间高效的信息交互平台，从而提升教学质量。[⑤] 连达军等将“测量学”课程组作为教学改革对象，从多个方面进行课程组的教学改革，结果表明这种做法有助于专业应用型人才的培养。[⑥] 吴道勇等就“勘查技术与工程专业”课程组建设进行了综合研究，探索了涵盖课程设置、教学内容和方法的教学改革的途径。[⑦]

综上所述，关于财经类高校课程组建设的问题与对策研究相对较少，本文拟对这一问题进行深入探讨，以期对现有文献做有益的补充。

（二）课程组建设对财经类高校教师教学能力提升的重要性

课程组作为财经类高校活动的最基层组织，有非常明确的工作方案，包括任务、职责、权利等。一个有效运行的课程组将为财经类高校教师教学能力的提升提供肥沃土壤，弥补目前教师教学能力提升方面的不足，具体体现在以下几个方面。

首先，课程组将多名教师集中在一起，可以充分发挥教学骨干、学科带头人、资深教授的优势，由他们传授、帮助并带动青年教师不断成长，

---

① 刘刚等：《学科基础课课程组建设的组织与实施》，《中国高教研究》2016年第8期。

② 白滨等：《英国开放大学课程组开发模式研究》，《开放学习研究》2019年第1期。

③ 李纪华：《高等农业院校经济管理类学科基础课课程组建设研究——以安徽农业大学为例》，《安徽农业科学》2021年第9期。

④ 李大祥等：《茶叶生物化学课程建设实践》，《高等农业教育》2011年第1期。

⑤ 王丽侠：《通信技术课程组建设实践》，《电子世界》2012年第22期。

⑥ 连达军等：《非测绘专业〈测量学〉课程组教学改革研究》，《矿山测量》2016年第1期。

⑦ 吴道勇等：《课程组型教学团队建设的探索与实践——以贵州大学勘查技术与工程专业为例》，《中国地质教育》2019年第1期。

提升教学能力，改变以往各自为政的散沙状态，搭建了一个固定沟通的平台，保障教师有效充分的沟通与学习、经验交流、过程指导与改进。

其次，财经类高校主要讲授经济管理类课程，这类课程具有以下突出特点：第一，与现实联系紧密，外部环境的快速变化使得知识内容更新速度变快，加大了理论联系实际的难度；第二，案例教学法是经管类课程主要采用的教学方法，课程教学中需要及时选择适用的前沿案例，淘汰过时案例；第三，课程与课程之间的联系密切，课程内容交叉互补，需要相互沟通协调，做好衔接与补充。面对经济管理类课程的特殊性，迫切要求教师突破以往“单打独斗”、自我摸索的教学状态，以课程组成员的身份长期参与团队协作，围绕某一门或某类课程展开各项教学工作，包括教学材料的准备与制作、教学方式方法的改进、教学项目的申报与建设、教学研究的开展与推进等，实现资源共享、差异互补、工作规范。同时，通过切实参与课程组建设，教师在教学工作中得到了组织支撑，增强了在教学工作中的成就感，以及教师对学院和学校的认同感，最终保障教师教学能力得到持续提升。

最后，课程组的保障机制可以吸引教师主动提升教学能力。教育部发布的《意见》中提出，高校需提供必需的场地、经费和人员保障，加强课程组等基层教学组织建设。课程组具有特殊的角色，高校教师加入课程组以后，将获得各种教学资源的支持，包括教学软硬件和教学经费。这样一来，教师参与教学的积极性将大幅提高，教学态度也会更加积极。

三 财经类高校课程组建设的具体组织与实施

（一）组织机制

为实现课程组的战略目标，财经类高校课程组建设应针对财经院校的特点，以提升教师教学能力为目的，将各项教学活动落实、落地、落细，课程组的主要任务与职责需站在全局的角度进行考虑，确保最终形成健全的运行机制。

1. 课程组人员的组成

课程组组长是课程组中最重要的角色，应由责任心强、教学经验丰富、声望好的资深教师担任，总体把握教学活动的各方面，包括整体设计课程内容、调动课程组成员的积极性、监控和反馈教学过程，确保达到相应的教学标准。课程组成员主要由教授这一门课程的教师团队组成，所有成员按照分解的任务，各司其职，共同参与课程组的工作，有序开展各项任务。

2. 课程组承担的任务

课程组任务围绕教学展开，在课程组工作方案中需明确详细的任务。具体可归纳为教学内容、教学过程、教学成果。在建设课程内容上，需严格参照专业认证的标准，编制科学的教学设计，统一教学进度，规范命题和阅卷等，并不断更新和完善。在展开教学过程中，需定期安排课程组活动，组织研讨和总结交流，改进教学方法，注重加强指导和反馈、改进。在丰富教学成果方面，需确定成果内容，比如教材、教辅、案例库、教改论文与教改项目、课程建设项目等。

3. 课程组运行的保障机制

课程组根据其工作任务有权申请与之相匹配的配套支持，例如人力、物力和经费支持，以顺利推进各项教学活动。此外，课程组对成员的工作与成果拥有一定的审核权、评议权、表决权和推荐权，确保组织可以有效运行。

（二）具体措施

1. 搭建稳定的课程组传帮带平台，助力教师教学能力快速成长

在财经类高校组织各类培训活动的基础上，将讲授同一课程的多位教师组合建立长期稳定运行的课程组，按固定周期组织丰富多样的教学活动，共同备课，充分发挥教师的传帮带作用，包括交流和学习丰富的教学经验和科学的教学方法，提出与收集教学改进的若干建议，了解学生个性化需求，介绍并了解相邻、交叉学科的前沿发展，汲取相关学科知识，取长补短、优势互补。最终逐渐增强教师沟通意识和意愿、合作意识与责任意识，不断得到教学启发，促使教学能力快速成长。

2. 以人才培养为中心，展开课程组建设，促进教师教学能力提升

第一，围绕课程教学内容建设，参照专业教指委以及专业认证的各项要求，加强课程教学内容设计，统一教学计划，明确制定教学进度，突出授课重点，体现覆盖的知识内容与深度，推动课程思政，并定期修订补充

课程资料，既能保障财经类高校教师有法可依，有章可循，又能在无形中提升教师对教学规范的认识。

第二，围绕课程配套教材、习题库和试题库建设，在条件成熟的情况下总结提炼教学成果，对专业知识进行有效整合和高度凝练，从而为教学提供高质量的素材。通过财经类高校教师前期参与分工协作，后期不断推广和运用成果，实现教学目标，收获预期效果，教学能力也自然而然地得到提升。

第三，围绕案例库建设，对教学效果良好的案例编制成册，并不断将与课程所涉及的知识点相关的新案例补充更新，确保案例库的时效性和使用效果，最终形成经典案例集。在这一过程中，财经类高校教师可不断思考如何形成和使用集体智慧，取长补短，积累教学经验，逐步提升教学能力。

第四，围绕教学方法建设，定期组织财经类高校教师充分沟通、交流、研发、观摩和改进教学方法，加速教学方法创新的推广，融合现代技术，共同分享成果，避免教学水平和教学效果参差不齐，从而保证教学质量的整体提升。

第五，围绕一流课程建设，充分发挥校外资深企业家等力量，打造高水平课程，特别是对已有建设基础、教学成效明显的课程加大支持力度，扶强扶特，冲刺省部级、国家级一流课程，进而实现建设一批中国特色的一流课程。财经类高校教师通过长期参与一流课程建设，耳闻目睹，教学能力得以不断夯实。

第六，围绕教学研究，联合院系层面教师发展中心的力量，摸索财经类高校教学的规律与本质，对教学实践中遇到的问题进行归纳总结和创新，主动寻求突破和创新途径，充分切磋教学经验，并最终升华成教学理论，深化教学改革。教师参与教学改革研究，把握教学规律和理论，促进教师不断反思与成长，最终实现教师全面发展。

3. 完善课程组建设保障机制，实现教师教学能力提升从被动向主动转变

财经类高校除了引导教师“教学与科研并重”之外，还需进一步完善课程组建设保障机制，以便彰显对教学工作的重视和支持力度，从而实现教师主动转变工作思路，改变教学态度和教学热情，主动而迫切地提升教学能力。具体做法为：加强教学业绩考核在职称评聘中的比重（包括

教学工作量和教学质量）；组织教学评优活动，特别是对业绩突出的课程组加大激励和宣传，形成良好的课程组建设氛围；加大课程组建设的教学资源支持，包括提供充足的硬件和经费，吸引教师积极加入课程组建设，回归教书育人本分。

四　案例分析：以“战略管理”课程组建设为例

在工商管理专业的课程体系中，“战略管理”作为本科学生的学科核心课，旨在为本科生系统阐述有关战略管理方面的基本概念、一般原理和专业知识，使学生能够较好地掌握战略管理的基本范畴，以及相关知识点的内在逻辑关系。同时，课程中坚持理论和实践相结合，通过案例教学和名家访谈的方式，为学生提供更加全面、生动和丰富的学习体验，加深对战略管理理论和实践活动的理解和认识，提高综合分析问题和解决问题的能力，并为今后学习其他专业课打好理论基础。可见，“战略管理”对于工商管理专业本科人才的专业素质培养起到了至关重要的作用。

与此同时，看似简单的“战略管理”课程却对授课老师提出了很大的挑战：第一，在多数本科学生眼中“战略管理”是一门既枯燥又无挑战性的课程，也即学生口中所说的“水课”，提不起学习的兴趣；第二，很多本科生的职场工作经验几乎为零，无法做到理论联系实际，往往看到的是“大道理”，不了解其中的真谛；第三，经过长期发展，“战略管理”的内容体系已经比较成熟，可是如果课程内容仅涉及现有的概念、理论和分析工具，那么教学效果将会相当差，更谈不上提升学生面对真实管理问题的分析和解决能力。

因此，围绕着“怎样让本科生喜欢以软技能为主、以实践为本质的‘战略管理’课程”“怎样让零职场工作经验的学生理论和实际结合”“怎样培养学生用管理思维解决现实问题”等话题，多位讲授该课程的老师组成了“战略管理”课程组。该课程组由1名课程组组长、若干名骨干教师构成，老中青结合，所有成员均具有一定的战略管理的教育教学实践经验。通过团队合作机制，课程组明确了各自的分工和工作职责，每个成员承担一定的工作任务，并形成教学团队内部的沟通、研讨与管理机制，具体实施该课程的教育教学。

经过前后多次组织研讨会，课程组首先明确了“战略管理”的教学理念——以学生为中心，教师主要扮演催化师或促动师的角色，学生则是整个学习过程的主角。同时，课程组发挥团队协作的特色，结合教师专长和学生学习效果不断总结并完善该课程教学资料：认真梳理教学内容，稳步建设配套教材、习题库、试题库、案例库，深入开发“战略管理”课程网站，灵活采用决策模拟、角色扮演、案例分析、方案设计、视频分析、文献研究、团队项目等多种教学方式，加强搭建校企合作平台，定期邀请校外企业家为学生开课和担任业界导师，科学组织教学研究，持续引领“战略管理”教学改革。

通过团队精心设计与长期努力，教师教学能力得到很大程度的提升，主要表现在以下两个方面。一方面，教师提升了学生学习的热情和积极性，学生能够踊跃参与到课堂讨论和活动中，能够提出很多非常具有创造性的想法，甚至会在课后做延伸性的思考，并通过查找资料来补充已有的知识体系，拓展学习范围。另一方面，教师通过参与课程组建设，也克服了教学过程的不确定性，教学效果整体上得到显著提升，有部分教师的教学效果名列校内前10%，多次荣获“我心目中的好老师”“教书育人标兵”等称号。同时，该门课程也被评为“教育部课程思政示范课程”“上海市在线开放课程”等，获得广泛好评。

“战略管理”课程组建设的成效还在校内起到了一定的引领示范作用，其他承担软技能课程的教学团队也为这种形式所吸引，如“管理学”“人力资源管理”“组织行为学”“跨国公司管理”等，纷纷申请观摩学习这种教学运行机制，以期推广到自身的教育教学工作中，进一步提高教学质量。

课程组建设对于提升教学水平和人才培养质量有着重要意义。只要能够形成结构良好、组织有序、开放包容、生动活泼且能产生教学实效的运行机制，课程组就能够在财经类高校生根发芽、生生不息。

Research on the Course Groups at Financial Universities for the Purpose of Improving Teaching Ability

Su Haihong　Dong Jing

Abstract: Faculty team is the basis of building a strong country. Having a high - level and high - quality professional teaching team is conducive to the improvement of the talents. At present, the ways to improve the teaching ability of teachers at financial universities mainly rely on short - term training and self - exploration. The lack of organizational support limits the improvement of teaching level and teaching ability. As an important form of teaching organization, the course groups provide a long - term and stable guarantee, and play a particularly important role in improving teachers' teaching ability. Starting from the characteristics of universities of finance and economics, this article analyzes how to establish the operating mechanism of the course groups, and multi - dimensionally help teachers to improve the teaching ability and talent training.

Key words: Financial Universities; Teaching Ability; Course Groups

现代高校非教学科研岗位定员框架分析与探索*

潘星晨 杨喆俊 蔡 蓉**

摘 要：本文在立足国家教育政策的基础上，从人力资源管理角度出发，运用组织结构设计与标杆定员的理论方法，通过项目调研来分析高校非教学科研岗位定员中存在的问题，结合实例对高校非教学科研岗位进行探索性定员，并提出一类以均值模型为主的定员框架。

关键词：人力资源管理；高校岗位设置；核定框架

一 引言

我国教育人事制度改革的不断深化，对高校岗位设置提出了新的要求。1999 年，《中华人民共和国高等教育法》首先确定了高等学校管理人员实行教育职员制度①，同年，教育部印发《关于当前深化高等学校人事分配制度改革的若干意见》，2000 年，中组部、人事部、教育部联合印发《关于深化高等学校人事制度改革的实施意见》进一步细化了以管理岗为

---

* 基金项目：2020 年度上海财经大学党建育人基金（管理系列）“高校非教学科研岗位精细化管理与核定框架研究”（项目编号：2020110654）。

** 作者简介：潘星晨（1991— ），男，上海财经大学人事处人事科职员，研究实习员；杨喆俊（1983— ），男，上海财经大学人事处人事科科长，统计师；蔡蓉（1969— ），女，上海财经大学人事处副处长，经济师。

① 《中华人民共和国高等教育法》，教育部官网，http：//www.moe.gov.cn/s78/A02/zfs_left/s5911/moe_619/201512/t20151228_226196.html。

主的教育职员制度。[①]

在现行框架下，高校非教学科研岗位的核定主要依据组织人事政策进行，根据既定事业编制数进行定岗、定编、定员。高校现有事业编制大多是20世纪80年代后期或90年代初期核定的，至今未做调整，而随着高等学校规模的不断扩大与组织机构不断复杂化，以分配事业编制为主的核定框架产生了一系列问题，如编制与岗位不对应、教师与非教师事业编制难以合理分配等。自1998年以来，我国本科生、研究生招生规模增加了约6倍，[②] 但高校事业编制的瓶颈导致许多高校采用派遣制、人事代理与劳动合同制等方式进行人员扩充。在这种情形下，部分事业编制不足的高校中的非教学科研岗位显现出一些结构问题，例如定员数与实际人数不匹配、编制内外人员同工不同酬、部门间岗编失调，以及不同岗位的晋升空间不统一等。

目前来看，这些问题似乎都与事业编制紧缺相关联，但这并不意味着这套体系不契合现代高校的发展。相反，作为一类“稀缺资源”，事业编制更应当发挥出激励特性，以事业编制为基础的岗位体系也应当进行一定的优化，以适应现代高等教育的发展需要。对此，我们通过分析国内高校在定员中可能遇到的普遍性问题，以广泛调研数据为基础，提出一类契合现代高校的均值定员框架。

二　高校岗位核定的关键问题

（一）定岗的结构性与延续性

定岗是岗位核定中的基础性工作，涉及组织设计、员工能力与人数匹配，从而最大化组织效益。现代高校一般属于以“教学科研、人才培养、社会服务”为主要发展目标的公益类事业单位，通常不具有营利性，其组织效益主要通过教学科研活动（教学科研岗位）进行实现。非教学科研岗位作为一类党政、管理及辅助性岗位，定岗的核心目标即是如何达到配合高校长期发展目标的管理及服务水平。

---

① 郑玮炜：《我国高校管理岗职业化之路初探》，《改革与开放》2014年第16期。

② 《简政放权进行时——深化高校用人机制改革瓶颈何在》，教育部官网，http：//www.moe.gov.cn/s78/A04/moe_693/s8052/201405/t20140507_168653.html。

在实际操作中，非教学科研岗位并不能通过科学统一的量化规则来全部确定，一方面是非教学科研岗位的决定因素非常复杂，另一方面是岗位的延续性与政策实施的困难。以上海市某高校为例，该校非教学科研岗位划分为管理岗、辅导员岗、工勤技能岗以及多种专业技术岗（如财务类、图书类、出版类、卫生类、工程类），各类岗位涵盖的部门性质各不相同且人员互有交叉，其中不乏需要严格依据国家政策进行定岗的机构。此外，不同于企业与其他事业单位，许多高校建校年代久远，多数机构岗位设置具有延续性，很难完全适应全新的定岗框架。

相较于岗位数的确定，国外相关研究更多聚焦在工作量和技能的方面。Deborah 等认为，无论企业还是社会组织，定岗应当在综合的环境下进行，充分考虑社会、环境以及技术因素的影响。[①] Hackman 等从 1976 年开始即提出了一套“工作设计理论”的框架，并提出了“工作流”的概念，根据工作流的方向来区分启动和接收到的任务信息，以确定人员之间的相互依赖关系。[②] Seongwuk 等认为，定岗的概念是局限的，其核心应当是工作量、人员技能水平的确认和评估，动态确定组织所需的岗位数。[③] 上述研究为我们提供了一定的工作思路。

（二）定编的政策性与滞后性

定编是高校根据自身承担的公益事业任务以确定机构设置以及各类型岗位职责，是一类人力资源预测机制，对高校来说，主要有行业标准法、外部标杆法、组织原则法、财务预算法（基于事业单位工资标准）几类。[④] 一般来说，党政机关管理岗位与辅导员岗位定编受到国家政策影响最大。根据政策要求，普通高等学校专业技术岗位一般不应低于岗位总量的 70%，管理岗位一般不超过岗位总量的 20%，同时逐步减少工勤技能

---

① Deborah Okolo, et. al., “Employing the Sociotechnical System Theory of Job Design for Technostress Intervention: An Integration of Technological and Social Job Characteristics”, *Change Management: An International Journal*, 2019 (19) -1, pp. 11 -23.

② Seongwuk Moon, “Skill Development, Bargaining Power, and a Theory of Job Design ”, *Journal of Economics and Management Strategy*, 2017 (27) -2, pp. 270 -296.

③ Hackman, et al., “Motivation Through the Design of Work - Test of a Theroy ”, *Organizational Behavior and Human Performance*, 1976 (16) -2, p. 250.

④ 王建民：《对“定编”工作的理论探讨》，《数量经济技术经济研究》1997 年第 4 期。

岗位编制比例，[①] 辅导员一般根据标准学生数以 1∶200 进行配置。[②] 此外，高校的机关部门定编又与国家行政单位定编（公务员）相类似，设置具体行政处室与职能岗位。由此可见，高校岗位定编自主权明显低于企业，但又略高于公务员编制的国家行政单位。

一般情况下，高校的岗位核定工作间隔时间较长，短则五年，长则十余年，每阶段核定的岗位数与实际情况相比都有所滞后。当核定人员不足时，很多高校往往会通过学校决议临时增加岗位，导致设岗文件纷繁复杂，岗位体系难以管理。另外，不同岗位间也会发生核定差异，例如某部门核定 40 个岗位，其中专技岗位 35 个。但之后十年内专技人员规模又稳定在 25 人左右，这样则空余 10 个专技岗位，在其他岗位不足且无法转岗的情况下会影响高校整体运作。因此，高校的组织结构设计（定岗）最终应当落实和反映到岗位设计（定编）上面（见图 1），确保学校整体规划与结构设计相匹配。

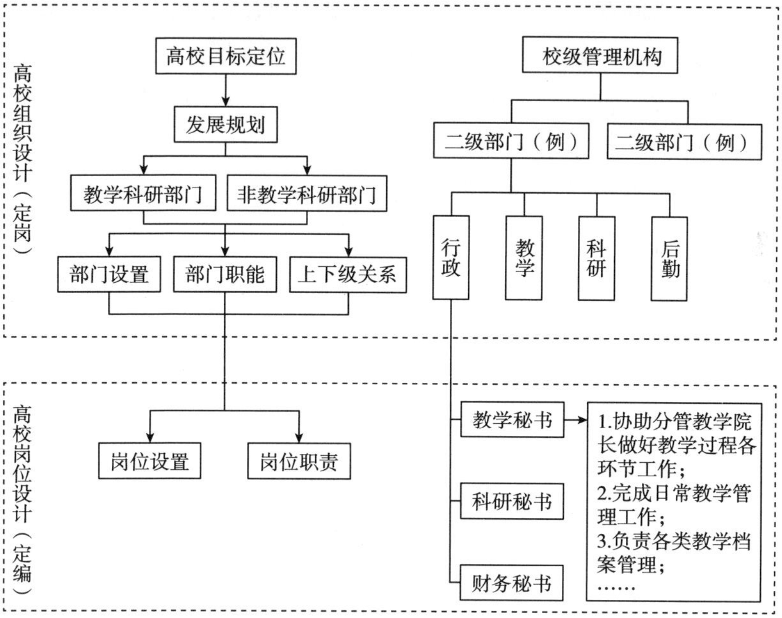

图 1　高校组织设计（定岗）与岗位设计（定编）的关系

① 李兰平：《高校教师定岗定编定量评估》，《甘肃联合大学学报》（自然科学版）2012 年第 26 期。

② 教育部：《普通高等学校辅导员队伍建设规定》，中国政府网，http：//www. gov. cn/gongbao/content/2017/content_5244874. htm。

（三）定员的差异性与标准性

高校定员是确定系列及特定岗位人员数、素质及胜任力的活动。素质和胜任力一般可以划分为“知识与技能要求”“经验要求”“素质要求”三个方面，[①] 其中知识技能与经验的内容可以通过考试展示出来，但个人素质的评价则相对较难，既包括应聘者的个性与人格，也包括内驱力、个人动机、个人态度以及职业规范等要素，这些信息在人员招聘的环节中往往不能够充分展现。[②] 在目前的管理形势下，与职位匹配度不高的人员入职后，往往难以进行岗位调动，这类应聘、入职与岗位匹配的能力差异也是定员过程中需要长期考虑的问题。

另外，即如何科学地确定特定部门特定岗位的人员数。教学科研岗作为高校最主要的岗位类型，通常是在国家划定的生师比范围内，兼顾学科规划，以各类学生系数进行折算，相对容易量化。但是对于非教学科研岗位，不同部门之间存在不同的核定标准，同类部门之间也因为工作内容与工作难度的差异导致定员数各不相同。同时，不同高校基本性质、政策及发展规划的差异，使得对非教学科研岗的定位也有所区别，使“定员标准”成为一个难以解决的课题。对于教学科研岗位，“生师比”一直是世界范围内大多数高校遵循的定员规则，这是基于“每位教师能力平均后，可以服务及指导相应的学生数”的前提形成的。[③] 而非教学科研岗又是服务于师生的一类岗位类型，是否也可以根据一定的比例进行相对精确的人员量化？

对此，本文提出如下假设：①特定的非教学科研岗位的在岗人员数量应当与该校师生数存在一定的相关性，并在合理区间内上下浮动；②机关、教辅部门根据服务对象的不同，与师生数存在不同程度的相关，据此可初步估算部门定员范围。

---

① Bernotavicz, F. , M. Clasby, “The University Secretary: A Competency Model ”, *Journal of the College & University Personnel Association*, 1985 (36), pp. 16 - 25.

② 吴树勤：《层次分析法在高校教师招聘胜任力模型建构中的应用》，《科技管理研究》2011 年第 3 期。

③ 袁双龙、郭峰：《高等学校生师比研究述评》，《湘潮》（理论版）2009 年第 4 期。

三 一类基于均值模型的定员框架

(一) 相关性验证

本文以学院、机关、教辅进行部门分类。一般情况下，机关部门岗位数受政策影响可能较大，而学院（所）的岗位与师生数关联似乎更强，为验证非政策性的非教学科研岗位人员数与师生数的关联性，抽取了4所教育部直属在沪高校的20个学院人员数据，并进行初步统计（见表1）。其中标准学生数以“本科生×1+全日制研究生×2+非全日制研究生×1.5+博士生×3”计算。统计时排除了政策性岗位“组织员”。

表1　　4所在沪高校人员数据（学院）

高校	部门	标准学生数S（距平值）	教学科研岗（距平值）	非教学科研岗N（距平值）
高校A	学院A1	1647（700.2）	54（1）	8（3）
	学院A2	1125（178.2）	54（1）	6（1）
	*学院A3	521（425.8）	61（6）	4（1）
	学院A4	948（1.2）	50（5）	7（2）
	*学院A5	493（453.8）	56（1）	6（1）
高校B	学院B1	2250（431.8）	106（28.2）	6（1）
	学院B2	1636（182.2）	64（13.8）	4（1）
	学院B3	1500（318.2）	55（22.8）	4（1）
	学院B4	1700（118.2）	74（3.8）	4（1）
	*学院B5	2055（236.8）	90（12.2）	6（1）
高校C	学院C1	997（31.6）	53（2.4）	5（1.4）
	学院C2	400（628.6）	28（22.6）	5（1.4）
	学院C3	1220（191.4）	47（3.6）	8（1.6）
	*学院C4	1500（471.4）	71（20.4）	9（2.6）
	学院C5	1026（2.6）	54（3.4）	5（1.4）

续表

高校	部门	标准学生数 S（距平值）	教学科研岗（距平值）	非教学科研岗 N（距平值）
高校 D	学院 D1	4300（1364.6）	298（120.2）	31（11.6）
	学院 D2	1200（1735.4）	40（137.8）	6（13.4）
	*学院 D3	1788（1147.4）	87（90.8）	7（12.4）
	学院 D4	3560（624.6）	210（32.2）	31（11.6）
	学院 D5	3829（893.6）	254（76.2）	22（2.6）

注：①因人员数据涉及隐私，经调研高校同意，名称以字母代替；②统计时间节点为 2021 年 3 月 1 日；③仅统计正式在职人员（不含辅导员）；④承担基础课程的学院以 * 号标注。

分别对上述高校的总体标准学生数、教学科研岗人数以及非教学科研岗人数进行距平标准化后，进行相关分析，结果可得：标准学生数与教学科研岗人数之间的相关系数为（$R_{ST}=0.840$，$p<0.001$），标准学生数与非教学科研岗人数之间的相关系数为（$R_{SN}=0.570$，$p<0.001$），教学科研岗人数与非教学科研岗人数之间的相关系数为（$R_{TN}=0.682$，$p<0.001$）。表明非教学科研岗人员数与教学科研岗人数、学生数均存在很强的线性相关性。由于同教学科研岗位近似线性相关，则以在职教学科研岗人数 T 为因素，对非教学科研岗人数进行回归，可得回归模型为下式：

$N=0.107T\pm1.58$（调整值）

例：上述同类院校中，某学院欲核定 150 名教学科研岗人员，根据回归模型，建议非教学科研岗人数控制在 14—18 人（$150\times0.107\pm1.58$）。

对于机关单位，假定一些部门定员或实际在职人数与该校师生数相关联，而另外一些部门则受政策影响，定员数相对固定。从全国范围内对 9 所高校的 11 类机关人员数据进行调研与统计。

如表 2 所示，整体来看，所有调研的高校机关部门人员数与标准学生数、教师数的相关并不是十分明显，但仍可以发现，与教职工服务或学生服务直接相关的部门（如人事处、财务处、学生工作处等），其在职人数与对应的服务对象规模间均存在显著相关（$p<0.05$），但政策性较强的机关部门（如校办、纪委、工会等）间人员范围变动较小，与教职工、学生人数不存在显著相关。这个结论支持了均值模型分类定员的初步思路。

表 2　　9 所高校人员数据（部分机关单位）

部门名称	调研数	人员范围	与标准学生数的相关系数 R_S	与学校教职工总量相关系数范围 R_T
组织部	9	6—14	0.009	0.095
校办	9	9—14	0.109	0.126
人事处	9	12—21	0.155	0.273 *
纪委	9	4—6	0.012	0.045
财务处	9	17—33	0.182	0.282 *
教务处	9	22—25	0.155	0.175
科研处	9	10—21	0.102	0.225 *
学生工作处	8	5—9	0.351 **	0.196
研究生院	8	16—23	0.285 *	0.262 *
工会	8	2—4	0.004	0.009
就业指导中心	7	4—8	0.193 *	0.105

注：* 表示 $p<0.05$，** 表示 $p<0.01$。

此外，针对主要的教辅部门如图书馆、档案馆、校医院以及后勤中心进行了调研，发现各高校的教辅部门人数参差不齐，且外聘人员较多，难以进行精确核定。同时，这些部门的人员数受资料规模、校区划分、职能定位的影响，使得根据服务师生数的均值模型适应性较差。在实际定员中，我们建议对此类部门采用岗位分析，以实际资料量为主，兼顾工作周期进行定员核算。

（二）均值定员框架基本思想及运作方法

在假定定岗定编已充分完成的前提下，首先应对该校各部门及适用岗位进行详细分类，之后确定相应的定员适用框架并进行计算。均值模型应当建立在广泛深入调研的基础上，并确保调研与比对数据真实可靠，对于特殊岗位，学校应当通过公平合理的规则设定调节岗位数，以确保特殊岗位的用人需求（见图 1）。

1. 部门分类

首先根据学校定岗定编结果，以及岗位与教学、科研、学生工作、教辅后勤、机关党政服务相关联的程度确定部门分类。一般可以划分为：①学院（所、部）。包含普通学院、专门学院、承担公共课程较多的基础学院、科研机构。②机关。包含一般党政部门、学生服务部门、教职工服务部门。③教辅后勤。包含资料类、非资料类部门。④特殊部门。包含校办企业、附属学校、独立法人机构等。

2. 政策分析

确定部门分类后，研究国家相关定员政策，确保政策性岗位定员符合要求。根据普通高等学校辅导员、专职组织员、档案员等岗位设置要求，根据一定比例系数，确定岗位基数。另有一类岗位不限比例，但以固定数值设置的，应当根据相关政策提前进行设置。①

3. 调研与数据分析

之后进行调研与数据分析，尽量以同类型、同性质院校作为对标，分类进行调研。特别对于学院（所、部）与科研平台，不同的学校定位也会引起教学科研岗位与非教学科研岗位的比例差异。数据的收集应当确保真实有效、数据量应当达到相关研究的标准。此外，对于本校每个部门的岗位设置数，也应当进行纵向调研，如发现部门历史岗位数与实际核定数、调研数差异过大的，应当标注并进行深入分析。

4. 定员数的确定

见表3样例，对不同部门，根据相关参考因素进行比例测算，以确定相应回归模型，确定定员数的合理区间。在确定定员框架后，可大致计算出部门所需的人员规模。当计算出的定员总数大于可分配的事业编制数时，我们认为可以采取两种不同方案对事业编制进行分配。

表3　不同部门间定员框架的确定（示例）

二级部门	部门分类	示例部门	定员规则	模型因素
机关	党政部门	组织部	政策定员	政策
		统战部	政策定员	政策
	教职工服务部门	财务处	政策 + 模型定员	教职工人数
		科研处	政策 + 模型定员	教职工人数
	学生服务部门	学生工作处	模型定员	学生人数
		辅导员部	政策定员	学生人数

① 程亚鹏：《定岗定编制度下的高校专职辅导员“三化”建设》，《赤峰学院学报》（自然科学版）2013年第3期。

续表

二级部门	部门分类	示例部门	定员规则	模型因素
学院（所、部）	基础学院	外国语学院	模型定员	师生人数
	普通学院	经济学院	模型定员	师生人数
	专门学院	网络教育学院	模型＋市场定员	师生人数与市场分析
	科研机构	生物研究所	模型定员	教职工人数
教辅后勤	资料类	图书馆	模型定员（资料）	资料数
		期刊社	模型定员（资料）	资料数
	非资料类	实验中心	模型定员	师生人数
		校友会	模型定员	师生人数
其他	校办企业		政策＋市场定员	政策与市场分析
	附属医院		政策＋模型定员	政策

（1）对事业编制进行总量管理，不再划分到特定部门，而是根据公开透明、公平统一的规则实施竞聘。例如，假定某高校 10 个相同部门定员 200 人，每部门分配 20 人，而该校可分配事业编制数为 180 个，则由所有 200 人进行竞聘，最终根据考核结果择优聘用。这种情况下，则一定会出现部门间岗位一致、编制不一致的现象，但也同时引入了竞争，有效激活人员工作热情。

（2）对事业编制进行比例分配。如果根据核定，岗位总数超过事业编制数时，也可根据岗位数/编制数的比例进行分配。例如，某高校 10 个相同部门定员 200 人，每部门分配 20 人，可分配事业编制数为 180 个，则根据比例“180/200”，即每部门 90% 的岗位数（18）可以纳入事业编制。这种方案有一定的公平性与稳定性，也不会引起超编的现象，但仍存在一个显著的问题：各部门内部的岗位聘用形式应当如何划分？当必定有两个岗位无法纳入事业编制时，这两个岗位应当是何种类型？这个问题应当在确定定员方案时谨慎探讨。

四　结语

本文根据均值模型，为普通高等学校提供了一类分类分步的定员核定工作思路。均值模型可较好地满足高校对定员工作的要求，能够及时对标相似高校人员情况，有效解决定员指标滞后和时效性差等问题，同时还可运用定员标准制约和规范各部门的用工行为，优化和提高非教学科研岗位工作效率，避免用工失衡。

采用数学模型对人员进行定岗定编是大型规模企业经常采用的一种方法，这种方法在一定程度上具有简洁、节省时间等优点，但同时它可能存在很多不准确的地方，例如它只能提供大致的人员核定数，不能够给予十分准确的定员结论，还需要采用其他方法进行修正，例如考虑学院的发展情况、特殊项目等。此外，对于政策性岗位，使用线性模型一般无法进行精确预测。① 本文使用的框架方法类似于人力资源管理中常用的“标杆对照法”，即选取本行业内普遍认可的机构，以其人员均值为标杆，作为参考本校定员规模的依据。进而标杆数据则成为数学模型定员的重要因素，在此基础上，需要加强校内数据库建设与校外人事数据共享。

目前高校人事管理系统主要依托客户端、应用服务器、数据库服务器三层结构进行设计。② 人事数据的分析与统计和系统设计思路息息相关，当人员数据根据组织结构进行分类、分部门储存时，相关数据的统计和分析则更易于进行。对于高校间人事数据共享，应当在相互信任的前提下进行，设定数据共享的范围、结构与标准。③

参照均值模型的定员操作中，有时人员的需求量并非和我们所选用的参数有比较好的线性回归拟合度，这就需要相应的参照因素不仅局限于师生人数，特别是对于教辅部门，应当参考其他物料因素（资料数、校区面积、食宿需求等）进行数学模型的拟合，选出能够很好预测我们所需要结果的拟合结果。

---

① 张红军等：《高校人员编制的若干问题探讨》，《东华理工大学学报》（社会科学版）2012 年第 31 期。

② 张艺嘉：《“双一流”背景下高校人力资源管理信息系统分析——评〈高校人力资源管理信息化建设——基于“双一流”建设背景〉》，《中国教育学刊》2020 年第 6 期。

③ 河北省标准化研究院文献室：《GB/T 14946. 1—2019 全国组织、干部、人事管理信息数据标准》，标准图书馆网站，http：//www. bzsb. info/searchStandard. do；jsessionid = 0F16947FB6671D0662EFD7119954A63D. tomcat9797。

Analysis and Exploration on the Framework of Non – teaching and Scientific Research Positions in Modern Universities

Pan Xingchen Yang Zhejun Cai Rong

Abstract: Based on the analysis of national education policies on human resources management, this article uses theoretical methods of organizational design and benchmarking capacity to analyze non – university teaching and research positions capacity problems. With interviewed examples of non – teaching work exploratory capacity, we propose a class of "mean model – based framework" for Non – teaching positions.

Key words: Human Resource Management; College Job Setting; Mean Value Model

课程建设

基于项目驱动的混合式教学创新研究*

——以“创新思维学”课程为例

杨媛媛**

摘　要：本研究以项目教学法为出发点，探讨线上线下混合式教学方式，以“创新思维学”课程为例，分析基于项目驱动的混合式教学创新研究，通过课前、课中、课后环环相扣，帮助学生激发学习热情，产生学习动力。在教学创新改革过程中，通过教学效果统计，得出如下经验：基于项目驱动的混合式教学更有利于教师在教学过程中明确教学目标；利用课堂提高教学效率，解决教学重难点问题，唤起学生的学习主动性和自律性，鼓励激发学生的课堂参与积极度；通过课前—课中—课后三个环节的线上线下混合式融会贯通，让学生最终能以赛促学、学以致用、学有所成，通过提升教学质量，实现师生“双赢”。

关键词：项目驱动；混合式教学；创新思维学

一　引言

高等学校本科教育在2018年迎来了一次大变革，教育部高等教育司

---

* 基金项目：广东外语外贸大学南国商学院高等教育重大类改革项目“基于项目驱动的新商科人才创新能力培养研究”（项目编号：2020JG02）。

** 作者简介：杨媛媛（1982—　），女，广东外语外贸大学南国商学院副教授，空港经济协同创新中心副研究员。

司长吴岩在高等教育论坛年会上提出：要重视本科课程教育，打造“金课”，淘汰“水课”。课程是人才培养的核心要素，是高等教育教学必须重视的问题。高校教师可以通过课程、课堂这一主阵地实现立德树人。而目前高等教育中，课堂教学效率不高，学生不认真听课的现象普遍存在。如何能够提升课堂教学质量，提升学生课堂参与度，是每位大学教师在教学改革中都需要思考的问题。吴岩同时强调，打造“金课”的标准要满足“两性一度”，“两性”指的是：“高阶性、创新性”，“一度”指的是“挑战度”。这样的标准就需要教师在课程教学过程中，精心做好教学设计，利用项目驱动、混合式教学，培养学生拥有高阶思维，提升解决复杂问题的能力。在课程内容的备课准备上，应反映前沿性和时代性，教学形式应呈现先进性和互动性，学习结果应具有探究性和个性化。在最难的“挑战度”标准上，需要教师对课程知识点做好难度把控，了解学生水平，因材施教，设置具有一定挑战度的学习内容或任务，培养学生的思辨能力和愿意解决难题的勇气、信心。本文基于项目驱动的教学理念，依托“创新思维学”课程教学改革实践，设计了基于超星平台建设的混合式线上线下教学模式，通过对比改革前后课程的教学状况来评价混合式教学模式改革成效，为同类课程的教学改革提供借鉴。①

二　项目驱动下的混合式教学改革重构

（一）项目驱动教学法综述

项目驱动教学法最早萌芽于欧洲，是最初适用于德国的职业教育的。到20世纪中后期该教学法逐渐趋于成熟完善，成为教学中一种重要的理论思潮。后来，美国教育学家凯兹和加拿大教育家查德提出项目教学法是一种适合培养学生综合素质能力的教学法。美国从1998年开始，在小学、中学和大学均采用项目驱动教学模式，教师根据课程内容设计课程项目，学生通过分组，以小组合作的形式，完成对项目任务的理解和设计，向教师展示汇报项目的思路和结果，教师评价反馈。在这个过程中，通过学生

① 冯亚娟、施茉祺：《基于项目驱动的混合式教学实践与效果研究》，《高教学刊》2021年第8期。

之间的沟通、合作，提升学生的自主学习能力。在英国，项目教学法的教学形式体现在教学内容确定为行动性的学习问题，通过分组成员的互补性明确项目任务，实施完成项目，最后通过撰写报告和汇报交流，由教师评估项目的成果。而在印度的课堂上，项目驱动教学法更贴近就业，以提高学生就业为导向，案例讨论为中心，多案例分析，以此来提高学生的实践技能。①

国内最早采用项目教学法是在 19 世纪 80 年代的香港中小学。从 2004 年开始，越来越多的教师和教育工作研究者对项目驱动教学进行了实证性研究、过程性研究以及教学设计研究。通过一段时期的教学实践，得出项目教学法适用于经济管理类的专业、语言类专业、信息技术类以及土木建筑类专业等，这些学科专业本身就需要进行项目管理。项目教学法可以将原来的以教师为中心转变为以学生为中心，让学生成为项目活动中的主体。通过设计好项目的目标、任务、内容和环节，将专业知识结合项目激发学生的学习兴趣，增强学生的团队合作意识和沟通表达能力。

（二）混合式教学的形式

混合式教学，是一种将在线教学和传统教学相结合，通过现代信息技术的发展，教学资源的丰富，采取的线上（以微课、微视频为主导学习）+线下 PBL（Project－Based Learning Method）基于项目驱动的教学法相混合的一种创新教学方式。② 这种混合式教学方式的采用，一方面是基于信息技术的变革、5G 技术的创新，催生远程教育发展进程的加快；另一方面是基于“90 后”“00 后”新一代大学生的学习习惯和学习兴趣，上网冲浪已成为生活常态。传统的线上课堂教学已不能满足时代和学生的需求，混合式教学变革势在必行。开展混合式教学的最终目的既不是让学生简单利用在线平台看视频学习，也不是让教师单纯去通过建设数字化的教学资源就不用线下授课，更不是在课堂上翻新教学活动就完成学习。混合式教学的最终目的是有效提升学生学习的广度和深度。混合式教学改革

① 吴振华：《基于项目驱动教学模式的课程改革研究——以〈社会调查理论与实践〉为例》，《文化创新比较研究》2021 年第 3 期。

② 王逸飞、李春丽、李连和：《基于“工作引导＋项目驱动＋课程联动”》，《教育观察》2021 年第 4 期。

没有固定的模式，但建议教师可以围绕以下三步骤开展教学设计。

1. 线上资源的建设质量要能够实现对知识的导入讲解

线上资源是开展混合式教学的前提，倡导混合式教学的第一步就是先通过微课、微视频学习让学生对课程知识有初步了解和认知，给予学生充分的学习时间，完成课前预习，保障课堂教学质量。在课堂上，教师可以围绕课程知识的重点和难点展开讲解，引导学生充分讨论，积极思考和主动分享。同时，在课上反馈解答学生在学习中遇到的共性问题，或对学生分享做出点评。

2. 线下要设计高质量的教学活动

教学活动要能够检验、巩固和转化线上知识的学习。线上学习以自学为主，目的在于让学生掌握基本知识点，而线下通过精心设计的教学活动为载体，引导学生把在线所学的知识进行深入理解与灵活应用。通过项目分组、完成项目任务，让学生有更多的机会参与学习，并进行深度学习。

3. 教师要对学生的线上和线下学习活动进行及时评价

无论是线上看视频或答题测试，还是线下的项目汇报，都需要给予学生及时的反馈沟通，做好学情管理。教师适当地采用在线教学测试有利于了解学生的真实学习情况。在混合式教学改革中，教师要特别重视过程管理。通过学习数据的统计，了解学生学习状态，及时给予学生反馈：对学习态度积极的学生及时激励表扬，对学习态度消极的学生及时提醒关注。全面通过学习数据掌握学生的学习情况，教学内容、进度和设计。

（三）混合式教学模式构建

混合式教学模式的课程构建是教师在进行教学改革创新中最重要的一个环节。教师既可以自己录制微课视频制作课前导入，也可以考虑采取已有的开放课程资源转发给学生学习。开放课程资源现在课程内容做的好的平台有中国慕课、超星平台、雨课堂等。教师可以根据平台与学校的合作关系或自己的使用习惯及学生的使用习惯固定在一个教学平台开展混合式教学。目前比较多的学校是和北京超星公司合作，电脑端统一使用超星网站作为数字化的课程建设平台，移动端利用超星公司开发的学习通 App，不受时间和地点限制，随时为教学做好服务。基于项目驱动的混合式教学设计，要求教师要有明确的教学目标和教学过程。教师首先可以在课前通知学生班级，做好学习小组的分配，其次向学习小组发布项目的任务和说明。教学形式由线上（微课或 PPT 语音）教学和线下（课堂）教学组成（具体模式设计见图 1）。在教学实践中，教师课前可以采取两种方式：一是可先通过线上教学平台对学生发布课前测试，掌握学生对本单元知识的了解程度，再推送视频和发布课堂任务。让学生们进行专题训练并对遇到的问题进行汇总，来监测学生的课前学习状态。二是教师也可以先利用线上平台发布课程微课或 PPT 语音进行新课知识点的概述，完成课堂讲解后再利用线上平台发布相关测试，了解学生的学习情况。课中学习一般由理论课程和实践课程两部分组成。教师可以通过线上教学平台上传本单元学习资料，答疑解惑的同时监督和引导学生进行专题训练来自主探究及合作学习。在理论课程中可根据项目实施状况采用翻转课堂、研讨辩论等形式提高学生参与程度。实践课程主要分为两类：一类是创新创业教育工作坊，通过邀请企业家分享自己的创新经历，包括创业过程中的商业模式创新、产品创新、营销创新和管理创新等内容；利用视频现场直播或带领学生走访创新企业以现场参观教学的形式来实现。另一类是指导学生通过

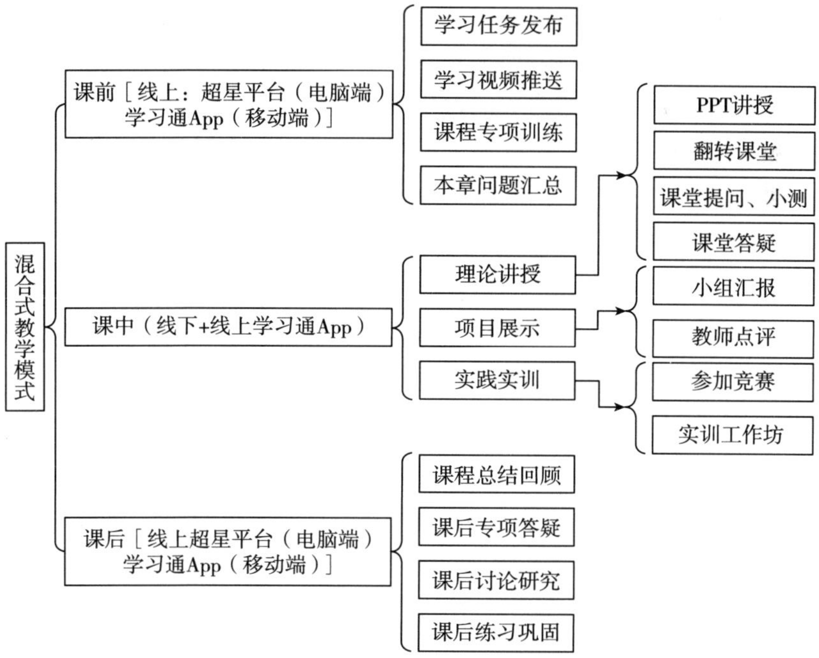

图 1 “创新思维学”混合式教学模式设计

参加大学生创新创业项目或各类创新大赛，以项目促学，以赛促学，发挥学生的团队管理能力。通过两类项目的指导旨在提高学生理论联系实践的能力和专业知识应用能力。课后教师可以通过超星平台发起讨论话题，答疑解惑；学生也可以通过超星平台上的学习资料复习巩固本单元的知识重点、难点。

三　基于项目驱动的“创新思维学”课程混合式教学实践

（一）“创新思维学”课程简介

“创新思维学”是广东外语外贸大学南国商学院管理学院面向经济与管理专业学生开设的通识类必修课程。2019 年起，主讲教师开始使用超星—学习通教学平台，不断进行线上线下的混合式教学改革实践。该课程目前被立为“院级线上线下混合式一流本科课程”项目。根据项目驱动式混合教学的设计，“创新思维学”6 个单元 20 个视频，每个视频时长 5—15 分钟。视频的特点在于其中不仅包含“创新思维学”的基础知识，还引入了一系列的商业创新案例，在培养学生学习习惯的同时进一步致力于提高他们的学习兴趣。在线课程不仅能对理论知识进行补充，还能引导学生了解行业发展情况，拓展其专业前沿知识，加深职业了解的深度。

（二）基于项目驱动的混合式教学改革实施过程

“创新思维学”课程混合式教学模式改革实施过程分为“课前—课中—课后”三个阶段，主讲教师在每个阶段都制定了不同的教学目标和侧重点。根据学生的专业特点、学习背景、现场教学反应和课后反馈，依据具体教学情况的变化，适时进行调整，力争因材施教。

课前预习热身，旨在激发学生对知识自主发现的过程。首先，在每一篇章课程开始前，教师会发布课前视频及测试，就一些“创新思维的基本概念”和“创新方法的理解与掌握”对学生进行考察，增强学生的学习兴趣。其次，通过超星平台发放学习任务，利用在线开放课程，引导学生自主学习和探究，以小组形式来共同模拟完成案例项目实战专项训练。在开课前，教师向学生提供电子教材，通过学习通 App 推送课程资源和其他配套资料并留给学生充足的学习时间，使学生可以在移动端和 PC 端观看教学视频，学习指定材料，阅读相关行业创新案例及背景资料。最后，在完成课前预习专项训练后，就所发现问题或教师提出的问题进行主题讨论，例如：创新的途径有哪些？你身边有哪些创新的人和事？你自己做过哪些有创意的事情？等等。

课中学习讲授，主要由基础理论课堂、思辨课堂和项目实践活动构成，三个环节相互关联。通过课前预习，学生已经对课上知识和案例项目有了一定的了解并完成了专项训练，课上进行成果展示、讨论在此环节中实现翻转课堂。老师根据学生的课堂表现因材施教，给予反馈，对教学内容做出适当调整，可增加案例分享或设置问题引发学生思考，在课堂上加强与学生互动，让学生能有需求满足感。根据项目驱动教学，课前让学生进行好分组，熟知项目任务，课上进行项目汇报，展示成果。每组派代表成为项目展示评委，结合老师的点评和小组代表评委的建议，让每个小组，每位同学都能参与到课堂项目汇报中，活跃课堂气氛。结合“创新思维学”的教学内容以及经管专业学生的学科背景，设置的项目任务可以围绕企业的产品创新、营销创新、服务创新、商业模式创新、人力资源管理创新等内容来展开，让学生能够结合自己的专业背景学以致用、开拓创新，解决实际问题。

课后复习提高，课后复习有利于对知识进行回顾梳理，帮助学生更好吸收，养成良好的学习习惯。教师可以通过在线教学平台（如超星、雨课堂、91 速课等）搭建课程平台，建立习题库，课后向学生推送测试题或相关微课，对学生已学习过的课程内容和知识点的掌握程度进行跟踪测试和评价，还可以通过发起讨论、论坛或帖子等组织课程内容和知识点的讨论。课后的在线讨论不仅可以促进协作学习和知识建构，而且有利于培养学生的创新学习能力和思辨能力。在项目驱动的合作学习中，一方面，学生可以选择自己感兴趣的项目内容，讨论不同企业创新创业的方法和路径；另一方面，教师可以借助在线教学平台向学生推送课堂讲义、PPT 及其他阅读材料，在期中和期末让学生们分享课后学习成果并发给教师汇总讲评，锻炼学生的团队精神和协作能力，提高他们的综合学习及实践能力。

在完成课前、课中和课后环节后，为了培养学生的实际操作解决问题的能力，鼓励学生分组，选择参加实践类的项目一项，实践类的项目包括：各类大学生创新创业大赛；省级、校级大学生创新创业训练项目；和本专业相关的专业比赛，如创意星球学院赛、中国大学生广告艺术大赛、娃哈哈营销策划大赛等。通过竞赛类的实践项目，帮助学生以赛促学，参加比赛的团队小组或个人都可以凭借参赛作品作为期末成绩的加分依据。通过附加分调动学生参加竞赛项目的积极性和热情。

四　教学效果统计与评价

（一）教学效果统计

“创新思维学”混合式教学改革实施3个学期后，教师向选课学生发放了线上调查问卷，统计了2019级和2020级经济与管理学院上课的学生。调查时间从2019—2020年（2）学期到2020—2021年（2）学期，共计三个学期，参加调研的学生为384人，其中教学改革前为181人，教学改革后为203人。调查内容为“创新思维学”课程混合式教学模式与传统教学方式的教学效果对比。调查问卷按照李克特5级量表设计，设置了5道题目，分别围绕：“①你对基于项目驱动的“创新思维学”课程混合式教学满意度如何？②你对使用超星平台开展辅助教学效果满意吗？③你对教师线上布置的教学视频和教学任务满意吗？④你对教师线下课程的讲解和答疑内容满意吗？⑤你对本学期课程学习效果满意吗？”选项设为非常满意、满意、没有明显感觉、不满意、非常不满意。调查前通过SPSS22.0对问卷进行信度分析，结果表明Cronbach’s α值为0.863，说明问卷设置科学有效。统计结果表明，改革前满意度均值为3.7，改革后的均值为4.18，改革后学生对课程的满意度要优于改革前，且两者之前存在显著差异。通过教学改革的实施，2020—2021（1）(2）学期结束后，教师所教授的班级学生在大学生广告艺术大赛、创意星球学院赛、三创杯电子商务大赛和2020年、2021年大学生创新创业训练项目等不同比赛和项目中获奖和担任项目主持人。根据调查跟踪统计，改革前学生课程的平均成绩为86.3，改革后学生课程的平均成绩达到89.5。在竞赛方面，改革后省级以上的比赛获奖项目由原来的16项增加到28项，获奖人数由原来的38人提高到68人。

(二) 教学效果评价

通过近三个学期的教学改革实践，学生的课堂满意度有所提升，实践能力也得到了锻炼，获奖证书的增加以及作为项目主持人完成项目的全过程都让学生获得了较好的学习成就感。培养了学生的正向学习力。作为授课教师，一方面，在课程的教学过程中能收获充实高质量的学生参与和教师互动的课堂，体验教学成就感；另一方面，教师通过项目驱动教学，辅导学生参加专业类竞赛项目，学生和教师双双获奖，教师获得“优秀指导教师”的称号。

五 结语

基于项目驱动的线上线下混合式教学模式的改革实践对教师有如下启示。

第一，开展混合式教学首先要明确教学任务、顺利完成课程目标。根据教学目标设计教学环节和内容。课前的线上学习，是一种课前“预热”，激发学生的好奇心和学习动力，通过自学帮助教师在课堂上节约时间、提高效率，直击教学重点和难点。学生在课堂上进行的项目展示和汇报，有利于学生内化理解知识，并将知识学以致用。

第二，帮助学生建立沉浸式教学的参与感和体验感，将原来传统教学中以教师为中心的“要我学”变为现代教学以学生为中心的“我要学”，从传统的灌输式教学变为以学生为中心、学生是主角的参与体验教学，增强师生之间的互动与交流。

第三，混合式教学模式通过充分利用现代信息技术，结合学生的学习和生活习惯，与时俱进地实现了学习的自主性、实时性和无地域性。利用线上和线下互补的教学优势，拓展教与学的时间和空间，重构传统课堂教学方式，提高学生的课堂参与和成就感，有助于创新教学方法，提升课程教学质量。

打造“金课”、杜绝“水课”是现代大学教师的重要教学目标和责任。教师要充分发挥课堂这一教学主战地，提高教学质量，提升教学效率。学生要在课程学习中加大参与度，提高学习效果，绝不是一句“口号”，一学期教学改革就能实现的。打造“金课”要求教师要与时俱进，学会运用现代教学技术，充分了解当代大学生的学习习惯、生活方式以及学习需求。采用线上线下混合式教学，利用新技术新方法调动学生的学习积极性和主动性是大势所趋，教师应顺势而为地创新教学模式、改进教学方法。教学改革和创新任重道远。

Research on Hybrid Teaching Curriculum Innovation Based on Project Driven – Taking the Course of Innovative Thinking as an Example

Yang Yuanyuan

Abstract: Taking the project – based teaching method as the starting point, this paper discusses the online and offline hybrid teaching methods. Taking the course of innovative thinking as an example, this paper analyzes the research on the innovation of hybrid beaching Based on project driving, and helps students stimulate their learning enthusiasm and find their learning motivation through the links before, during and after class. In the process of teaching innovation and reform, through the statistics of teaching effects, this study found that: project driven hybrid teaching is more conducive for teachers to clarify teaching objectives in the teaching process, improve teaching efficiency in the classroom, solve important and difficult teaching problems, arouse students' learning initiative, and stimulate students' Classroom participation. Through the online and offline hybrid integration of three links before, during, and after class, students can promote learning through competition, apply what they have learned in practice, and achieve success. By improving teaching quality, teachers and students can achieve a win – win situation.

Key words: Project Driven; Blended Teaching; Innovative Thinking

国学教育在高等师范教育中课程化的探索

——以布卢姆情感目标理论为基础*

梁秀清　朱家安**

摘　要： 中华优秀传统文化与教育有机融合已经成为时代发展的需要。然而，当前中小学教师队伍传统文化素养总体水平不高，无法自主领会和把握中华优秀传统文化核心思想理念，难以承担起传承中华优秀传统文化的重任，需要在中小学教师队伍的培养中给予加强。本文试图以布卢姆的目标分类理论中的情感目标为基础，以中国优秀的传统文化为内容，按照接受—反应—信奉三个发展水平来构建国学课程内容体系，以此来树立师范生热爱教育事业思想，厚植乡村教育的情怀，有效提升师范生中华优秀传统文化教育素养及教育教学能力。

关键词： 国学教育；师范教育；课程；目标分类理论

2017 年 1 月 25 日，中共中央办公厅、国务院办公厅颁布了《关于实施中华优秀传统文化传承发展工程的意见》（以下简称《意见》），提出从研究阐发、教育普及、保护传承、创新发展、传播交流等方面协同推进我国优秀传统文化传承的目标。为此，要在国民教育的每个学段都开展中华优秀传统文化内容的教育，在相关学科的建设中突出和加强中华优秀传统

---

* 基金项目：2019 年度广西高等教育本科教学改革工程项目“基于小学全科教育的‘国学教育’课程与教材建设的研究”（项目编号：2019JGB499）。

** 作者简介：梁秀清（1976—　），男，广西教育学院教育科学学院副教授；朱家安（1962—　），男，广西教育学院教育学院教授。

文化地位和作用，使教育部提出的中华优秀传统文化进中小学课程教材精神得到真正落实，从而能够永续中华民族的根与魂，坚守中华民族的共同理想信念，筑牢民族文化自信、价值自信的根基，维护国家文化安全，增强国家文化软实力，培养青少年做堂堂正正的中国人。中华优秀传统文化进中小学课程教材，能够在基础教育中切实落实用优秀文化育人的功能，利用中华优秀传统文化作为丰富的养分滋养学生的心灵，培育他们形成深刻的社会主义核心价值观，从而促进中华优秀传统文化传承发展系统化、长效化、制度化，这已经成为国家的教育政策，也成为社会的共识。

选择师德作为中小学教师人才培养的立足点，具有非常重要的现实意义。以中小学教师专业理念中的职业理解为目标，选择我国优秀传统文化来构建丰富的课程内容，进行以中华优秀传统文化为核心内容的学科体系建设，把具有重要文化价值和传承意义的“绝学”、冷门学科结合新时代社会发展的需要进行整合和挖掘，形成中小学教师培养中的“国学课程”，以中华经典诵读工程、中华文化公开课、传统文化教育成果展示等活动方式，面向全体中小学教师加强中华优秀传统文化的教育，提升中小学教师队伍中华优秀传统文化教育素养及教育教学能力水平，进而培养和促进中小学师范生热爱教育事业的情感，并具有职业理想、敬业精神和浓厚的教育情怀，已经成为时代对我国当前师范教育的迫切要求。①

一　国学课程建设的必要性和存在的问题

《意见》强调把中华优秀传统文化传承发展贯穿于国民教育的始终，具体落实到教育实践中，需要对中华优秀传统文化进行分层次实施，在不同学段有相应的目标要求，在基础教育阶段重点要培育学生对中华优秀传统文化的亲切感、感受力、理解力、理性认识，进入大学教育以后则注重提高学生对中华优秀传统文化的鉴赏和发展，表现在自主学习和探究能力的培养上。

① 《中共中央办公厅　国务院办公厅印发〈关于实施中华优秀传统文化传承发展工程的意见〉》，中华人民共和国中央人民政府官网，http：//www. gov. cn/gongbao/content/2017/content_5171322. htm。

（一）国学课程建设和实施中存在的问题

党的十八大以来，我国高等院校及中小学加强了国学的传承发展工作，在基础教育学校，不少学校通过校园文化建设、课程开设、课外活动开展等方式如火如荼地开展国学学习，呈现出蓬勃发展态势。

在这大好形势下，却也出现了不少的问题值得我们关注，主要体现在如下几个方面：

1. 缺乏系统的国学课程体系

从课程设置来看，虽然国学得到越来越多的重视，但中华优秀传统文化的本源内涵尚未进行体系化的凝练，教育内容分布散乱，系统性、整体性、逻辑性明显不足，缺少顶层设计，有关专门的课程还比较少。

2. 缺乏高水平的国学师资

从师资力量来看，绝大部分高校没有国学教育方面的专业，缺乏可以承担传统文化课程的专职教师，未接受过文化传承的系统训练，极易自然形成以教科学知识的方法教传统文化的错误模式且不自知，导致学生空有传统文化知识而乏精神升华、空有外在仪规而无处世体悟、空有机械言表而缺知行合一的缺憾结果。

3. 学生对中华优秀传统文化中所包含的丰富精神内涵没能正确理解

把传统文化中的经典名句、故事内容按照考试知识点来学习，出现将文化理解误读为知识传授、将文化精神把握曲解为单纯经典诵读的现象，导致注重知识授受、忽视精神内涵阐释的结果。

（二）国学课程构建的必要性

中华优秀传统文化影响着我们中小学生精神世界“根”和“魂”的建构，对中华优秀传统文化的价值认同和自觉践行，才能建构中小学生健康的人生价值观体系，从而有助于中华民族伟大复兴的实现，为此，必须在教育中强化中小学生中华优秀传统文化的教育。在教育中落实中华优秀传统文化传承是中小学教师应当承担的重要责任，广大中小学校长、教师等必须提高中华优秀传统文化的素质，才能成为合格的传承者，才能真正通过学校教育实现中华优秀传统文化在中小学生身上传承和发展。

1. 国学课程能提升促进师范生的文化自信

中华优秀传统文化中的丰厚养分能滋养师范生的精神世界，他们在对国学课程学习过程中，深入领略五千年文明积淀下来的优秀文化，不断认识和理解中华优秀传统文化的力量，感受到中华传统文化在世界发展过程中的影响力，提升师范生的文化自信和教育自信，同时也增强他们对教师职业的认同感和责任感，激发他们积极主动承担起我国新时代人才培养的使命。

2. 国学课程能增强师范生对传统文化的认知及认同程度

国学课程开设引导学生对传统文化的认识与践行，让师范生真正感受到中华优秀传统文化的博大精深，自觉学习优秀传统文化知识和思想，结合新时代的要求进行知识体系的构建，打上中华文明的底色，增强学生学习和了解传统文化的构成及知识内容的兴趣，提高学生对中国汉语言文字的掌握与运用能力，消除青少年学生盲目崇洋媚外的弊病。

3. 国学课程能滋养师范生的精神心田

在教师培养过程中，以中华优秀传统文化丰盛养分去滋润未来教师的精神心田，树立道德心灵和仁爱万物、德化天下的心志和信念，实现内在道德品质与外在言语行为的知行合一和表里如一，做一个具有道德风范的人，使师范生成长为能够承担中华优秀传统文化传承发展的主体。

二 师范教育国学课程构建的理论依据

学术界对国学这样定义：研究中华民族传统思想文化和人文历史的学问。著名学者季羡林先生提出了一个“大国学”概念，他认为，凡是我国所有的地域文化和民族文化，甚至被我国同化的，具有中国特色的外来文化，也可以纳入国学的范畴。季老先生对“国学”的定义得到许多人认可，从而进一步扩大了国学的范围和内涵。

根据《意见》，中华优秀传统文化的内容主要体现在“讲仁爱、重民本、守诚信、崇正义、尚和合、求大同等核心思想理念”，“自强不息、敬业乐群、扶危济困、见义勇为、孝老爱亲等中华传统美德”，“有利于促进社会和谐、鼓励人们向上向善的中华人文精神”。[①] 这些重要的思想体现了中华传统文化精华的内核，是师范教育的中华优秀传统文化课程

① 《中共中央办公厅 国务院办公厅印发〈关于实施中华优秀传统文化传承发展工程的意见〉》，中华人民共和国中央人民政府官网，http：//www. gov. cn/gongbao/content/2017/content_5171322. htm。

内容选择的导向，是课程构建的重要依据，其中所蕴含的思想和精神在当前新时代社会主义的精神文明建设中仍然发挥着十分重要的现实作用，也是新时代国学开设的价值所在。

国学课程最直接的目标是影响教师专业的情意，体现在教师的专业理念与师德上。众所周知，专业理念与师德的形成需要相应的知识来支撑，但更多的是属于情感态度的变化，与知识的掌握相比较，情感态度的形成经历更复杂的过程和更长的时间，布卢姆目标分类中情感领域比较好地解释了教师专业情意的发展过程。在此，基于布卢姆目标分类理论中情感领域的目标分类的理论基础来构建国学教育的课程体系。

（一）情感目标理论

20 世纪 60 年代，美国学者 D. R. 克拉斯沃尔（Krathwohl）与 B. S. 布卢姆（Bloom）共同出版《教育目标分类学：情感目标》（第二分册），在书中提出情感目标即“注重情调、情绪或接受与拒绝程度的目标，情感目标也是各不相同的……这类目标有许多是用兴趣、态度、价值观和情绪意向或倾向这类术语来表述的”。①

“教育目标分类理论”提出，“情感目标”的发展经历了接受（receving）、反应（responding）、价值评价（valuing）、组织（organization）和性格化（characterization）五个阶段。在这个过程中，当个体面临一种外在的理念或价值观，首先，按照某种规范被动地接受，其次，主动地对新理念或价值观做出反应，并依据一定的价值标准进行评价，形成认同，进而更为主动地内化为个人已有的价值观体系中，最后“融化在血液中”，成为自己性格的一部分。②

“情感目标”的实现是一个由外到内的转化过程，体现态度从“轻微持有到极其重视以至性格化的不断增加”的内化程度，布卢姆在目标分类中将情感目标分为五个等级。

---

① ［美］克拉斯沃尔、布卢姆：《教育目标分类学：情感目标》（第二分册），施良方、张云高译，华东师范大学出版社 1989 年版，第 198—208 页。

② ［美］克拉斯沃尔、布卢姆：《教育目标分类学：情感目标》（第二分册），施良方、张云高译，华东师范大学出版社 1989 年版，第 198—208 页。

1. 接受

接受是指学生对环境中的事物予以关注，体现在教学中就是教师指引和维持学生的注意。在学生身上表现为从开始意识事物存在的无意识注意变为有意识的选择性注意，它是价值内化最低级的水平。

2. 反应

学生已达到积极参与的层次，是一种超出单纯留心某一现象的行为，处在这一水平的学生，积极留心某种现象或对该现象做某些事，而不仅仅只是感知它们，而且以某种方式对它作出反应，以及反应的满足。这个目标层次与通常所说的“兴趣”类似，强调对特殊活动的选择和满足。

3. 价值评价

即将一定的价值标准对特殊的事物、行为或现象进行分析和评判，在此基础上，表现出愿意接受或自觉承担，分为价值的接受、对价值的偏爱、对义务的自觉承担。价值化通常可以体现“学生刻苦练习新写作类型”等行为上。

4. 组织化

当学生面对多种价值观念出现时，对价值进行观念化并运用这些观念判断各观念间的相互联系（价值观念系统的组织），确定它们的关系，建立主要的价值和普通价值，由价值观的概念化和价值系统两个亚类组成，“讨论努力学习文化知识在个人生活中的价值”属于这一级的水平。

5. 个性化

将价值观、信念、概念和态度建立一个和谐的内在系统，表明了这些观念、态度已经形成了稳定的整体性人生哲学或世界观，价值观或价值体系已成为稳定的个人特征的一部分，由组合化和特性化两个亚类组成。这一水平的学习结果强调学生行为的典型性和个性化。这阶段的目标在于学生“形成积极的人生观”。①

情感目标的等级层次是一个态度不断强化的心理内化过程。从对事物下意识的关注开始，经过一个持续加强动力的阶段，最后达到对一个人行为的自我调控（自觉、有意识的状态），而不是放任人性的恣意发展，积淀为具有高度确定性的人生价值观，当形成一种人生观的时候，即达到了

① 熊晓君：《布卢姆的教育目标分类理论研究综述》，《世界家苑·学术》2018 年第 5 期。

情感的最高层次。[①]

（二）情感目标理论在课程建构中的应用

教师的专业情意由专业理想、专业情操、专业性向和专业自我四方面内容构成，其发展也是一个对教师职业由认识到理解再到自觉的循序渐进的过程，逐渐形成具有热爱教育事业、关爱学生、为人师表的职业态度和职业理想，因此，教师专业情意的形成与提高的过程与“情感目标”的等级层次发展是相近的。[②]

布卢姆对目标设定的目的意图并非是对教学本身目标进行分类，其目的是提供测量手段对教学结果进行评价，同时还能够帮助教师对教学过程中学生发生的变化进行观测，并依此作出相应的教学方式调整，提高教学结果的成效。此外，教师根据学习目标分类对学生学习水平层次恰当划分，进而为设计各类教学内容提供依据和指导，也可以成为课程编制的依据。

根据“情感领域”的发展水平层次，将课程中的情感领域的学习水平分为接受、反应、价值判断和信奉四个层次，并依此将情感目标分为接受、反应和信奉等不同水平。在师范院校教师培养的课程设置上，不可避免地出现诸多关涉教师专业情意培养的内容，直接与教师职业道德和专业理念相关。布卢姆教育目标分类理论中的情感目标理论强调情感态度由外及内，在注重外部环境创设的基础之上，与个体的主观能动性有机结合，再结合人的情感形成的特点，将学生的情感目标细分为接受—反应—信奉三个由易到难的“台阶”，逐级上升，能够最终达成预期的情感目标。

三　师范教育中国学课程建构的设想

在课程开发和建设中，著名的“泰勒原理”依然是重要的基本路线。首先要设定课程的教育总目标，其次课程总目标分解为若干个预期学习结果目标，根据从易到难、循序渐进、螺旋上升的原则，再次将这些预期学

---

① 朱琳：《布卢姆教育目标分类理论》，《文化学刊》2008 年第 9 期。

② 李文兵：《教育目标分类理论语境中教师专业素养的形成》，《现代基础教育研究》2018 年第 9 期。

习结果目标组织成 3—5 个单元，根据学习结果选择相应课程内容和教学方法，最后将选定的课程内容编排为逻辑清楚的内容体系。

（一）国学课程目标的设定

课程目标要与国家政策导向一致，中小学教师专业标准规定中小学教师要“理解中小学教育工作的意义，热爱中小学教育事业，具有职业理想和敬业精神”。《教育部等六部门关于加强新时代乡村教师队伍建设的意见》指出：“厚植乡村教育情怀。……引导教师立足乡村大地，做乡村振兴和乡村教育现代化的推动者和实践者。”

基于以上政策的理解，亟须按照党的十八大、十九大精神和“把立德树人作为教育的根本任务”的指示要求，努力培养造就一大批既掌握文化科学知识传授能力，又具备中华优秀传统文化传承能力的专业教师，承担起引导中小学幼儿园以正确而有效开展中华优秀传统文化的教育重任，在孩子们成长的重要阶段为他们心灵深处铭刻上中华民族最独特的精神标识。基于此目的，传承国学课程的目标应设定为：培养师范生认识和理解中华优秀传统文化，进一步增强文化自觉和文化自信，树立热爱祖国、热爱家乡、热爱教育事业及献身中小学教育事业的品质，有效提高其职业理想和敬业精神，有效提升师范生中华优秀传统文化教育素养及教育教学能力，成为中华优秀传统文化合格的传承者。

（二）国学课程内容的选择

经历了五千年的传统文化积淀，国学的内容范畴非常丰富而广泛，跟文化艺术有关的学科或学问，如包括当前学科分类的哲学、宗教学、文学、历史学、民俗学、考据学、伦理学，农学、中医学等，还涵盖古代以来的算术、地理、星相、占卜、政治、经济、书法、绘画、音乐、戏剧、建筑等知识。在前人有关知识传统学问（知识）分类体系的演变与当代“国学”学科分类理论的认知基础上，结合国学学科的自身特点，将国学知识初步分成三个层次：一是国学，即基础理论知识，着重于探讨传统的理论知识。二是国艺，即具体艺术知识，着重探讨具体媒介表现出来的艺术性知识，如国画、书法、传统戏曲的唱腔及各种器乐。三是国技，即具体技术知识，主要探讨传统技艺中的术数类的知识，中医是其中的典型代表。①

内容选择是课程建设上的核心问题，系统的理论知识是课程的重要组成部分，结合课程目标和人才培养的要求，我们在国学课程的内容选择上更重视基础理论知识在课程建设中的重要作用。因此，我们把国学中的第一个层次基础理论知识的内容，即“国学”，作为我们课程内容选择的重要部分，其内容主要涉及儒家经典理论。此外，根据人才培养方式，我们还进一步培养师范生掌握一定的传统文化中的技能，课程内容设计上还会涉及部分具体艺术性知识，即“国艺”，我们尝试选择在中小学课程密切相关的国画、书法及舞蹈方面内容，通过学科和活动课程相结合的方式去实施。

（三）国学课程内容形式的设置

根据国学知识体系三个层次，我们对课程内容形式按课程实施方式分为理论类的课程和实践类的课程。

在基础理论类国学课程上，通过课程系统的知识学习掌握国学方面的理论知识。一方面，注重经典原著的整体感知与阅读，加强不同形式的诵读，再反复诵读去体悟原典的思想奥妙；另一方面，力求体现经典文本的开放性，加强国学经典与新兴综合科学、横向科学之间的沟通，从而拓展对经典文化在新时代的演绎，与社会发展的时事和活素材相结合，确立恰当的视角和立场来解读传统义理，赋予其丰富的时代精神，增强国学课程文化内涵对师范生思想道德的滋养，提高师范生在国学方面的知识结构和理论素养。

在实践类国学课程上，利用活动、情境等去感受、体悟和践行国学的思想。必须注重内容的生活化原则，选择从社会现实生活的视角去解读和分析国学课程在日常生活和实践过程中的义理，强调引导学生用自身的经验去理解和体悟其中的内涵和道理，提倡个体结合自身的生活经验去理解课程的意义。在教学方式方法的设计选用上，教师根据课程内容教学的需要，采用形式多样的教学方法开展教学，还注意创设丰富的学习情景，如问题式情景、剧情式情景、拓展式情景，促进学生在学习情景中的感悟和体验。

---

① 吴根友：《传统学问（知识）分类体系的演变与当代“国学”一级学科建设问题初探》，《学海》2012 年第 4 期。

（四）国学课程体系的设计

布卢姆教育目标分类学中的情感目标主要体现在态度与价值观目标上。“态度是个人较为稳定的情感倾向”，情感本身与价值观有着紧密的联系，情感是个体对事物经价值观评判后而产生的内心体验，价值观则提供了对某事物会产生何种情感的评判标尺。①

基于布卢姆的教育目标分类学中情感、态度和价值观之间的关系，考察布卢姆情感目标发展水平层次划分的标准，我们对国学课程的课程目标、课程内容和课程类型进行深入分析，寻找其中的逻辑关系，再进行层次和类型划分，将把国学课程建构成一个二维课程结构体系，如表1所示。

表1　国学课程体系

目标 内容类型	接受 （了解国学）	反应 （理解国学）	信奉 （内化国学）
理论类	1. 国学的概念、内容体系及价值 2. 国学经典诵读（四书五经）	传统文化原典解读（四书五经）	国学专题（儒家思想中与教育相关，如学习、交友、处世、爱国、敬业）
实践类		1. 历史人物的考究 2. 历史文物的考察 3. 历史故事的搜寻	1. 教育行为 2. 交友行为 3. 学习行为 4. 工作行为 5. 健体行为

1. 接受

在国学课程的目标内涵中，主要体现为学生愿意去接触、了解和感受国学课程中所包含有价值的传统文化及精神。“大学国学教育的任务之一，就是对民国以来断裂的国学传统做现代化的阐释，令国学从传统走向现代。”② 基于此目的，在课程内容的安排上更多考虑引导学生了解国学的概念、内容体系及价值，整体把握国学内容框架及在我国发展的价值。

① 赵俊霞：《情感、态度价值观目标概念——基于布卢姆目标分类理论》，《剑南文学》2013年第6期。

② 张磊：《通识教育理念下的大学国学教育》，《齐鲁师范学院学报》2018年第1期。

在此基础上，先秦经典是中华民族的绝学，是最富含精神营养的经典，是国学经典诵读的必选教材。选择一些经典篇章让学生进行诵读，重在引导学生亲近原典，初步接触和感受国学经典的魅力。

2. 反应

在这个层次的教学主要是引导学生通过对国学经典的整体了解和诵读培养对经典传统文化的兴趣及进一步深入探索的热情。在国学课程目标中反映在传统文化中的爱国情怀、担当意识、敬业乐群等精神强化学生对教育事业的理解以及对教师职业的认同。

实现此目标的课程内容主要涉及传统文化原典解读，通过对例如“四书五经”等经典著作的解读，学习原典和阐释原典，了解中国固有文化，分析理解传统文化中的思想理念、行为方式和文化内容，帮助学生通过经典著作研读进而领略到中华优秀传统文化中自强不息、敬业乐群、扶危济困、见义勇为、孝老爱亲等中华传统美德。引导学生结合新时代中国特色社会主义建设的要求，学习中华民族的基本思想理念，如革故鼎新、与时俱进的思想，脚踏实地、实事求是的思想，惠民利民、安民富民的思想，道法自然、天人合一的思想等。还要分析在时代的发展潮流下，要坚守中华人文精神，如求同存异、和而不同的处世方法，文以载道、以文化人的教化思想，形神兼备、情景交融的美学追求，俭约自守、中和泰和的生活理念。①

3. 信奉

这个层次的目标在于帮助学生把国学课程中经历时间检验的积极向上的思想、精神或行为与新时代发展要求的价值标准相联系，逐渐内化为自己的价值观念，以此为指导思想建构自己正确的人生观，从而形成自己的价值体系和行为指导。在国学课程目标中呈现出来的专题内容展现的文以载道、以文化人的教化思想和中华人文精神促使学生更加深刻理解教师的角色，对教师社会价值有更全面的认识，从而真正树立热爱教育事业的思想，培养坚定的职业理想和敬业精神。

这个水平的课程内容是以专题的形式呈现出来。在传统文化的显学特

---

① 《中共中央办公厅　国务院办公厅印发〈关于实施中华优秀传统文化传承发展工程的意见〉》，中华人民共和国中央人民政府官网，http：//www. gov. cn/zhengce/2017 – 01/25/content_5163472. htm。

别是儒家思想中选择与教育相关内容，如学习、交友、处世、爱国、敬业、健体等方面分专题设计课程，更要与当前新时代社会发展要求结合，引导学生将中国传统文化结合新时代中国特色社会主义建设进行改造和创新，取其精华、去其糟粕，扬弃继承、转化创新，不断赋予新的时代内涵和现代表达形式，不断补充、拓展、完善。①

Exploration of the Curriculumization of Traditional Culture Educationin Higher Normal Education —Based on Bloom's Affective Goal Theory

Liang Xiuqing　Zhu Jiaan

Abstract: The organic integration of excellent traditional Chinese culture and education has become the need of The Times. However, the primary and secondary school teachers are not familiarity on traditional cultural, they cannot independently understand and grasp the core ideas of Chinese excellent traditional culture and undertake the important task of inheriting Chinese excellent traditional culture. It needs to be strengthened in the training of primary and secondary school teachers. We attempt to construct curriculum system of Chinese ancient civilization studies by following the accept – response – believe development levels, which take the emotional goals in Bloom's objective classification theory as the conceptual framework and take the Chinese excellent traditional culture as the content to motivate normal students' love for education and cultivate their feelings of rural education. Together, it will effectively improve normal students' educational literacy and teaching ability of Chinese excellent traditional culture.

Key words: Chinese Excellent Traditional Culture; Normal Education; Curriculum; Goal Classification Theory

---

① 《在纪念孔子诞辰2565周年国际学术研讨会暨国际儒学联合会第五届会员大会开幕会上的讲话》，新华网，http：//www. xinhuanet. com/politics/2014－09/24/c_1112612018. htm。

思政教育

后疫情时代高校思想政治教育课在线教学探析

龚晓莺　康　睿*

摘　要：新冠肺炎疫情时期，“互联网+教育”呈现出快速发展的态势，高校借助互联网平台从教学过程线上主导、优质在线教学资源开放、教师数字技术应用普及和学生自主学习能力养成四个方面推动了新一轮“互联网+”高校思政在线教学的变革热潮。线上教学环境下，“互联网+高校思政教育”面临着技术、人文和价值等方面的风险。为抓住学科特性，促进思政课在线教学的高质量发展，后疫情时代高校思政教育的创新关键在于把握好技术融合与制度完善相统一，前瞻设计与生成改进相统一，资源开放与中国特色社会主义理论主导相统一这三方面的辩证关系。

关键词：后疫情时代；“互联网+”；思政教育课

一　新冠肺炎疫情时期高校思想政治教育课在线教学的新发展

社会突发公共事件往往具有双面性：一方面，这类事件会给社会全行业的正常运行和发展带来负面效应；另一方面，却也可以促进人们对原有形势进行反观与思考，以培育出变动时局下的新机遇与新变革，推动事物

---

* 作者简介：龚晓莺（1963—　），女，同济大学马克思主义学院教授；康睿（1996—　），女，同济大学马克思主义学院硕士研究生。

的创造性发展和创新性改变。2020 年年初，新冠肺炎疫情的暴发给全国人民的生产与生活造成严重影响，在严格防控疫情的大背景下，全国高校的春季学期延期开学。2 月 4 日，教育部印发《关于在疫情防控期间做好普通高等学校在线教学组织与管理工作的指导意见》（以下简称《指导意见》），要求共同实施并保障高校在疫情防控期间的在线教学，实现“停课不停教、停课不停学”。[①] 为响应教育部的号召，各高校根据具体情况制定了新冠肺炎疫情期间的在线教学实施方案，充分利用在线教学平台完成各学科教学任务，完成了有史以来规模最大、数量最多、覆盖最广的高校在线教育实践。由于传统课堂教学模式中的密集接触可能导致病毒感染与传播，作为疫情防控期间高校常态化教学模式，在线教学模式突破了传统教学活动中时间和空间的限制，促使教师和学生足不出户即可完成教授与学习任务。疫情防控期间，全国各高校基于互联网平台的在线教学实践为“互联网 + 高等教育”的模式发展构建注入了活力。

（一）实现教学过程线上主导

新冠肺炎疫情暴发以前，中国高校主要以传统课堂的面授教学模式作为教学活动的主要载体，线上教学更多地作为线下课堂教学的辅助手段，作为教学活动的某一环节，如学校通过官方网络平台发布选课信息、教师利用课程平台上传课程文件、学生通过在线平台提交课程作业以及期末成绩信息的查询等。然而，在疫情防控时期，传统线下课堂的教学受制于教学主体时间和空间的限制，无法完成主要教学活动，难以保证高校正常教学任务的如期完成。为减少新冠肺炎疫情给高校课堂教学造成的负面影响，在线教学手段被纳入疫情时期高校教学的整体系统之中，并逐步实现了在线备课、课程讲授与考勤管理、课堂讨论、在线测试及评分、在线布置作业及批改、在线课后答疑、在线课程评价等环节的全过程线上系统化。以同济大学在新冠肺炎疫情期间的在线教学实施为例，学校在春季学期的教学中，借助 Zoom 平台开展了实时在线课堂及毕业答辩，并通过 Canvas 平台完成了一系列包括课程公告、资料分享、布置及批改作业、在线考试、分组学习及情况记录等在线教学活动，方便教师与学生登录在

① 《疫情防控期间做好高校在线教学组织与管理工作》，教育部官网，http：//www.moe.gov.cn/jyb_xwfb/gzdt_gzdt/s5987/202002/t20200205_418131.html。

线平台完成“一站式”的教学任务。基于互联网平台深度参与的在线教学实践，使网络空间的学习活动以协同的方式进行，减少教师和学生在进入不同学习活动场景中的切换时间，提升了教学过程的运行效率。

（二）实行优质在线教学资源开放

本次高校在线教学的组织开展是在“互联网+高等教育”资源开放领域向前迈进的一大步。在《指导意见》提出的几项工作任务中，面向全国高校免费开放全部优质在线课程和虚拟仿真实验教学资源、带动全国的精品慕课（MOOC）教师团队开展线上教学服务、倡导社会力量举办在线课程平台免费提供优质课程资源以及整合资源推动优质慕课（MOOC）和实验课程快速上线，这几部分的内容确保了疫情防控时期高校在线教学资源共享，打破了仅向本校学生或少部分人群开放教学资源的校际界限。借助于互联网平台真正实现了学习资源在各层次、各阶段、各领域师生之间的互联互通，让所有的人都可以自由选择、自由享受优质高效的教育资源。政府部门引导，各高校贯彻执行的在线教学方式，促使优质慕课和虚拟实验平台免费开放，使原有的一批在商业模式运作下需要收费才能享受的在线教学资源得以被提供给更为广泛的教育群体。给更多人提供了跨学科、跨学校、跨门槛的学习机会，同时推动了“互联网+高等教育”资源的开放从制度层面得到落实。

（三）推进教师数字技术应用普及

根据全国高等学校质量保障机构联盟与厦门大学教师发展中心于2020年4月联合发布的《疫情期间高校教师线上教学调查报告》[①]的调查数据，在参与调查的教师中，新冠肺炎疫情之前从未开展过线上教学的教师占比高达79.57%，而在本次新冠肺炎疫情期间，参与开展在线教学的教师人数接近98%，超过半数的教师在教学过程中操作使用了2个及以上的互联网教学平台。通过亲自参与和组织在线教学，利用互联网平台分享电子教学资源以及设计采用合适的直播教学策略等活动，高校教师在互联网在线教学过程中积累了丰富的互联网平台教学的实操经验。在应对

① 谢作栩、薛成龙：《疫情期间高校教师线上教学调查报告》，邬大光微信公众号，https://mp.weixin.qq.com/s/eplOC9NpJKpXqqZCO3SD2A。

“互联网+”时代更加灵活智能、丰富多样的教育服务新需求下，通过在网络平台进行教学信息的检索与利用、多任务处理及与数字媒体和设备的接触，高校教师能够进一步树立信息技术灵活与创新利用的数字理念，并掌握更加熟练的智能化教学技能，有效利用各种现代化媒介和网络平台开展有效的教学活动，引导学生在教学过程中进行远程交流与协作，运用创新思维和前沿教学方法给学生提供新颖的信息化教学体验。

（四）促进学生自主学习能力养成

从知识获取的角度来看，新冠肺炎疫情期间全国高校除正常完成教学培养方案以外，还免费开放了2.4万余门在线选修课程，提高高校学生根据自己的学习进度和学习兴趣自主安排学习内容的机会，增强了学生安排学习时间的灵活性。在可自主选择的多门在线慕课学习中，通过吸收不同领域的知识，有助于学生拓宽自己专业领域以外的知识面，建构起关联性知识学习网络，引导学生培养更加开阔的问题意识。从认知能力训练的角度来看，根据教育心理学家本杰明·布鲁姆的认知分层理论，认知水平一共有记忆、理解、应用、分析、评估和创造六个层级，在传统面授课堂中主要能够训练到的只有记忆和理解两个层次的认知能力，更高层次的应用、分析、评估和创造等层次的能力则无法得到有效训练。[①] 而通过网络平台学习空间的搭建，一方面，知识性认知的学习可以通过互联网平台短时高效地获取，低层级的认知活动占用的时间可以大幅减少；另一方面，在网络学习共同体中以小组学习的形式参与讨论研究，加上学生可以有选择地针对感兴趣问题进行思考探究，可以打破传统学习活动中教师占主导的教育模式，促进学生群体进行知识体系的建造与重构，开发自主学习的创新思维，实现认知能力的养成与自主学习困境的突破。以同济大学学生在线参与实践为例，在新冠肺炎疫情期间，同济大学研究生院通过发起学生自主举行、自行申报的“博思”论坛，成功举办了多场由学生自主负责的有关疫情话题的线上学术论坛并取得了一定的现实成效。在这种以学生为主体的在线学习过程中，学生的发现问题、分析问题以及解决问题等各方面批判性思维能力都得到了良好的训练。

---

① ［美］本杰明·S. 布鲁姆：《教育评价》，华东师范大学出版社1987年版。

二 站在高校思政教育在线化的风口：高校思政教育课面临的新挑战

我们今天所处的时代和面临的环境发生了极大的变化与发展，这种变化与发展背后很大程度上受到先进技术要素的驱动。许多传统行业的旧模式在移动互联网、大数据、云计算等技术的影响下正在发生颠覆性改变，这种旧模式到新模式的转换与重构在现实意义上可以被理解为一种跨界融合的方式或方法。这种方法通过打破原有模式中不合理的组织边界和陈旧方法以实现原有系统中要素的重组和更新。在这样的重组和更新过程中，伴随着新发展带来的新机遇，新的风险与挑战也随之产生。在当下的后疫情时代，高校思政教育的线上化发展过程也正面临着技术、人文和价值层面的诸多新挑战。

（一）技术层面的新挑战：无意识控制与替代性思考

后疫情时代“互联网+高校思政教育”课的线上化创新发展很大程度上依赖于现代信息技术，而这种对于现代信息技术的依赖容易带来数据渗透以致受到信息技术控制的风险而导致教育异化与无意识控制的发生。与此同时，在大数据技术和人工智能算法的支持下，教学过程中的知识传输与信息传递会通过技术本身对教育主体的偏好和习惯的数据积累、挖掘和学习实现精准推送，而自动过滤与教育主体关注度与关联度较远的知识信息。将人与数据的接触控制在一定的范围内，为每个受教育者量身定制本学科领域内的知识体系有可能导致教师与学生在教育活动过程中产生信息过窄与知识圈层化的问题。信息技术的思考与选择替代了人脑的思考与选择，虽然这一趋势有助于知识的深度探索与学科体系的精细化发展，但也有可能造成不同专业与知识域之间的隔阂，给思政课教育的开放化、通识化发展与相关社会意识的整合带来阻碍，并造成对社会主义核心价值观的认同挑战。进一步来看，在“信息孤岛”环境下所进行的思政课教学容易使教育的主客体在快速阅读与浏览相关知识的过程中过度依赖“互联网大脑”所提供的信息与作出的价值判断，在数据与算法的引导下作出是非真伪的评判，从而失去自我独立意识与批判思考的能力。

（二）人文层面的新挑战：道德价值淡化与个体关怀丧失

在互联网新技术与现实教学融合发展的高校思政教育课程中，过度的技术介入与智能化发展有可能导致人文价值的淡化与个性化关注的丧失。在传统思政教育课堂中，教师通过与学生进行互动，除了传授理论知识和方法原理，还提供了一个价值引导与道德渗透的隐性功能，即教师通过日常教学中的言传身教和引领示范，潜移默化地影响学生的思想和行为，帮助学生形成正确的世界观、人生观和价值观。而在信息化时代的虚拟学习空间中，学生与教师之间的互动是依托互联网平台进行的，相应的情感输送和身体语言等无形的教育资源经过网络空间的压缩而减少了其相应的效果。在这种以学习效率最大化为目的的教育模式下，学习的“工具理性”受到不断强化，人文关怀与精神价值的获取空间则被无形挤压。此外，受制于当前优质教学资源与教育受众的不对称性，在网络化教学的过程中必然产生教师与学生“一对多”格局的形成，模式化教育内容的输出固然保证了教育受众的范围普及，但却很大程度上牺牲了对学习主体个性化思维与能力的关照。

（三）价值层面的新挑战：意识形态斗争与网络阵地失守

在全球化背景下，我国同世界的联系更加紧密，影响更趋深刻，“互联网＋高等教育”的领域也不断走向开放，在更广阔的国际空间中迎接竞争与挑战。从高等教育的现代化发展历程来看，发达国家在高等教育的网络化与信息化等方面所做出的教育改革实验及其取得的成就可以为我国的教学改革带来先进的方法和经验。但在一个开放的国际化环境中，我国高校的“互联网＋高校思政教育”课程与教学不得不面对更加复杂多变的意识形态领域斗争。如果在利用互联网平台实施在线教学的过程中没有清楚鉴别网络话语中的各种意识形态的渗透，就无法在新的开放环境下把握好思想动态，坚守马克思主义理论阵地，建设好互联网背景下的高校思政课程。在此情况下，我国高校学生可能受到其他国家教育理念与知识背后潜藏的政治立场和价值渗透的影响，从而消解我国思想政治教育中传递的优秀文化和道德精神，弱化我国主流意识形态的价值信仰。

三　以创新“互联网+”应对发展与挑战：高校思政教育课的新方位

“互联网+高校思政教育”模式是Web2.0时代高校思想政治教育与现代信息技术融合重构的全新尝试。基于互联网平台的教学创新不能仅限于探求技术层面的尝试，其关键点在于如何立足于学科特色，将先进的技术作用于深层次的教育教学改革之中，使教育活动中的关键角色，即教师、学生和教育管理决策队伍借助现代化手段实现高校思政教育的高质量发展。

（一）技术层面的新方位：坚持技术融合与制度完善相统一

新时代高校思想政治教育的创新，首先需要在推动更多的技术要素融入教学实践的同时完善配套制度。教育部印发的《教育信息化“十三五”规划》指出，要通过深化信息技术与教育教学、教育管理的融合，将信息技术融入教学和管理模式创新的过程中，以创新促发展，推动教育服务供给方式、教学和管理模式的变革，形成中国特色的教育信息化发展路径。[①] 从教育服务供给的层面来看，要促进高校思想政治教育与现代信息技术的融合发展，首先要推动高校思想政治教育教学的数字资源服务的不断普及，扩大优质思想政治教育课程资源的覆盖面，通过引入国家级、省部级网络平台教育服务的接入体系，实现多门精品在线课程的上线开放。要开展高校的联网攻坚行动，全面改善学校的网络接入和带宽条件，加大5G设备的更新支持力度，同时要探索采用微型通信等多种技术手段实现学校的互联网全覆盖，为网络思想政治学习共同体畅通构建提供硬件条件。从教学创新的层面来看，要实现高校思政教学队伍教师信息素养的全面提升，通过构建教师的信息素养评价指标体系和评估模型设计，开展针对高校思政教师的信息素养测评。同时要提高学生的信息技术应用能力，对高校学生进行信息教育的专题化培训，充分发挥学生的信息运用和创新才能。从教学管理模式的层面来看，要积极利用云计算、大数据等新技

① 《教育信息化“十三五”规划》，中国教育信息化网，http://www.ict.edu.cn/laws/new/n20160617_34574.shtml。

术，创新思想政治教学资源和管理平台建设，形成覆盖范围广、适用层次多的数字思想政治教育资源“云服务”体系，实现高校思想政治教育网络服务平台协同发展。

与此同时，相对应的是要进一步关注技术与相应的制度的协同性与制度本身的完善性。要不断深化改革和创新体制机制，在高校思政教育的创新性开展过程中不断反思技术融合在高校思政教育课程实践中随时暴露出的安全监管与具体操作方面的问题。依据国家出台的相关教育数据管理办法，建立思政教育数据采集、存储、处理、使用和共享等全生命周期的管理体制，保证教育数据的安全存储与使用。要加强思政教学的技术资源监管机制，在深化释放信息技术对教育教学改革的积极能量的同时，约束数据风险和负面意识形态宣传的网络渗透。保证我国高校思政教育教学工作能够借助互联网的势能与新媒体的活力实现因事而化、因时而进、因势而新的同时，防止其理论和意识形态偏向的风险。

（二）人文层面的新方位：坚持前瞻设计与生成改进相统一

实现新时代高校思政教育课的高质量发展，要从教师和教育管理决策层面注重思政教育工作的前瞻设计，同时也要注重教学过程中教学主体的学习反馈，关注学生在生成性教学环节中的动态与多元发展。在高校思政教育课的前瞻设计中，首先要符合科学性原则，鼓励思政教师顺应时代发展，用好互联网思维，把马克思主义的理论内核及方法原理通过创造性转化渗透进思政教学的每一个环节中。运用现代信息技术手段搭建智慧课堂，通过案例式教学、体验式教学、专题式教学等科学手段让学生从理论脉络、逻辑演化和价值立场等层面系统性地学习马克思主义理论及其中国化的最新成果，促进高校思政课在教学过程中潜移默化地发挥其“立德树人”的功效。在互联网时代的教学环境中，知识更新换代的速度不断加快，每日发生的国内外社会热点问题随时可能引发学生的思考或疑惑，以致学生将不同国家发生的社会和民生问题联系起来并在思政课堂中寻求解释。这就要求高校的思政课教师和教育决策队伍树立宽广的国际视野，广泛涉猎多学科的交叉知识，善于结合实际情况引导学生全面客观地认识当代的中国与世界。在前端教学设计过程中把握预见性原则，利用好互联网工具预先对海量的信息进行筛选整合，准确抓住思政教学同现实问题结合的重点和难点。实时更新教学内容和教学案例，有选择、有导向地把理论教育与热点问题紧密结合在一起，实现思政教育与时俱进。

教育的生成性是指在学习活动中，学生基于学习内容创造知识及具有人文价值意义内容的过程，是学生知识、技能、情感、态度由量到质的变化过程。① 高校思想政治教育课程的教学目标是通过对学生进行马克思主义理论和思想政治方面的教育，引导学生树立正确的世界观、人生观和价值观，实现知识传输和情感共鸣的双重目标。在现代网络化、技术化的学习环境中，要有效达成高校思想政治课程的教学目标，就要求从传统教师单向灌输的“填鸭式”教学向可持续、可交互的生成性学习方式进行转化。由于不同的教学主体间存在个体性和差异性，在实际的思政教学过程中往往伴随着不确定性，为了在这种不断变化的学习过程中与学生进行有效的沟通交流，思政课教师需要以现代技术工具作为辅助，根据学生在行为和心理层面的共性和个性创设课程研究的动态发展学习情境，以灵活多样的方式进行思想政治教育学科的知识传输和价值引导。

（三）价值层面的新方位：坚持资源开放与中国特色社会主义理论为主导相统一

在“互联网＋”的新业态下，保证资源的开放与共享能够为高校思政教育课提供源源不断的创新动能和持续发展的学科储备。实践证明，在一个自我封闭的环境和系统中很难实现颠覆性的创新，不能以开放的心态去对现实境况与当下需求进行深刻的洞察，就无法推进现有的高校思政课程迎合时代发展的脉络而实现自我更新。在多年改革发展进程中，我国对于高校教育资源的开放共享的探索给予极多政策扶持，从最开始的教学软硬件到现如今开放高校间的教育、教材、信息和教师等资源，开放的渠道和层次不断深化。在资源的开放共享环节，我国以保障重点院校和重点专业的优先建设为原则，导致包括思政学科在内的多个领域，不同层次学校间的教学实践经验和教学方法等无法实现快速交流和均衡共享，不利于高等教育资源的建设和发展。而依托于“互联网＋”平台的技术优势，各大高校可以在第一时间上传过往学科改革建设过程中所探索到的新颖的教

① 李盛聪、杨艳：《网络学习环境的构成要素及特征分析》，《电化教育研究》2006 年第 7 期。

学内容设计方案，同时以直播、录播等方式快速上线一批优质的思政名师课，推动不同区域间、不同层次间高校的思政课教育资源以开放共享的方式不断发展。

在坚持高校思政课资源开放共享的同时，还必须要注意把握其理论的主导性。与其他学科发展不同的是，高校思政课程进行改革创新关键的一点就是要把握好思政课“守正”与“创新”的辩证统一关系。面对复杂多变的网络环境，要坚持将马克思主义作为指导思想，巩固其在意识形态领域的指导地位。把马克思主义理论教育作为思政课的核心，用习近平新时代中国特色社会主义思想这一马克思主义中国化最新成果武装头脑。习近平总书记强调，办好新时代的思政课就是要严格贯彻党的教育方针，坚持马克思主义的指导地位，贯彻新时代中国特色社会主义思想，坚持社会主义办学方向，同时要落实立德树人的根本任务，以多样化的形式讲好思政课，体现思政课的政治引导功能。抓住思想政治教育课，就是从根本任务和根本标准上抓住教育改革发展的“牛鼻子”，纲举目张推动各项事业。在以开放的姿态发展新时代线上高校思政教育课程的过程中，只有把握好理论主导性，系统地进行马克思主义理论教育，推动高校学生深刻理解马克思主义的立场观点和方法，并通过多样技术平台学会用理论指导实践解决具体问题。要不断利用“互联网 +”的优势，加深广大学生对于马克思主义的信仰和中国特色社会主义的信念，坚定不移践行马克思主义进校园、进课堂、进学生头脑，促进广大高校青年学生把个人理想的实现同中华民族伟大复兴的中国梦、同国家和民族的前途命运紧紧联系在一起。

Analysis on Online Teaching of Ideological and Political Education Courses in Colleges in the Post – pandemic Era

Gong Xiaoying Kang Rui

Abstract: The development of "Internet + education" has shown rapid growth during the COVID – 19 epidemic. During the epidemic, colleges and universities have used internet platforms to implement the teaching process online, open high – quality online education resources, popularize the application of teachers' digital technology skills, and develop students' independent learning ability. These four aspects have promoted a new round of "Internet +" college ideological and political online teaching reform. In the context of the rapid development of the Internet, "Internet + ideological and political education at colleges and universities" is also facing risks in terms of technology, humanities, and value. In order to grasp the characteristics of disciplines and promote the high – quality development of online teaching of ideological and political courses, the key to the innovation of ideological and political education at colleges and universities in the post – epidemic era is to balance the dialectical relationship between the integration of technology and system improvement, the integration of forward – looking design and generation improvement, and the integration of opening resources and the dominance of socialist theory with Chinese characteristics.

Key words: Post – epidemic Era; Internet +; Ideological and Political Course

脱贫攻坚对高校思想政治教育的价值实现路径初探*

袁海萍　梁毓琪　史佳晨**

摘　要：中国脱贫攻坚的伟大历程中蕴含着丰富的思想政治教育资源和素材，包括与脱贫减贫相关的理论知识、脱贫攻坚的巨大成就及其中涌现的典型故事和案例、国内外对中国脱贫攻坚战略实施的研究与评价等。高校应该高度重视、合理利用这些资源，建设好脱贫攻坚资源库，充分发挥多支队伍的合力，在思想政治教育理论课堂"主渠道"、大学生社会实践课堂"主阵地"和网络媒体"新课堂"三大课堂中用好脱贫攻坚资源，切实提升大学生思想政治教育实效。

关键词：脱贫攻坚；思想政治教育；价值；实现路径

一　引言

2021年2月，在全国脱贫攻坚总结表彰大会上，习近平总书记代表党中央向全国、全世界庄严宣告，我国的脱贫攻坚战已经取得全面胜利。经过全党、全国人民的共同努力，中国圆满完成了消除绝对贫困的艰巨任务。而中国的脱贫攻坚历程，则给全世界的脱贫减贫事业贡献了具有中国

* 基金项目：2020年度上海财经大学党建育人基金研究项目"脱贫攻坚对高校思想、政治教育的价值蕴含与实现路径"（项目编号：2020110655）。

** 作者简介：袁海萍（1982—　），男，上海财经大学团委副书记，副教授；梁毓琪（1992—　），女，上海财经大学团委干事；史佳晨（1993—　），男，上海财经大学团委干事。

特色的、典型意义的实践方案。在全球贫困状况、贫富分化依然严峻的今天，中国脱贫攻坚的伟大胜利赢得了国际社会的广泛赞誉。①

在中国脱贫攻坚的艰辛历程中蕴含着丰富的思想政治教育资源素材，包括其理论渊源、巨大成就、典型故事和典型人物等，这些资源素材内容翔实且生动，在思政工作者开展教育实践的过程中，是非常适合取而用之的。就高校而言，要对大学生开展有效的思想政治教育，相关教育资源在其中是非常必要和关键的要素条件。就定义而言，思想政治教育资源，是指在思想政治教育活动中，能够被教育者开发利用的，有利于实现思想政治教育目的的各种要素的总和。② 脱贫攻坚相关的资源和素材，就其本身而言，具有非常强的思想政治教育属性。正如《关于加强和改进新形势下高校思想政治工作的意见》（以下简称《意见》）中强调的，高校要"坚持社会主义办学方向，扎根中国大地办大学"，要"利用我国改革发展的伟大成就"，要"增强教学的吸引力、说服力、感染力"。③ 我们认为，基于思想政治教育的角度，对中国脱贫攻坚相关的理论知识和实践案例进行系统梳理，正当其时且非常有必要。高校应充分发挥中国脱贫攻坚战略在大学生思想政治教育中的资源价值，实现这些资源在具体教育教学实践中的"创造性转化"和"创新性发展"，探索脱贫攻坚资源在作为"主渠道"的理论教学、作为"主阵地"的课外校外实践活动、作为"新课堂"的网络媒体中的功能定位与价值实现，通过引入脱贫攻坚的生动实践到思想政治教育课堂中，达成筑牢大学生理想信念根基，引领大学生不忘初心跟党走，坚定"四个自信"，激发情感共鸣，锤炼实践本领等目标。简言之，就是要深入探讨脱贫攻坚对高校思想政治教育的价值及实现路径。脱贫攻坚是个系统工程，无论是纵向的时间维度，还是横向的系统推进，学界对其中涉及的政治学、经济学、管理学等内容进行了探讨，然而从高校思想政治教育的角度进行梳理和阐发的研究还较少，故本研究视角具有一定理论和现实意义。

---

① 习近平：《在全国脱贫攻坚总结表彰大会上的讲话》，新华网，http：//www. xinhuanet. com/politics/leaders/2021 -02/25/c_1127140240. htm。

② 陈华洲：《思想政治教育资源论》，中国社会科学出版社 2007 年版，第 34 页。

③ 《中共中央国务院印发〈关于加强和改进新形势下高校思想政治工作的意见〉》，中国政府网，http：//www. gov. cn/xinwen/2017 -02/27/content_5182502. htm。

二 脱贫攻坚对高校思想政治教育的资源价值

高校思想政治教育资源，是开展大学生思想政治教育教学过程中有效传递信息和价值的承载体和桥梁纽带。探讨脱贫攻坚对高校思想政治教育的价值，有必要对脱贫攻坚的相关资源进行梳理归类，即深入探讨其中可为高校思想政治教育利用的资源类别。

（一）脱贫攻坚资源的方法论价值

在脱贫攻坚的具体实践中，在全国、各省市整体动作中体现的丰富的工作理念和工作方法是脱贫攻坚取得巨大成功的关键因素。所谓“大道至简”，在这些具体的方法、案例的背后，其理念是可以为高校思想政治教育工作借鉴的，可以进行梳理并“迁移”到高校思想政治教育工作中来的。比如“大扶贫”的宏观格局的构成，与高校“大思政”格局的构建，在整体格局、人员队伍调动、多领域共同发力方面，可谓“异曲同工”；比如，在贫困地区实施“精准帮扶”，一对一“挂包帮”的工作方式，与高校学生思想教育的“因材施教”乃至“手拉手”“责任人制度”同样非常类似；又比如脱贫攻坚中的短期、中期、长期目标，与思想政治教育的时间性、阶段性，也颇为相通。在脱贫攻坚中非常强调“扶贫与扶志相结合”，高度重视被帮扶对象的思想教育、内生动力激发，这与高校思想政治教育中的“说理教育”“谈心谈话”道理一致。而在具体的工作方法中，“灌输”“宣讲”等显性教育形式，“情景教育”“案例教育”等隐性教育形式，在脱贫攻坚和思想政治教育中都被普遍采用。虽然脱贫攻坚本身跟高校思想政治教育是两个完全不同的领域，但是其中的理念和方法是共通的。系统梳理脱贫攻坚中的理念和方法，为高校思想政治教育所用，非常有必要。

（二）脱贫攻坚资源的内容价值

脱贫攻坚资源的内容价值，即要精准梳理脱贫攻坚中能为思想政治教育所用的资源和素材，构建一个可作为高校思想政治教育资源的内容体系，这也是发挥脱贫攻坚的思想政治教育价值的重要基础和前提条件。脱贫攻坚的资源可为思想政治教育所用的内容起码应该包括以下四个方面。

第一，脱贫攻坚相关的理论体系。马克思的反贫困理论一直到其中国化的历程，其中的内在逻辑、理论要素都是一致的，都是为了减少直至消灭贫困、实现共同富裕。“马克思主义反贫困理论是对贫困问题现象和本质、解决贫困问题的方法和途径作出理论阐释的科学学说。”① 必须承认，从马克思主义反贫困理论，到我国发展历程的不同时期党和国家领导人提出的“共同富裕”“以人民为中心”等理论，再到党的十八大以来将精准扶贫提升到国家战略高度，及至提出扶贫大开发的重要思想，整体构成了马克思主义反贫困理论及其中国化的历程。马克思在《政治经济学批判》一书中，揭露了无产阶级贫困化的根本原因，是基于雇佣劳动的资本剥削。马克思和恩格斯指出，只有无产阶级取得政权，并推翻资产阶级，逐步消除剥削、消除贫困，才能最终实现共同富裕，他们指出未来的共产主义社会“生产将以所有人的富裕为目的”。② 中华人民共和国成立后，变革生产关系，废除封建土地制度，并进行社会主义公有制改造，探索人民公社运动等，都是试图解决社会主义贫困问题的尝试。邓小平一再强调“贫穷不是社会主义”“社会主义的特点不是穷，而是富，但这种富是人民共同富裕”，还创造性地提出了“先富带动后富”的反贫困新论述。江泽民同志提出“三个代表”重要思想，胡锦涛同志提出科学发展观，都是为了让发展成果惠及全体人民。党的十八大以来，以习近平同志为核心的党中央旗帜鲜明地提出，“绝不能落下一个贫困地区、一个贫困群众”，“小康不小康，关键看老乡”，之后党中央提出精准扶贫理念，提出“六个精准”“五个一批”等脱贫扶贫的基本要求，党的十九大更是把精准脱贫提升到三大攻坚战的高度。这都是对马克思主义反贫困理论的继承、发展和创新。从这个角度而言，系统梳理脱贫攻坚的理论渊源，有利于广大学生深入了解相关理论渊源及发展，进一步强化对中国特色社会主义道路的认同。

第二，脱贫攻坚的巨大成就。虽然脱贫攻坚已经实施多年，也是一直以来尤其是近些年的国家时事热点，但是相当一部分大学生对中国贫困地

---

① 张伟：《马克思主义反贫困理论中国化的新贡献》，《光明日报》2017 年 6 月 7 日第 11 版。

② 中共中央马克思恩格斯列宁斯大林著作编译局：《马克思恩格斯选集》第 46 卷（下），人民出版社 1980 年版，第 283 页。

区的状况、脱贫扶贫工作的具体实施情况、脱贫工作的具体考核要求和流程等，并不是很了解，或者知其然而不知其所以然。他们对中国的脱贫攻坚战略，以及其背后的国家整体制度安排、制度优越性等也体会不够深刻，这些都是高校思政教育有必要讲清楚的方面。要从国内的纵向对比，以及国际的横向对比，从脱贫攻坚涉及的各个方面，用数据说话，梳理出中华人民共和国成立以来脱贫减贫工作取得的巨大成就。习近平总书记在全国脱贫攻坚总结表彰大会上的讲话中提到我国现行标准下脱贫的人口、贫困县和贫困村的数据，极其振奋人心，而具体到贫困地区的住房、医疗、交通等各个领域，更是有大量丰富而具体的数据，若能结合具体和翔实的案例，则更有说服力。纵向而言，可以向同学们介绍全国脱贫减贫的历史变迁，贫困地区的山乡巨变，百姓生活水平的大幅提升等；横向而言，跟其他国家的发展速度、脱贫情况对比，以及这些对比差异背后的历史和现实原因分析，都可以作为思想政治教育课的优秀资源内容。

第三，脱贫攻坚中涌现的典型故事和案例。思想政治教育资源是思想政治教育得以顺利开展的信息传递的纽带和价值承载的载体，由各种类型的教育内容构成，如理论知识、客观数据、生动故事等。中国脱贫攻坚历程中涌现出来的典型故事和案例就是非常生动具体的思想政治教育资源。这方面的素材，可以根据不同地区、不同领域、不同人群等标准进行甄选，就其中的先进典型进行梳理，用真情实感、真实故事来打动人。举大学生身边最贴近的案例，教育领域本身就是脱贫攻坚的重点领域，在脱贫的标准中，贫困地区的义务教育均衡发展有相当具体的考核数据，从校舍面积、体育器材到人均图书等多个指标，哪一项不达标都难以通过考核。同时，教育领域的对口帮扶尤其是高校对口帮扶，其中涌现出来的典型素材就非常贴近高校学生，例如教育部对口帮扶滇西片区的扶贫，多年来数百名高校干部深入西部挂职扶贫，书写了脱贫攻坚的教育奋进之笔。如上海财经大学，自 2013 年起连续 8 年作为教育部直属高校对口帮扶云南省红河州元阳县，学校从多个角度对当地进行深入帮扶，为当地的脱贫减贫做出了巨大的贡献，这些都可以成为高校思想政治教育的生动素材。

第四，国外政界、学界、社会媒体等对中国脱贫攻坚的研究与评价。中国的脱贫攻坚成绩，得到了国际社会的高度认可和赞誉，如联合国官员、多国政要就多次点赞中国取得的巨大成就。在学术研究、社会报道、个人体悟等多个角度，也都有大量的关于中国脱贫攻坚的素材，这些“他者”视角的资料，也具有很强的“佐证”说服力，在思想政治教育课程中也是不可缺少的资源。

三 脱贫攻坚对高校思想政治教育的价值实现路径

脱贫攻坚与大学生社会实践具有高度的契合性。社会实践是培养大学生深入了解国家社会发展，丰富知识见闻，培养家国情怀，践行青年责任担当的重要途径和载体。而在脱贫攻坚历程以及下一阶段的乡村振兴战略推进过程中存在大量高校学生社会实践的契机和平台，在高校开展宣传、组织工作，引导广大青年学生以社会调研、理论宣讲、公益服务等多种形式深入参与到脱贫攻坚中来，让研究和实践带有“泥土气”“烟火气”，为国家和社会发展贡献青年人的智慧和力量，同时也达到了通过社会实践培养锻炼青年学生的目标。脱贫攻坚资源具有丰富性、科学性、说服力和吸引力，将其合理运用到高校思想政治教育教学和实践中，能够达成引领学生坚定理想信念，热爱伟大祖国，锻炼和提升综合能力等多方面的目标。马克思、恩格斯在《共产党宣言》中指出：“无产阶级的运动是绝大多数人的、为绝大多数人谋利益的独立的运动。”① 中国脱贫攻坚的成功事例，正是“人民群众对美好生活的向往，就是中国共产党人的奋斗目标”② 的有力证明。2021 年，正值中国共产党成立 100 周年，在这个重要的时间节点，科学、系统地对当代青年学生讲好党领导下取得的脱贫攻坚的伟大胜利的故事，非常有必要、有价值、有意义。但是必须承认，讲好中国的脱贫减贫故事，不仅需要好的经验和素材，同时还需要好的讲述与呈现，要将理论讲清楚，让事实说话，以故事感染人，用实践锻炼人，真正做到理论、情境、实践同频共振，共同育人。

---

① 中共中央马克思恩格斯列宁斯大林著作编译局：《马克思恩格斯选集》第一卷，人民出版社 1995 年版，第 283 页。

② 2012 年 11 月 15 日，新当选的中共中央总书记习近平在中外记者见面会上对中国人民许下承诺。

（一）建好资源库：基于高校思想政治教育视角的脱贫攻坚资源整合

脱贫攻坚作为重要的思想政治教育资料来源，高校应该重视相关资源库的建设，为教师授课、学生实践以及网络宣传等提供专业、多样化的教育资源。可以考虑以网络数据库、主题网站或丛书编纂的形式，形成相对丰富完整的案例库。当前，类似的教育资源库还很少见；同时，高校思政教师遴选和甄别教学资源的过程则存在某些随机性和随意性，给教育教学的过程带来一些可能的风险，从这个角度而言，非常有必要开展脱贫攻坚素材资源库的建设，为高校思想政治教育提供资源保障，同时也能确保素材本身的意识形态正确性。笔者认为，这一资源库本身要满足两个方面的特点：一是要符合大学生思想政治教育需要。脱贫攻坚资源异常丰富，必须结合高校学生的思想、认知特点，并且从思想政治教育的角度进行遴选，才能保证相关资源的针对性。二是要具有典型意义而不是泛泛而言。满足这两个特点，就可以按照内容分类来建立脱贫攻坚的资源库。根据前文所述，可以从以下几个方面来整理和建立资源库，①脱贫攻坚的理论资源，即马克思、恩格斯反贫困理论到新时代中国特色社会主义思想的发展。尤其是要讲清楚在马克思主义中国化的历史进程中，不同时代脱贫攻坚的理论、政策的变化和演进。②现实资源，即基于不同维度的脱贫攻坚发展成就。这一类资源，可以梳理出大量的数据和图片，从横向的中国和世界各国对比、不同省份之间的对比，纵向的国内今昔对比等角度来呈现。③案例资源，即脱贫攻坚中丰富的、生动的单位、个人脱贫扶贫故事。在素材选择中，可以考虑两个方面的案例：一是具有全国影响力的脱贫攻坚案例，比如全国脱贫攻坚先进集体、先进个人的故事，又比如脱贫典型湖南十八洞村的精准脱贫故事等；二是贴近大学生生活的相关案例，比如教育系统、高校系统、所在高校本身乃至同学身边的脱贫攻坚故事，尤其是大学生身边老师、同学参与脱贫攻坚的事例，则更加生动，具有更强的感染力。④实践样本，即脱贫攻坚领域中高校大学生的实践契机。社会实践是高校学生涵养家国情怀，提升综合素质的重要载体，同时也是完成第二课堂学分修读的有效路径。可以在脱贫攻坚资源的梳理中，将脱贫攻坚乃至乡村振兴中存在的社会实践、创新创业的素材进行整理，主要对国家、省市、高校关于大学生社会实践相关政策和机会，以及相关社会实践典型成果事例进行梳理，为有想法参与其中的大学生进行信息提供和思想引领。⑤“他者”视角，即各国对中国脱贫事业的研究报道等，如国际社会尤其是联合国等国际组织对中国脱贫攻坚的高度评价，学术界对中国脱贫攻坚的研究，外国媒体的相关追踪报道等。从传播效果而言，“他者”视角的素材更具说服力，因此这方面的素材也非常有必要。

（二）抓好多支队伍：做好脱贫攻坚资源价值实现的合力育人

高校的思想政治教育，是多支队伍全员育人的过程，要始终坚持“大思政”格局。脱贫攻坚资源在高校思想政治教育中作用的发挥，涉及专业教学、思政课程教学、课外及校外实践活动等，教育的工作主体则既涵盖了校内的学生工作队伍，包括专业教师、思政课教师、辅导员、职能部门老师，以及学生会组织、学生社团等，同时也涉及校外相关人员群体。各类工作队伍在各自开展的教学、实践活动中要充分发挥各自的优势和特长，有机融入脱贫攻坚相关资源，从不同的角度开展大学生思想政治教育，做到真正的“三全”育人。具体而言，在第一课堂，要坚持思政课程和课程思政相结合，发挥多学科协同育人的作用，思政课教师通过引入相关资源开展思想政治教育，充分发挥思想政治教育课堂的重要功能；专业教师则可以在课程中适时、适度结合脱贫攻坚开展政治学、经济学、社会学、管理学知识点教授。辅导员和其他职能部门老师、学生组织则可以在第二课堂实践中分工协作，发挥实践育人的作用，如开展主题班会、学术讲座、典型宣讲、线上宣传、社会调查及实践等多样化的活动。需要指出的是，由于脱贫攻坚的主战场在西部地区，以及脱贫攻坚中的东西部协作、对口帮扶等政策基本都是在高校以外的场域开展，因此，如果开展相关教育实践，引入校外的亲历者参与也是非常有必要的，比如在教学中邀请脱贫攻坚先进个人、贫困地区脱贫亲历者等到课堂中对他们的故事经历进行讲述，或者与地区政府合作开展学生“三下乡”社会实践、乡村支教等活动，这都需要有校外相关人员的深度参与。在多个群体合力育人的过程中，各类群体发挥理论或实践特长，为实现“三全育人”效果贡献力量。

（三）抓实"三堂课"：脱贫攻坚资源在高校"三大课堂"的价值实现

《意见》强调，加强和改进高校思想政治工作需要坚持遵循教育规律、思想政治工作规律、学生成长规律，注重理论教育和实践活动相结合，提高工作科学化精细化水平。高校要充分挖掘各学科蕴含的思想政治教育资源。[①] 具体到本文，我们认为可以紧抓"三个课堂"并形成育人合力，充分发挥其思想政治教育的资源价值。

首先，在思想政治教育理论课堂"主渠道"中用好脱贫攻坚资源。高校要在不同的课程中充分融入脱贫攻坚相关的理论、实践资源素材，可以在马克思主义哲学、政治经济学等多种课程中讲授，达到引导师生深刻领会党中央治国理政的理念和战略，坚定"四个自信"的目标。同时，相关资源还非常适合开展创新性思想政治教育教学，脱贫攻坚、乡村振兴中的乡村发展、扶贫项目、扶贫产品乃至展示场馆都具有非常强的"情境性"，适合探索开展"情景思政"现场教育课堂，在"沉浸式"的场景中开展思想政治教育，增强教学的吸引力、说服力、感染力。例如，上海财经大学在庆祝建党 100 周年之际开展的"坚守使命百年路经济匡时再启航"主题党课由一系列情景讲述构成，其中一个篇章就是学校对口帮扶元阳 8 年来历任挂职干部的现场讲述，呈现了一代代上财人在新时代听党话、跟党走、感党恩的先进事迹，这种方式与传统的课堂教学方式不同，具有"隐性"思想政治教育的特性，具有非常强的实际教学效果。

其次，在大学生社会实践课堂"主阵地"中用好脱贫攻坚资源。实践体验是以实践为核心的人的自我生成，是以体验为主题的行动导向。[②]《意见》指出，要强化社会实践育人，提高实践教学比重，组织师生参加社会实践活动。[③] 就高校实际情况而言，每年都有针对高校学生的各类社会实践活动和创新创业赛事，活动级别也从校级、市级到国家级等多个层

---

① 《中共中央　国务院印发〈关于加强和改进新形势下高校思想政治工作的意见〉》，中国政府网，http：//www. gov. cn/xinwen/2017-02/27/content_5182502. htm。

② 马晓燕：《基于实践体验的红色文化资源育人功能实践策略研究——以东北师范大学"红色体验"为例》，《东北师大学报（哲学版）》2018 年第 3 期。

③ 《中共中央　国务院印发〈关于加强和改进新形势下高校思想政治工作的意见〉》，中国政府网，http：//www. gov. cn/xinwen/2017-02/27/content_5182502. htm。

级，为高校大学生提供了多样化的实践和展现平台，并设置各类荣誉奖项，深受广大学生欢迎。从脱贫攻坚资源本身而言，这一领域具有非常强的实践特性。结合当前高校大学生课外实践主要活动类别，以共青团中央开展的大学生“三下乡”社会实践以及上海市“知行杯”社会实践大赛为例，高校学生可以开展脱贫攻坚的政策宣讲，广泛宣传国家经济发展和脱贫成就；可以围绕脱贫攻坚、乡村振兴开展主题调研，为广大乡村地区的经济和社会发展贡献大学生的聪明才智，将论文写在祖国大地上；可以开展支教、慈善资助、农产品直播带货等公益服务，在志愿奉献中收获成长；也可以结合广大贫困地区独有产业、资源禀赋，开展创业类实践，发现广大乡村中的全新商机，在广袤的乡村开展创业实践；更可以通过西部计划、大学生村干部、考公务员等就业的方式扎根基层一线，接受历练、增长才干。

最后，在网络“新课堂”中充分开展脱贫攻坚宣传工作。《意见》指出，要加强互联网思想政治工作载体建设，运用大学生喜欢的表达方式开展思想政治教育。[①] 在网络新技术高度发达的当下，要贴近大学生的特点，充分运用好主题网站、微信、微博、抖音等各类网络平台，以图文并茂、短视频、H5 等多形式呈现脱贫攻坚的发展成就，宣传其中的典型事迹和典型人物，尤其是重视“全国扶贫日”等重要时间节点的主题宣传，用积极向上的宣传内容占领网络媒体阵地，吸引青年学生的注意力，形成线上线下良性互动，不断提供思想政治教育实效。以笔者曾经参与的学校报送教育部的扶贫微视频为例，微视频以《追光》为主题，讲述了上财师生们为了追寻扶贫对口县元阳县的教育之光、艺术之光、发展之光而付出的努力，用视频制作的形式，通过三个篇章，将多年来学校投身脱贫攻坚的故事娓娓道来，最终在教育部官方微信号进行推送，进而在学校各网络平台推送，在同学中得到广泛传播，获得了很好的宣传效果。网络“新课堂”是当前高校思想政治教育面临的新课题，结合脱贫攻坚资源更需要做好整体策划、注重呈现形式，用青年人喜闻乐见的方式，起到网络思想政治教育的效果。

---

① 《中共中央　国务院印发〈关于加强和改进新形势下高校思想政治工作的意见〉》，中国政府网，http：//www. gov. cn/xinwen/2017-02/27/content_5182502. htm。

On the Value Realization Ppath of China's Poverty Aalleviation to Iideological and Political Eeducation in Colleges

Yuan Haiping Liang Yuqi Shi Jiachen

Abstract: In the great process of China's poverty alleviation, it contains rich resources and materials related to college students' Ideological and Political Education, including theoretical knowledge of poverty alleviation, great achievements and typical stories and cases in the poverty alleviation process, opportunities for college students' social practice, national and international research and evaluation on the implementation of China's poverty alleviation strategy. Colleges and universities should pay attention to and make full use of these resources to build a resource foundation for China's poverty alleviation with the joint efforts of multiple teams. Specifically, colleges and universities should make good use of poverty alleviation resources in the three major classes of Ideological and Political Education—theory classroom "main channel", college students' social practice classroom "main field", and network media "new classroom" to effectively improve the effectiveness of college students' Ideological and Political Education.

Key words: Poverty Alleviation; Ideological and Political Education; Value; Implementation Path

课程思政视域下中国传统文化通识课程教学实践探索*

陈成吒**

摘　要：课程思政的宗旨在于促进高校各项课程教学发挥“育人”功能，它与高校中国传统文化通识教育在诸多方面存在天然的精神契合，皆强调在课程教学中将思想价值引领与专业知识技能传授相统一，实现“金声而玉振”，将个体的价值观、人生观、世界观与新时代的“中国精神”相统一。在此视角下，传统文化通识课程在一定程度上也是对思政课程的直接拓展，并对以往专业课程的价值悬置理念进行了直接修正。当“课程思政”理念落实到传统文化通识教育的具体课程教学中时，可促进后者在教师教育理念转化与能力提升、课程体系改造与设计、课程内容编辑、教学手段综合运用等方面获得提升。

关键词：课程思政；传统文化；通识教育

课程思政是近年来我国高校课程教育教学改革领域中较为热门的话题。相关理念源自 2014 年开始的上海高校思想政治教育教学改革探索。此后，相关经验受到了中央的肯定和教育部的推广。2020 年，教育部也专门发文，要求“全面推进高校课程思政建设，发挥好每门课程的育人

---

* 基金项目：上海财经大学本科教学改革项目“传统文化通识教育中的‘课程思政’研究”（项目编号：2020120007）；上海财经大学本科教学“课程思政”示范项目（项目编号：2021120037）；上海市高等教育学会项目“财经高校传统文化通识教育中的慕课教学研究”（项目编号：GJEL1836）。

** 作者简介：陈成吒（1986—　），男，上海财经大学人文学院副教授，博士。

作用”。[①] 目前，相关方面的实践已经由点及面地全面开展，其中涉及诸多具体课程的教学改革。课程思政基本要求是在各类具体课程中进行价值引领，实现与思想政治教育的同步同行，如果相关理念未能深入到具体课程教学，实际上还是“两张皮”。本文尝试将其与高校传统文化通识教育教学的具体特点相结合，分析讨论它与相关教育的精神共鸣与课程教学实践问题。

一　课程思政与中国传统文化通识教育的精神契合

课程思政理念旨在新时代下，振兴中国高校教育，提高人才培养能力。就其基本内涵而言，“课程”指高校开展的各类教学与学习活动，具体而言，则是各类课程及其教学进程。“思政”则是强调课程的育人、德育功能。高校课程不仅要传授学生专业知识技能、开发智力，更要帮助其实现精神成长，促进德性的弘扬，培养出优秀的中国特色社会主义建设人才。至于“课程思政”理念的落实，则不是增开一门新课或增设新的活动[②]，而是将相关理念贯彻到所有课程中，因此它涉及对所有课程内容与形式的改造。具体做法就是要充分利用已有思政教育资源，将其融入各类课程的教学活动中，同时挖掘后者所含有的思政教育元素与功能。

相关教学改革涉及各类专业课、通识课、实践课等。相对而言，课程思政与高校中国传统文化通识教育之间本就存在天然的精神契合。比如，课程思政理念的提出，在现实层面主要基于对思政课程“孤岛”现象以及各类专业课程价值教育缺失现象的反思与应对。关于思政课程，它们蕴含着我国社会在意识形态、政治制度、道德观念等方面的基本共识，也承担着相应的教育功能。但目前相关课程因自身内容特点所限——多停留在理论层面，以致课程教学对学生的生活实践、观念塑造、道德养成等方面缺乏应有且足够的渗透力与影响力。至于专业课程方面，此前受经验主义教育理念影响，许多高校在课程设计与教学中，强调纯粹知识技能的传授

① 《教育部关于印发〈高等学校课程思政建设指导纲要〉的通知》，教育部官网，http：//www. moe. gov. cn/srcsite/A08/s7056/202006/t20200603_462437. html。

② 高德毅、宗爱东：《从思政课程到课程思政：从战略高度构建高校思想政治教育课程体系》，《中国高等教育》2017 年第 1 期。

和价值判断的中立。但“价值判断中立”在课程教学实践过程中，则表现为悬置对学生的价值观念引导，以致造成后者在成长过程中价值观引领失位。尤其是在当前社会文化日趋多元化，价值话语本身也较为驳杂混乱的情况下，这种方式将不利于促进学生的德育。课程思政的顺势提出，正是基于对以上现象与问题的考察应对，它希望在一个基本价值共识之下，推进课程“育人”，而此前已展开的高校通识教育，尤其是中国传统文化通识教育也对以上问题有所关注与修正。

（一）课程思政视角下传统文化通识课程对思政课程的直接拓展

随着社会的发展，传统思想政治教育方式在新形势下的有效性成为人们关切的一个问题。传统上，相关教育主要依托各类“思政课程”教学而展开，但随着社会的发展变化，这类课程在高校，尤其是学生群体中的影响力有弱化之势。人们在此前也已注意到，并对相关教育教学进行了强化，如全国各高校相继成立马克思主义学院，同时在课程教学改革方面下了诸多工夫。但客观来说，局面没有像预想般获得明显的转变。笔者也曾向学生讲授过思政课程，切身的体会也印证了此点。

面对相关现象，不少学者主张将思想政治教育与“通识教育”相结合。改革开放前，我国社会长期处于一元结构中，除城乡差异外，人们在阶级或阶层分别等方面都相对固化，日常生活、工作与学习模式相对单一。在此背景下，思政教育主要以思政课程教学为基本模式展开，也算适用。但随着改革开放的深化，社会在诸多方面不仅实现了现代化，“后现代”现象及其问题也已悄然来临，阶层、生活、工作与学习等方面的差异分化愈加明显。[①] 面对这种变化，传统单一的思政教育模式无法完全应对。因此，江海等此前倡导将思政教育转化为通识教育。

虽然他们的观念在一定程度上也较急进，在现实层面，后来以及当前的思政教育并没有走上这条路径，反而对传统模式进行了强化。但那些看法显然也指出了思政课程与通识教育课程之间的某种关联与相通性。中华传统文化本身强调“德性的养成”与“成德之教”，这些文化精神在现代

① 玄华（陈成吒）：《关于“新子学”几个基本问题的再思考》，《江淮论坛》2013 年第 5 期。

社会仍有现实价值。[①] 因此，中央强调要把传统文化教育贯穿国民教育始终。[②] 与之相对应，高校传统文化通识教育的课程目标就是培养学生具有共同的核心价值观、基本认知、文化素养与能力。它也可帮助学生更好地理解中国与世界，乃至融通古今，汇通中西。

思政课程与通识教育课程这种相通性，不仅适用于中国社会，也具有普世性。从世界范围看，其他国家也存在思政教育，但基本上以通识教育形式呈现。通识教育将自身定位为“全人”教育，具体目标是培养有责任感、道德感、价值判断能力和实践能力的公民。在通识教育中，每个国家都会根据自己的文化传统、社会现实与价值理想，设计相应的教学内容，使学生能理解自己所身处的环境，从而学会适应时代以及做出改变，乃至成为新文化的引路者。现在，在思政教育改革基础上所提出的“课程思政”理念，可谓进一步揭示了相关教育与传统文化通识教育之间的天然契合性与可直接关联的对接性。

（二）课程思政视角下传统文化通识课程对旧有专业课程理念的修正

课程思政理念的提出也与全球和国内教育理念、形势环境变化相关。现代高校教育理念源自西方教育传统。在西方传统中，也强调德性启发与知识技能传授相统一，苏格拉底学派的教育理念在西方教育历史中一直被传承。到20世纪初，工具理性、经验主义哲学大行其道，对教育理念走向产生了重要影响。马克斯·韦伯将理性分为价值理性、工具理性，这为此后两种理性被人为割裂埋下伏笔，而后杜威等的经验主义哲学则对高校教育走向产生了直接影响。完整审视杜威的观点，可知他的“课程教学专业论”是建立在校园生活等间接性道德教育的基础上。这在美国高校教育里十分普遍：美国的公民教育皆全方位地渗透在他们的日常校园生活与课程教学中，如学生会的竞选活动是直接模拟和练习美国政治制度与模式，[③] 通识课教学则又传统深厚。这些都在无形之中，促进学生对美国历

---

① 陈成吒：《论国学观念的历史与重筑——以中西学术话语权之争及其得失为中心》，载杨国荣主编《思想与文化》第二十三辑，华东师范大学出版社2020年版，第211—230页。

② 中共中央办公厅、国务院办公厅：《关于实施中华优秀传统文化传承发展工程的意见》，中国政府网，http://www.gov.cn/zhengce/2017-01/25/content_5163472.htm。

③ 孔锴：《美国公民教育模式研究》，中国社会科学出版社2013年版，第190页。

史、文化与社会制度的认同。

但在美国之外，受其影响的国家多只是看到其经验主义的表层事物，没有重视他们所说的知识技能教育等所隐含的间接道德教育，以至于将两者完全切割。乃至近几十年，许多国家的教育都强调课程教育的专业知识技能化，将价值判断悬置，使原有“德性启发”要素逐渐退出课程教学。在高校教育方面，相关情况更为严重，基本上是在做专业知识与技能的讲授，且相关内容有被数据量化的趋势，较之以往，强调经验客观、价值中立的倾向越加明显。正如伍醒、顾建民等已对此有所思考。① 价值观被遮蔽，其实也是一种价值观消极化的表现，违背了德性教育的根本宗旨。相关问题日益突出，也已引起国际教育界的关注，2015 年，联合国教科文组织便重申，教育宗旨不仅有收获技能，更有促成完整人格的养成，唯有如此教育才能可持续发展。②

中国在高校教育方面，有着自身的传统与独特性，因此一直强调德育与智育并重，表现在课程教育形式上，即思政课程与专业课程并行。不过，与其他国家一样，也不可避免地受到简单经验主义的影响，导致专业课程越来越重视知识技能，脱离德育职责，以致造成思政课程在德育方面孤掌难鸣的“孤岛化”现象。解决该问题，就是要解决思政教育与专业课程、通识课程、实践课程以及其他各类课程彼此间游离脱节的问题，就是要发挥后者的育人功能。

课程思政的实质是强调“立德”与“求知”统一，不可非此即彼。在高校教育中，思政课程与其他各类课程“同向同行”，形成全方位、立体全覆盖的德育模式，形成协同效应。具体而言，即打破原有简单经验主义的知识客观、价值中立、效果量化等倾向，更多地去促进学生理性认知、情感塑造和社会责任感的培养。

中国传统文化通识教育在这一块也对旧有专业课程理念有着直接修正。中国传统文化一直强调“立德为先”。老子《道德经》的基本内容就是以“道”为基础，强调人能知道、用道，思想的落脚点则在于

① 伍醒、顾建民：《“课程思政”理念的历史逻辑、制度诉求与行动路向》，《大学教育科学》2019 年第 3 期。

② 联合国教科文组织：《反思教育：向“全球共同利益”的理念转变?》（*Rethinking Education: Towards a Global Common Good?*），联合国教科文组织总部中文科译，教育科学出版社 2017 年版。

"德"——人的认知与践行。它明确概述以尊道修德于身、家、乡、邦、天下的修齐治平体系。[①] 儒家也一样,《大学》里便有相似的表述。[②] 至于课程教育方面,中国教育历史悠久,很早就有了"课程"概念,宋代朱熹便多次言及,如"小立课程,大作功夫"(《朱子语类》卷八)等。其中的"课程"所指就是对具体经典或专门学问知识的学习思考,"功夫"则是切问、近思、领悟其背后之道与德性的活动。今天的传统文化通识教育也继承了此点:它所强调的"通",就是以一定的价值观打通和修正原有专业课、选修课的知识碎片化与教育工具化,坚持"全人教育",始终将知识之"学"与德性之"思"相结合。具体所为,就是在课程教学中,将思想引领与知识传授相统一,实现"金声而玉振",将个人的价值观与社会、国家的主流意识同向同步,融入"中国精神"。

二 课程思政视角下传统文化通识课程教学实践

在课程思政视角下,高校的中国传统文化通识教育与前者在教育的理念、功能、内容、价值取向等各方面都具有极高的契合度。那么当课程思政理念落实到具体教学进程中,后者又可以做出哪些应对与调整呢?以下从教师教育理念转化与能力提升、课程体系设置、课程内容组织、教学手段运用等方面进行探索。

(一)教师教育理念转化与能力提升

在课程思想视角下,教师依然是教育的主导者,也是该理念得以落实的关键。在此基础上,师资队伍建设以及教师个体教育理念调整等方面,也将面临许多新的任务与工作。刘清生曾指出,因以往教育在理念认识上的偏差、评价导向上的偏失、机制上的偏颇等,使教师陷入理念缺乏、责任感淡薄、能力缺失等困境,进而强调高校教师在强化相关理念、增强融合能力、创新教学方式、提升教师自身素养等方面狠下功夫,提升其课程

① 陈成吒:《从〈老子〉到无尽的〈道德经〉》,广西师范大学出版社 2018 年版,第 72 页。

② 朱熹:《大学章句集注》,载朱熹《四书章句集注》,中华书局 1983 年版,第 4 页。

思政能力。[①] 在新时代新形势下，课程主讲教师在思想与教育理念上应改变过去的一些成见，树立“以德立身、以德立学、以德施教”[②]。唐代韩愈便指出教师的职守在于“传道”“授业”和“解惑”。传统社会称教师为“先生”，也指我们作为先觉者应去启发后学。教师可以对照传统文化教育的这一精髓，提升自己。

第一，教师“为人师表”，身正为范。课程教师践行传统文化所强调的“正己才能正人”理念，在日常生活和工作中提升自身的德性修为与操守，坚持身教与言传的统一。如果主讲教授在课上大谈道德仁义，现实生活中却道德败坏、毫无操守，学生自然会对相关课程思政教育产生负面印象。即使在古代社会，伪君子、假道学等现象对道德文章教化功能也同样极具杀伤力。课程教师对学生进行德育的前提性要求，自然是立足于自身的诚心实意、心口合一，而这需要教师提升道德自省与修为。

第二，教师在“身正”的基础上，深化“言传”，即将课程思政以及相关德育理论吃透，真正理解知识观念背后的德性根基，并能将其外化出来，形成清晰的论述与讲授。目前也存在一些对相关理念理解肤浅，甚至错误，进而出现一些偏颇的做法，如将课程思政理解为对思想政治观念与口号的宣传，认为是把“思政课程”搬到专业课中来；或者只是在课件、教材、教学中简单增加中央领导人的语录，生搬硬套；或者大讲“心灵鸡汤”。这些做法皆与课程思政理念相去甚远，身为教师应明晓教育与宣传存在一定联系，但有根本性的区别。课程思政的实质是教育，而非宣传，它要求的是在课程教育中将德育与知识技能教育同行并举，水乳交融，相得益彰。它要求教师提升理论能力，真正将学术研究与教书育人相结合，增强课程思政的亲和力、说服力。它的实现则在于教师对专业所学进行足够反思，不再停留于知识层面，深入挖掘它们的内在根基，也就是知识背后的德性要素。传统师道以“传道”为根本，它所指的就是德育，但并非只是简单地宣讲关于道德或德育的理论知识。德性是高于又内在于道德知识的精神，传道即揭示、阐明它，从而使学生“明明德……止于至善”。

---

① 刘清生：《新时代高校教师“课程思政”能力的理性审视》，《江苏高教》2018 年第 12 期。

② 中央宣传部等编：《习近平谈治国理政》第 2 卷，外文出版社 2017 年版，第 379 页。

第三，教师在课程教学中实现“人师”与“经师”的统一。课程思政强调德育为根本，但并非抛开专业知识技能。雅斯贝尔斯的《什么是教育》指出大学有一体性的四项任务，分别是建立专业课程、培养教育、精神交往与学术研究。① 在课程思政理念引领下的专业课程教学中，这四项内容仍是合一的整体，其中知识技能的传授不仅要保持原有的专业化、系统性，更要精益求精。传统文化通识课程教学也是如此，具体做法则参见下文相关部分的分析。

（二）课程体系的改造与设计

课程思政作为新的教育理念与方式，必然要落实到具体的课程中，也就涉及对课程的开发、改造与设计等。所谓“课程”，它所指本身就是一个系统性、逻辑性的系列进程，因此它所涉及的首先是课程体系，然后才是具体的每一门课。课程思政视角下高校传统文化通识教育课程的改造与建设也是如此。

首先，关于思政课程与课程思政视角下传统文化通识课的关系理解。思政课程是总纲性、理论性、方法论层面的思想政治教育必修课程，课程思政则是一种教育教学理念与系统，将前者的核心理念贯穿、具体化实践到各个课程中。但它并不是要求专业课程去专业化、去知识化，进行所谓的课程“思政化”。在它的引领下，各类专业课程同样保持着自己的专业性与独特性，传统文化通识课程也一样。

其次，在课程思政与通识课程相联系时，具体课程又有综合和专门之分。现在许多学校都会开设一些“综合课程”，如上海高校的“中国系列”课程。落实到传统文化通识课程方面，则可以对应“中国文化概论”“国学与当代社会”等类型的课程。同时，也会设置部分专门性课程，如类别性课程或系列经典导读课程：“中国传统音乐”“中国传统服饰文化”“中国传统饮食文化”“《周易》导读”“《诗经》导读”“《老子》导读”“《论语》导读”“《孟子》导读”等。这些综合性课程与专门性课程之间也存在一定的联系与区别：综合性课程，着眼于整体视野，旨在对学生的道德情操、思想意识、知识结构进行集中训练和综合提升，它可以防止专

① ［德］雅斯贝尔斯：《什么是教育》，邹进译，生活·读书·新知三联书店 1991 年版，第 149—150 页。

门性课程对知识系统的割裂和视野的狭隘化；专门性课程，则是在一个领域或经典内部去深入挖掘，形成纵向深度。两者相互配合，便具有纲目、经纬关系，一纲十目、一经百纬，各有其用。

（三）具体课程内容的组织

教师在设计具体课程时，明确其基本立意与内容特点后，需对“知识选择”进行前瞻性反思，如此才能更好地实现从“知识技能讲授”转化为“价值教育、能力培养”。在课程思政视角下，组织课程内容需具有一定的指向性。

19 世纪，斯宾塞（H. Spencer）“什么是最有价值的知识?”之问在今天仍然具有极高的价值。在立足于课程育人理念的基础上，对于具体课程内容的“知识选择”仍是一个具体而需落实的问题，毕竟任何一门课的教学时间与内容皆有限，不可能涵盖相关问题的所有知识。高宁、张梦总结了面对该问题时应遵循的两个一般原则，即“系统性原则”和“简约性原则”。[①] 前者指“课程”本质上是按照一定的教学目标、知识的发展逻辑或学生学习成长逻辑组织起来的知识结构，后者指课程内容需要对相关博杂的知识进行必要的概括、精练，以突出线索与重点。

同时，还要结合当下社会发展的现实情况——新时代的基本特点，将社会主义核心价值观转化为积极的人生观与道德情操，将培养学生的个人价值、社会责任感、政治认同、国家认同与知识传授相统一。在具体操作中，提炼课程中所蕴含的立德树人元素，引导学生的精神教化。在传统文化通识课程教学方面，便可以内在地、系统地将中国传统优秀文化与当今中国的社会现实相结合，让学生理解民族复兴、中国梦、中国道路。范渊凯认为在传授相关知识内容，以及联系当下的中国特色社会主义现实时，可从“继承”和“批判”两个层面来分析讨论。[②] 相关看法也指出了一些值得注意的原则与方法。

当然，课程思政在传统文化通识课程教学中的难点在于如何将专业知识讲授与思政德育相结合，这也是众多一线专业教师要面临的问题。实

---

① 高宁、张梦：《对“课程思政”建设若干理论问题的“课程论”分析》，《中国大学教学》2018 年第 10 期。

② 范渊凯：《传统文化融入思修课教学的问题及对策研究》，《江苏高教》2019 年第 12 期。

则，它们彼此间并不存在鸿沟，也不应只是简单的策略性、手段性、工具性的“焊接”或“嫁接”，仅仅停留在“触点”、浅层地联系几个案例。它们应是、也可以是血肉相融的有机体：在一个确定的教育理念之下，通过认知逻辑的推演、历史的梳理、学理的探索，很自然地带出相关历史与典故案例等。德育本就蕴含于专业知识之中，也可以从中有机地生长出来、显像出来。

比如教育部要求课程思政“加强中华优秀传统文化教育”“深化职业理想和职业道德教育”“深入开展宪法法治教育”①，这些内容便可以与近年来兴盛的“工匠精神”“中国传统之治”等话题相结合。李克强曾在政府工作报告中提出“培育精益求精的工匠精神”。② 此后，有关“大国工匠”的话题盛行于各种电视网络媒体以及书籍报刊。但人们在论说工匠精神的历史与典型时，总习惯于将目光投向海外，其中尤以日本的文化传统与现实传承最为人津津乐道。实则，中国自不乏相关典故与思想的记述。先秦社会对道术、技艺有所追问，形成了一定的理念，同时有一定的工匠制度与文化传承，也直接影响了诸子对工匠精神的树立。这在《礼记》《墨子》《庄子》等经典中都有涉及，且有诸多典故、案例。又如，党的十九届四中全会指明中国特色社会主义制度和国家治理体系具有深厚的历史底蕴，是在中国的社会土壤中生长起来的。③ 其中，中国传统文化中的治国理念便对促进当代中国的政治制度建设与发展具有重要意义。这些历史与典故皆可以有机地融入通识课程中，促成价值引领与知识传授的“体用合一”。

（四）教学手段的综合运用

在教学手段方面，坚持传统与新生事物相结合。传统的教辅与教学手段，如修编高质量教材和运用传统多媒体工具等，仍是基础性保障。

---

① 教育部：《教育部关于印发〈高等学校课程思政建设指导纲要〉的通知》（教高〔2020〕3号），教育部官网，http：//www. moe. gov. cn/srcsite/A08/s7056/202006/t20200603_462437. html。

② 李克强：《2016 政府工作报告》，中国政府网，http：//www. gov. cn/guowuyuan/2016zfgzbg. htm。

③ 中国共产党第十九届中央委员会第四次全体会议：《中共中央关于坚持和完善中国特色社会主义制度、推进国家治理体系和治理能力现代化若干重大问题的决定》，中国政府网，http：//www. gov. cn/zhengce/2019 - 11/05/content_5449023. htm。

近几年，随着互联网技术的发展，人们也日益关注网络慕课资源的开发与使用。传统文化通识课程教师对此自然应给予充分关注，甚至利用慕课资源，乃至参与开发。但同时也要清醒地认识到想象慕课与真实慕课之间的联系与区别，客观看待慕课与实体课各自的利弊。前者在可预见的将来仍无法取代后者，将两者相结合使用则是近期的一个发展路径与趋势。①

在课程思政理念引领下，除常规性的课堂教学之外，当涉及部分特定议题而举行讨论课时，可以邀请思政课程教师一同参与。同时，也可以适当增加一些课外实践环节，从而培养、提升学生各方面的能力。

三　结语

从现阶段的发展情况看，将课程思政理念与高校中国传统文化通识教育教学相结合的实践正在逐步开展中，理论性总结与分析尚有待加强与深化。课程思政的宗旨在于促进各项课程教学发挥“育人”功能，它与传统文化通识教育在教育的理念、功能、内容、价值取向等方面都有天然的契合性，皆强调在课程教学中将思想价值引领与专业知识技能传授相统一，实现“金声而玉振”，将个人的价值观与社会、国家的主流意识同向同步，融入“中国精神”。以此出发，传统文化通识课程在一定程度上也是对思政课程的直接拓展，并对以往专业课程的价值悬置理念进行了直接修正。当“课程思政”理念落实到传统文化通识教育的具体课程教学中时，可以促进后者在教师教育理念转化与能力提升、课程体系改造与设计、课程内容组织、教学手段综合运用等方面获得提升。总之，课程思政理念的提出，有利于进一步促进高校中国传统文化通识教育的发展，在教育立意上对后者的地位进行了加持与提升。同时，传统文化通识教育与教学又可以直接促进“课程思政”的有效落实与贯彻。

① 陈成吒、何浙丹：《想象慕课和真实慕课的“教”与“学”》，《江苏高教》2018 年第 9 期。

Exploration on the Teaching Practice of General Education Course of Chinese Traditional Culture from the Perspective of "Course for Ideological and Political Education"

Chen Chengzha

Abstract: The purpose of "course for ideological and political education" is to promote the function of "educating people" in various courses of colleges and universities. It has a common spiritual goal in many aspects with the general education of traditional Chinese culture at Colleges and universities, which emphasizes the unity of ideological value guidance and knowledge teaching in curriculum teaching. They all emphasize the unity of personal values, outlook on life and world outlook with the "Chinese spirit" of the new era. From this perspective, the traditional culture general course is a direct expansion of ideological and political courses at a certain level, and it also modifies the teaching concept of professional courses. When the concept of "course for ideological and political education" is implemented in the specific curriculum teaching of traditional culture general education, the latter can be improved in the aspects of the transformation of teachers' educational ideas and ability, the reform and design of curriculum system, the development of curriculum content, and comprehensive application of teaching methods.

Key words: Course for Ideological and Political Education; Traditional Culture; General Education

“国际环境法”课程思政改革探析*

胡　苑　俞翰沁**

摘　要：课程思政是专业教育和思政教育的有机结合。“国际环境法”课程具有较强的综合性与复杂性，而当前高校的“国际环境法”教材又在结构内容分布上存在局限性，这不仅容易出现由于体系内容过多导致的浏览式教学，从而使学生较难准确把握课程特征，而且容易使学生对国际环境法法规规则出现误解，从而偏离课程思政的目标。为此，需要将课程的核心回归到国际环境法的本质框架下，加强对无暴力强制下的合作议题的引导学习，并结合我国在国际环境法领域的实践进行探讨，使国际环境法学专业知识教育与课程思政教育相辅相成。

关键词：“国际环境法”；教学改革；课程思政；合作规则

继2019年中共中央办公厅与国务院办公厅联合印发《关于深化新时代学校思想政治理论课改革创新的若干意见》后，2020年，教育部出台《高等学校课程思政建设指导纲要》强调，要“使各类课程与思政课程同向同行，将显性教育和隐性教育相统一”。各高校以此为契机和目标，推动本校的课程思政改革，致力于探索最适合各学科的思政教学模式，做到

---

* 基金项目：上海财经大学2018年度研究生重点课程建设项目“国际环境法”（项目编号：2018150012）；上海财经大学2019年度研究生课程思政建设项目“国际环境法”（项目编号：2019150001）。

** 作者简介：胡苑（1980—　），女，上海财经大学法学院教授；俞翰沁（1990—　），女，上海财经大学法学院环境与资源保护法学博士研究生。

专业教育和思政教育“层次递进、相互支撑”，实现立德树人，促进教育教学质量稳步提升。

国际环境法是“调整国际自然环境保护中的国家间相互关系的法律规范的总称，是当代国际法中的一个新领域”，[①] 它“既是国际法的一个分支，又是一个在不断完善和发展着的相对独立的学科体系”。[②] 国际环境法是一门复杂的交叉学科，主要涉及国际法、环境法、环境科学等，而国际法和环境法又与法理学、民法、商法等法律学科紧密相连；此外，国际环境法也涉及一部分的国际政治、生态学、环境伦理学、环境经济学等，体系庞杂——兼具法律性、技术性和社会性。学习国际环境法的课程，引导学生深入挖掘国际环境法课程的价值，是课程思政的应有之义。

一 “国际环境法”的课程特征

（一）“国际环境法”的教学目标

全球环境问题的解决，需要国际性人才对话与合作。在过去的几十年中，国际社会对环境威胁的认识急剧增加，各国政府已开始做出回应并逐步重视。全球环境问题不断加剧，国家之间在环境问题上的交流逐步加深，对国际性人才提出更高的要求，“专业教育、专门职业教育和精英教育”[③]，以及“实践型和学者型的二重培养目标”[④] 是对“国际环境法”课程提出的最直接的要求。

科技的发展带来全球互动进一步增多，环境问题恰好不受国境行政区划的约束，最容易产生国际社会上的公地悲剧。面对环境问题所具有的公共性、外部性特征，厘清国际环境法的规则演进、国际环境问题的生成原因以及国际环境法的局限与困境，是学习“国际环境法”的主要目的。

上海财经大学设立了“国际组织人才培养基地班”，国际组织人才的培养，需要相应人才有足够的国际视野，通晓国际规则，能够运用法律专

---

① 蔡守秋、常纪文：《国际环境法学》，法律出版社 2004 年版，第 22 页。

② 马呈元：《国际法》（第 3 版），中国人民大学出版社 2012 年版，第 182 页。

③ 黄进：《新时代高素质法治人才培养的路径》，《中国大学教学》2019 年第 6 期。

④ 王晨光：《法学教育改革现状与宏观制度设计——日韩经验教训反思与中国改革刍议》，《法学》2016 年第 8 期。

业知识和技能解决复杂国际关系中的各项具体工作，本课程的内容，有助于学校国际化人才的培养。

(二)"国际环境法"课程的传统课程设计

1. "国际环境法"的教材选择

虽然"国际环境法"课程是专门性和交叉性很强的领域，但教材的可选择性并不丰富。从国内教材上看，主要有原武汉大学环境法研究所王曦教授在1997年撰写的通用教材《国际环境法》（该书在2005年出版第2版），以及原武汉大学环境法研究所蔡守秋教授等数十位专家在2004年编写的教材《国际环境法》等。十多年来，国际环境问题日益复杂化，环境污染种类、数量加剧，范围急剧加大，跨国跨界问题层出不穷，而我国学者编撰的"国际环境法"教材多停留在十多年前，内容上缺乏对国际环境法领域近年来重大事件的刊载和分析。

如果只是强调教材的时效性，就只能使用近十年来国外出版的"国际环境法"教材，例如菲利普·桑兹（Philippe Sands）教授和杰奎琳·皮尔（Jacqueline Peel）编著的《国际环境法原理》（*Principles of International Environmental Law*）。这类教材更多地适用于西方国家国情下的学生，与我国本土情况并不契合。例如，在习俗、条约和"软法"的介绍中，更多的是依照作者本国的行为模式和经验。

2. "国际环境法"的内容结构分布

国际环境法作为法学内的一个下位特殊领域，实际上应该以国家和国际组织等主体在环境领域的国际社会行为为主要研究内容，但表现在教材上，却是历史上各类环境法领域的国际公约、协议和文件的集合，欠缺了以真正的法律主体作为观察对象的脉络梳理，更缺乏对于我国作为国际社会发展中国家主导力量的考量和研究。

国际环境法交叉性较强，内容非常复杂，既和国际法交叉，又和环境法交叉。它源于国际社会日益凸显和严重的全球环境问题和区域环境问题，既带有环境法科技性和风险性比较强的特征；同时，又因为没有类似于国内法有统一的公权力机关进行立法和维护法律实施，从而其软法性较为突出。由于国际公约等材料过多，且倡导性规制占了较高的部分，传统的按国际环境法材料分章节授课的模式，很容易陷入什么都只能蜻蜓点水带过的弊端，也很难让学生理解国际社会的法和国内社会的法之间的本质性差异。

二 “国际环境法”传统课程设计与思政教育目标的偏离

与国内环境法不同，国际环境法需要在国际公法的更大维度上加以理解，其教学也需要在更为宏观的角度上进行。而我国“国际环境法”课程更多地遵循传统的课程教学模式，与教育部相求的“挖掘提炼专业知识体系中所蕴含的思想价值和精神内涵”目标有较大差距。

（一）体系性内容过多导致的浏览式教学

“国际环境法”作为国际法学和环境保护与自然资源法学研究生的必修课程，同时也是其他部门法学研究生的选修课程，其教学内容和方式直接影响研究生对本课程的掌握，从而间接影响最终学习效果与质量，以及学生对课程内涵性内容的掌握。

在国际环境法领域，研究生阶段的同学尽管已经具有本科法学的基础，但对于这样一个充满挑战的领域，学习依然容易流于表面。教师赶进度上课，实际上可能变成了各类国际文件的表面浏览，不利于学生理解该领域法律规则的复杂性和多样性。

就目前所有的“国际环境法”教材而言，其内容包括总论与分论两编，总论即“国际环境法”的基础理论，包括概述、演进、渊源、体系、基本原则、实施等方面；分论对“国际环境法”的各领域和各方面进行讲授，包括气候变化、大气污染控制、有毒有害物质管理、生物多样性保护、生物安全保护、臭氧层保护等。① 此外，还有特殊议题的环境法内容需要进行深入探讨，例如，国际水道、核材料和核事故的管理、人权与环境、环境与国家安全、国际金融机构与环境、海洋资源和渔业、人口等。这些内容同样是国际环境法的组成部分，但由于课程时长的限制，在课堂上并不能逐一涉及，也缺少充分的教学时间挖掘各部分之间的联系与内在逻辑。

（二）软法特征导致的法规则误解

在法学学习上，具有法学基础的学生会更多地习惯性遵从法学学习的一般模式，多注重于研究法律文件中的法规范本身，因此，法的规范分

① 王灿发、于文轩：《论我国环境法学的课程设置与教材建设》，《当代法学》2008 年第 6 期。

析、结构分析、法律责任等内容是学生眼中的重中之重。然而，因为国际社会上没有真正意义上的超国家权威，国际环境法的软法特征突出，同时又是环境问题这样一个容易引发理想主义和纯粹价值评价的领域，与其他直面人与人之间的纷争的法律，如刑法，具有很大的差异性。教学上强调其软法性，可能会对学生理解法律形成误导。国际社会，尤其在环境议题上，非常类似于初民社会情景，需要学生更深刻地理解合作问题才是法律规则的起点。西方传统的立法比较强调个人主义和自由主义，但是人类社会大规模的发展，它的起始点是合作以及合作的规则，传统课程设计容易忽略对学生这方面的思考引导。

（三）难以结合具体场景展开具体分析

法学教育在知识传播上多注重于讲授"法律解释原理及其方法和由法学基本观念、学说构建的理论体系"[①]，其遵循一定的法学思想和原则指导，关注法律现象自身的构成、运作和技术。

而环境法关注的环境问题，具有特异性，尤其是国际环境法领域。是否成为国际环境法所关注的国际环境问题，不同的国家会有不同的标准和考量因素。环境问题其实是根据各国、各区域不同的环境本底值而衍生出来的限度，并不存在地球上每一个国家都同等关注的环境问题。比如一般海洋中的岛国，会更多地依赖渔业资源，从而在国际社会上延迟加入或者履行海洋渔业资源保护的公约。能源结构依赖于化石能源的国家，可能会排斥国际上的气候变化合作。而国际环境法恰好是一个需要各国共同应对和合作的领域，同一个环境问题，各国的分歧通常会很大，达成国际法上的约束性规则具有极强的困难性。目前这个领域的诸多法律文件，在一定程度上掩盖了这种困难性。

三　融入思政元素的"国际环境法"课程设计

（一）回归具有复杂性的"国际环境法"本质

环境法本质上是以环境要素为媒介的人与人之间的社会关系体现，那

① 时延安、陈冉：《培养符合中国社会治理需要的法治人才——人民教育家高铭暄先生法学教育思想研究》，《教学与研究》2020 年第 2 期。

么在国际环境法领域，它其实也是不同的法律主体（国家和国际组织，以及新型国际法主体）之间的关系。在国际环境法领域，传统法学强调的阶级性特征并不十分明显，但是其复杂性、灵活性要求培养更具有适应性的学生。对这种复杂性进行充分考虑，以及考虑复杂场景下的对群体协作的更高要求，那就需要我们在选取案例时给学生留出讨论空间，以有利于学生形成正确的人生观、价值观和世界观。

片面化的思维将阻碍课程学习对象养成探究问题本质的习惯。[①] 国际环境法是一个需要引入政治学、经济学、社会学、环境科学等视角看待的课程，法学的传统理论教学和法律实践方法，往往难以使本课程的深刻性为学生所感知。因此，在本课程的案例讲解中，可适当引入具有探讨空间的案例。比如，一般来讲，国家的行为由其国家利益决定，但当我们选取美国在气候变化国际合作上的一系列案例时，可以发现，美国作为国际社会的重要国家，其在气候变化议题上，一段时间是积极参与，一段时间是毁约退出。它的国家利益事实上无以依附，而在一定程度上变成了驴党和象党的党派利益冲突。通过这类案件的讨论，引导学生谨慎判断案例中的内在逻辑。

此外，在“国际环境法”的课堂教学中，法经济学等跨学科方法可融入众多问题的讨论中。例如，在可持续发展原则中，对于“可持续发展”的一种理解是，它是一个过程，而不是一个静态性的终点。这一过程对于所有国家不一定是相同的，但是它建立在享有知情权的公众参与和一系列制度工具的基础上，如环境影响评价分析、外部成本内化策略、可持续性指标和自然资源会计制度等。再如，在基础性的国际环境问题本质的章节中，探索是什么原因导致了国际环境质量下降时，引入公地悲剧、外部费用的承担、风险与不确定性等角度的探讨，用效益成本分析等不同于传统法教义学的分析方法，能使学生从不同维度理解国际环境法的问题本质。

（二）对无暴力强制下的合作议题的引导探究

无论是气候变化、国际水道还是公海等领域的合作保护与共同开发利

① Ribéreau – Gayon, et al., “Interdisciplinary Research – Based Teaching: Advocacy for a Change in the Higher Education Paradigm”, *Shaping Higher Education with Students: Ways to Connect Research and Teaching*, UCL Press, London, 2018, pp. 139 – 149.

用，在没有超国家权威的暴力机器的威慑条件下，国际环境法的课程讲述，应当回归到法律规则产生的最初本源，即合作主义、互负责任、互有义务，而不是极端个人主义，这才是构成国际环境法的基石。国际环境法恰好是复杂场景下不同人类组织体是如何缔结合作的绝佳观测点。国际环境法的规则，事实上源于不同的国际法主体自愿让渡一部分权利，从而换取其他国际法主体相对应义务的合作过程。

“国际环境法”课程中，可从环境法如何产生、环境秩序如何维持开始引申，以启发式的发问引导学生思考一系列问题，例如国际环境法领域的宣誓性文件是法律吗？国际环境法能执行吗？为什么国际环境法的各个主体能合作？在国际环境法领域，关于臭氧层合作治理的蒙特利尔议定书为什么能成功？而气候变化合作就表现为困难得多？通过一步步向国际环境法本质的探寻，启发学生立足于我国国家利益的立场，探讨国际环境法中各类议题的法律进展，寻求对学生深层思考能力的锻炼。

研究生正处于一个大量接受不同价值观的重要阶段，原有认知与外来思想的交融将不断碰撞、博弈，形成最终的自我意识和价值观。这时期，他们“即使自身理性思维能力有限，也不愿接受宏大叙事风格的价值传授方式，而是比较期待富含生活化情景元素的问题分析和价值指引方式”。[①] “国际环境法”课程可以为课程学习者提供多元探讨的土壤，在“国际环境法”课程中，可以引导研究生客观看待不同的国际法主体在各类国际环境议题上的不同利益诉求和合作模式。通过无暴力强制下合作议题的深层次解读，引导学生形成合作“双赢”的普世价值观。

（三）结合我国国际环境法领域的实践进行探讨

中国作为发展中国家中的大国，一直以来坚持在国际合作中求同存异，在国际社会发挥了应有的积极作用，并且引导和积极呼吁其他发展中国家正确地理解发展与保护的应有之义。例如，在气候变化和碳排放权议题上，我国一直坚持共同但有区别的责任原则。同时在近年的碳减排问题上，我国也履行了一个负责任大国的应有担当，积极参与了《联合国气候变化框架公约》以及后续议定书的谈判，率先提出了中国应对气候变

① 赵志伟：《我国高校“课程思政”的脱嵌性问题研究——以社会科学类课程为例》，《中州学刊》2020 年第 4 期。

化自主贡献方案，引导和推动了《巴黎协定》《斐济实施动力》等重要成果文件的达成；同时，与加拿大、欧盟共同发起气候行动部长级会议机制，也积极沟通其他发展中国家，建立了立场相近国家的协调机制。[①] 在特朗普时期，美国大幅推出原有气候变化协议的同时，我国积极行动，在国际气候谈判中起到了“领头羊”的引导角色。

除了气候变化，我国还在国际社会的其他各个环境法领域作为国际社会的重要参与者发挥作用。因此，在“国际环境法”课程的讲授中，需要强化以我国为视角和我国作为参与主体的案例，而不是按照教材尤其是国外教材，以国外的他国视角进行复述和研究，并进而引导学生理解，我国在国际社会上提出的人类命运共同体的理念，这个理念可以贯穿国际环境法始终。例如，我国近些年相继提出调整经济结构和能源结构，加速风能、太阳能、潮汐能等清洁能源发展，强化移动支付、共享经济等领域等内容。[②] 在环境和资源的可容许限度内追求协调发展，是我国参与国家社会环境议题行动的准则，地球是人类生活的唯一家园，所有国际法主体都是命运与共的人类命运共同体。

我国深入参与全球环境治理，在应对气候变化、保护生物多样性、提供国际公共环境产品等各个方面都发挥了关键作用。秉持实事求是的理念，具体问题具体分析才是“国际环境法”课程需要的精神。因此，对“国际环境法”的教学引导，也需要实事求是地结合我国的参与实践进行分析。

四　结语

在环境问题影响越来越广泛、跨境和全球环境问题频繁出现的情况下，全球环境的公共性问题引起了公众和决策者的普遍关注。而在当今的课堂上，教师和学生都有责任参与寻找如何更好地解决国际环境争端和维护全球良好环境的答案。“国际环境法”课程，作为寻求答案的重要组成部分，需要以我国立场为出发点，在“国际环境法”课程中融入多角度

① 李莹：《提升气候变化意识　强化低碳行动力度——生态环境部应对气候变化司负责人答记者问》，《中国环境报》2018 年 6 月 14 日第 3 版。

② 严瑜：《国际人士热议中国环境保护：彰显负责任大国形象》，《人民日报》2019 年 12 月 5 日第 3 版。

的思考，引导学生不仅学习到课程的知识性内容，也能通过理解国际环境法的复杂性本质和多元利益基础上的合作机制，对课程所涉议题形成更深刻的认知，并有助于塑造个体正确的世界观、人生观和价值观。

Analysis on the Reform of the Ideological and Political Aspects of International Environmental Law Course Teaching

Hu Yuan　Yu Hanqin

Abstract: The course education reform needs to combine professional education and ideological and political education organically. International environmental law has strong comprehensiveness and complexity, which has higher requirements for the cultivation of international talents. However, the current international environmental law course at universities has limitations in the selection of textbooks and the distribution of teaching structure and contents; and it is easy to become a smattering of knowledge caused by too much systematic content, which makes it difficult for students to accurately grasp the characteristics of the course and leads to misunderstandings about international environmental laws and regulations, thus, deviating from the ideological and political goals of the course. Therefore, it is necessary to return to the essential framework of international environmental law course, strengthen the guidance and study of cooperation topics without coercion of violence, and discuss with China's practice in the field of international environmental law, so that the professional knowledge of international environmental law and the ideological and political philosophy of the course complement each other.

Key words: International Environmental Law; Teaching Reform; Ideological and Political Aspects of Course; Cooperation Rules

征稿启事

《财经高教研究》创刊于 1983 年，2019 年由中国社会科学出版社出版，是由上海财经大学主办的以财经教育研究为主的学术刊物。本刊致力于教育教学学术前沿研究，在彰显经济、管理学科特色的同时，也关注和反映其他学科的研究进展，促进学科融合。

本刊主要栏目有：教育理论、教育经济、教改前沿、学科建设、教育评价、教师发展、文化传承、课程思政、比较教育、商学教育、高教管理等。

本刊坚持学术质量第一的原则，实行稿件匿名评审制度，优稿优酬。稿件字数以 8000—15000 字为宜。敬请作者来稿时提供：（1）题目（中英文）；（2）内容摘要（中文 200 字左右，英文 100 单词左右）；（3）关键词（3—5 个，中英文）；（4）作者简介（含姓名、出生年份、性别、工作单位、职务职称、学历学位、通信地址、邮政编码、联系电话、电子邮箱）；（5）正文；（6）注释。注释用序号①、②、③等表示。

作者切忌一稿多投，如发现抄袭、冒名等违反著作权法相关规定的，文责由作者自负。

通讯地址：上海市国定路 777 号上海财经大学高等教育研究所，200433

投稿邮箱：gjs@ sufe. edu. cn

联系电话：021 - 65903473

《财经高教研究》编辑部

2021 年 1 月